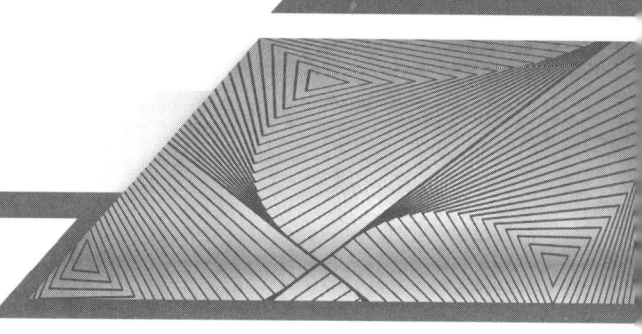

杭州职业技术学院"双高计划"建设成果丛书
杭州职业技术学院文库

高职院校高水平师资队伍建设研究

吴友娟　王　飞◎著

中国纺织出版社有限公司

内 容 提 要

师资队伍建设是高职院校高水平、内涵式发展的核心，而建设体系不够完善，制度标准不够健全，师资队伍缺乏整体性、有序性和针对性的培养，制约了高职教育高质量、内涵式发展。本书基于高水平高职院校师资队伍建设实践，对高职院校师资队伍建设的现状开展调查研究，分析师资队伍建设存在的问题，从青年教师、骨干教师、专业带头人、专业群领军人才、兼职教师等不同层面和类型进行阐释，从培养、评价两个角度，在制度体系建立和具体操作实施层面提出构建高职院校高水平师资队伍建设分层分类梯度培养的实现模式及路径，以及配套实施四维度绩效评价与分配机制改革和基于管评一体的高职教师评价机制改革路径。

本书适合高职院校的教师、管理人员和师资队伍建设相关研究人员阅读和参考。

图书在版编目（CIP）数据

高职院校高水平师资队伍建设研究 / 吴友娟，王飞著 . -- 北京：中国纺织出版社有限公司，2024.6.

（杭州职业技术学院"双高计划"建设成果丛书）.

ISBN 978-7-5229-1954-6

Ⅰ. G715

中国国家版本馆 CIP 数据核字第 20244200CG 号

责任编辑：孙成成　李春奕　　责任校对：李泽巾
责任印制：王艳丽

中国纺织出版社有限公司出版发行
地址：北京市朝阳区百子湾东里 A407 号楼　邮政编码：100124
销售电话：010—67004422　传真：010—87155801
http://www.c-textilep.com
中国纺织出版社天猫旗舰店
官方微博 http://weibo.com/2119887771
三河市宏盛印务有限公司印刷　各地新华书店经销
2024 年 6 月第 1 版第 1 次印刷
开本：787×1092　1/16　印张：15.25
字数：225 千字　定价：89.00 元

凡购本书，如有缺页、倒页、脱页，由本社图书营销中心调换

前　言

在高等教育大众化政策的影响下，高职院校数从2012年的1297所增长至2022年的1521所，加之院校规模扩大，教师数量得以更快速增长，专任教师数从42万人增长到67万人，净增长约为60%。高职教育已在我国职业教育体系中扮演主导角色。

职业教育因其独特的实践性特点，对师资的要求也与普通高校有所不同。师资来源的广泛性是职业教育实践和技能型人才培养的本质要求，为职业教育服务产业、行业提供了更多的可能性，同时也带来了培养和管理上的挑战。职业技术师范教育虽然为职业教育师资培养提供了部分来源，但其数量上的局限性使高职院校师资队伍更多地依赖于职后培养。

由于培养体系不完善，教师职前、职后教育缺乏有效衔接；职后培养方向和目标不明确，难以形成有效的培养机制；制度标准不健全影响了师资培养质量和效果，缺乏整体性、有序性和针对性的培养使教师的专业成长受到限制。这些问题严重制约了高职教育的高质量内涵式发展。

本书在高等职业教育高质量发展的背景下，研究高等职业教育教师队伍发展的现状和存在的问题，结合校本实践，提出分层分类梯度培养模式和管评一体的高职教师评价机制改革路径，促进高职院校高水平师资队伍建设。第一，加强顶层设计，制订全面、系统的师资队伍建设规划，明确培养目标和方向。第二，完善培养体系，建立职前、职后一体化的培养机制，提高教师的专业素养和实践能力。第三，加强制度标准建设，确保师资培养的规范性和有效性。第四，注重整体性、有序性和针对性的培养，根据教师的不同需求和发展阶段提供个性化的培训和教育。

本书在撰写过程中参考了大量相关文献资料，对原作者致以诚挚的谢意！

本书得到了杭州职业技术学院领导与同事的大力支持，在此表示衷心的感谢！同时特别感谢龙艳、王慧、周淑婷、楼睿斐、楼韵佳、曹莹莹、于潇的支持与帮助！本书为2024年杭州市哲学社会科学规划课题"高职院校高水平教师队伍分层分类培养路径研究"（项目编号：M24JC023）以及2023年浙江省哲学社会科学规划"高校思想政治工作"专项课题"大数据技术赋能高校精准思政价值意蕴与路径创新研究"（项目编号：23GXSZ062YBM）研究成果。由于撰写工作不易，作者水平有限，难免存在疏漏，恳请读者不吝赐教，予以斧正为盼！

吴友娟　王　飞

2024年2月

目 录

第一章　绪论 ·· 1
　第一节　研究缘起 ·· 2
　第二节　研究逻辑结构 ·· 4
　第三节　研究方法和过程 ·· 6
　第四节　研究内容和创新 ·· 6

第二章　高职院校"双师型"教师队伍建设 ·························· 11
　第一节　高职院校"双师型"教师队伍建设情况 ················ 12
　第二节　产教融合多元分层培训体系实践 ························ 26
　第三节　校企人员双向交流协作机制探索 ························ 29

第三章　高职院校教师师德师风建设 ···································· 39
　第一节　营造尊师重教氛围 ·· 40
　第二节　加强师德师风监督惩处 ·· 46
　第三节　建立师德师风制度体系与长效机制 ···················· 52

第四章　高职院校青年教师成长路径 ···································· 61
　第一节　高职院校青年教师培养综述 ································ 62
　第二节　高职院校新教师入职教育 ···································· 68
　第三节　高职院校青年教师助讲培养 ································ 72
　第四节　杭职院教师成长训练营实践 ································ 80
　第五节　博士工程进修培训 ·· 84

1

第五章　高职院校骨干教师专业发展 …… 91
第一节　高职院校教师专业发展概述 …… 92
第二节　杭职院骨干教师专业发展实践 …… 98
第三节　高职院校教师职业生涯规划 …… 104

第六章　高职院校专业带头人和领军人才队伍建设 …… 113
第一节　高职院校专业带头人队伍建设 …… 114
第二节　专业群带头人和专业群领军人才成长之路 …… 122
第三节　杭职院专业群领军人才培养工程实践 …… 129

第七章　高职院校兼职教师队伍建设 …… 137
第一节　高职院校兼职教师库建设 …… 138
第二节　高职院校兼职教师双主体培育体系 …… 143
第三节　高职院校兼职教师激励机制 …… 149

第八章　高职院校专业教师团队建设 …… 155
第一节　高职院校专业教师团队建设现状 …… 156
第二节　杭职院教师团队建设实践 …… 160

第九章　高职院校教师分类评价 …… 169
第一节　高职院校绩效评价与分配机制改革现状 …… 170
第二节　四维度绩效评价与分配机制改革实践路径 …… 176
第三节　高职院校职称评价机制运行现状及问题分析 …… 182
第四节　管评一体的高职教师评价机制改革路径 …… 186

参考文献 …… 193

附录 …… 195
附录1　杭州职业技术学院人才强校战略三年行动计划（2021—2023） …… 195
附录2　杭州职业技术学院教师企业经历工程暨"访问工程师"项目实施办法（修订） …… 201

附录 3　杭州职业技术学院青年教师助讲培养办法（试行）…… 205

附录 4　杭州职业技术学院博士学历学位提升工程管理办法
　　　　（试行）………………………………………………… 208

附录 5　杭州职业技术学院教职工职业生涯规划工作实施办法 … 210

附录 6　杭州职业技术学院外聘教师管理办法…………………… 213

附录 7　杭州职业技术学院教学创新团队建设与管理办法
　　　　（试行）………………………………………………… 217

附录 8　杭州职业技术学院科研创新团队建设与管理办法
　　　　（试行）………………………………………………… 221

附录 9　杭州职业技术学院学生人生导师团队建设与管理办法 … 225

附录 10　杭州职业技术学院教科研高水平成果清单（节选）…… 229

第一章

绪论

第一节

研究缘起

一、研究背景

职业教育始终坚持服务国家战略，为经济社会发展提供了大量人才和智力支撑，在20余年的改革发展中取得了巨大成就。教师是立教之本、兴教之源，是教育发展的第一资源。高职院校教师承担着培育新时代"高级蓝领"的时代使命，是我国产业升级和经济结构调整的重要托举力量。一直以来，国家始终高度重视职业教育内涵式发展，对建设高素质教师队伍进行决策部署。各高职院校制定了一系列师资队伍建设制度，投入大量建设经费，师资队伍建设取得一定成效。但由于职业教育起步晚，社会认可度不高带来的生存危机时有出现，加之职业教育实践先行的特点，师资队伍建设体系不够完善，制度标准不够健全，师资队伍的整体性、有序性和针对性培养不足，制约了高职教育高质量内涵式发展。

二、研究意义和价值

教师承担着传播知识、传播思想、传播真理的历史使命，在新时代征程中，知识和人才的重要性越发突出，教师队伍建设的重要性不言而喻。

从宏观层面服务经济社会发展、增强职业教育适应性来看，职业教育以面向市场、产教融合、服务经济为特色，全面建设社会主义现代化国家、实现中华民族伟大复兴的中国梦迫切需要职业教育提供有力的人才和技能支撑。站在新的历史起点，职业教育重任在肩。教师是学校教育教学的组织者、实施者和保证者，直接影响教学质量和办学水平。教师队伍建设是推动教育发展的重要保障。加强高职教师队伍建设，培养产教融合的高素质"双师型"教师队伍，是高职教育主动适应经济增长方式调整和产业变革，提升质量走内涵式发展道路的关键。

从中观层面促进人才培养、增强职业教育吸引力来看，教师队伍建设是提高教育质量的关键。教师是学生的榜样和引路人，他们的教学水平和素质对学生的学习效果和未来发展有重要影响。高职教育以产教融合为办学特色和实践载体，面向就业，面向职业。高职教师不仅是专业和理论知识的传授者、实践能力培养的启蒙者，更是学生自我提升的重要引导者和职业生涯的领路人。优秀的职业教育教师具备扎实的学科知识、丰富的教学经验和创新的教育理念，是教书育人的基石，也是教师、教材、教法（以下简称"三教"）改革的核心，直接关系到能否培养出符合社会需求的高技能、高素质人才。优秀的职业教育教师能够激发学生的职业兴趣，增强学生的创新能力、实践能力和社会责任感，使学生勇于担当创新驱动、产业升级的重担，成为具有国际竞争力的高素质技能人才。

从微观层面提升学校教育质量、增强核心竞争力来看，经过20多年的发展，高等职业教育实现了跨越式发展，教师队伍不断发展壮大，学历层次不断提升，但同时也存在不少问题。教师引进与培养受学校扩张和发展阶段影响，出现人才断层；教师队伍建设缺乏长远目标和整体规划，没有形成阶梯式有序培养，出现培育短视化、临时性倾向；缺少团队培育协同成长氛围，教师发展个体化倾向严重；缺乏贯穿教师职业生涯发展全程的教师培养，出现培养扎堆化、集中化倾向。一个学校没有优秀的教师队伍是难以长期发展的。目前，许多高职院校都面临着"优秀教师难留"的困境。因此，必须正视教师在学校发展中的关键作用，把教师队伍建设作为首要任务。只有不断优化师资结构，培养专兼结合的"双师型"教师队伍，保证教育教学质量，高职院校的核心竞争力才能不断增强，从而推动职业教育事业的全面发展。

综上所述，建设"双师型"教师队伍是职业教育的独特要求，也是推进职业教育高质量建设与发展的重要环节和关键保障。职业院校应将理论与实践紧密联系，建设一支既懂行业企业和专业职业，又善于传道授业解惑的高水平"双师型"教师队伍，促进学生能力培养，实现教学质量提高。

第二节
研究逻辑结构

一、研究思路

本研究遵循宏观概述与微观剖析、理论分析与实践例证相结合的思路，对高职院校师资队伍建设的现状开展调查研究，在此基础上分析师资队伍建设存在的问题，从制度体系建立和具体操作实施层面提出构建高职院校师资队伍建设分层分类培养的实现模式及路径。

二、基本结构

本书分为九章。

第一章首先阐释研究的缘起，分析当前高职教育发展的政策背景，解读重要文件精神，阐述高职教师队伍建设的重要性，说明本研究的重要意义和价值；其次提炼说明研究的基本思路和行文结构，分析研究方法、研究的主要内容和可能的创新之处。

第二章对高职院校"双师型"教师队伍建设进行总述，分析当前职业教育"双师型"教师队伍建设整体情况，介绍"双师型"教师相关制度实施现状。从制度、结构和培养等方面分析职业教育"双师型"教师队伍的困境，并从政策、校情、企业、教师等方面深入挖掘原因。探索构建产教融合的教师多元分层培训体系以及校企人员双向交流协作机制。

第三章介绍了高职院校教师师德师风建设机制和具体做法。师德工程是教师队伍建设的第一工程，教师的职业操守和师德表现是开展教书育人、取得一切教学业绩和研究成果的基石。学校把师德师风建设纳入学校师资队伍建设规划，围绕"德育为先、立德树人、管理育人、服务育人"的师德要求，开展了一系列师德师风教育实践活动；建立师德师风监督惩处机制，建立教师师德档案，记录教师的师德表现和成长轨迹，实现师德建设的常态化和制度化。从制度、实践、惩处三方面入手，积极构建以师德培育为核心的校园文化氛围。

第四章至第七章对高职院校师资队伍建设分层分类培养管理体系开展研究，从青年教师、骨干教师、专业带头人、专业群领军人才、兼职教师等不同层次和类型进行阐释，构建分层分类教师队伍培养建设体系。其中，第四章以青年教师为研究对象，通过对青年教师类型特征的分析和培养现状的调查，探索青年教师培养路径，提出建立、健全"五方联动"教师培养、培训机制，通过入职启航、结对护航和实践续航三个阶段的多维培训体系进行全方位培养，夯实青年教师专业化发展的基石。第五章围绕骨干教师专业化发展进行研究，引入教师专业化发展理论及教师职业生涯规划领域相关研究成果，探讨教师专业化发展内涵、发展现状和存在的问题，重点研究了教育"熟手"和骨干教师培养体系，提出完善以人才强校战略为依托，结合名师沙龙、博士论坛、培训机制、赛教合一的四位一体骨干教师养成机制。第六章针对专业带头人、专业群带头人、专业群领军人才开展研究。通过对概念的研究综述，总结提炼专业群带头人标准，探索专业群带头人和专业群领军人才培养工程实践路径——树立"人才是强校的第一资源"理念，实施"内培""外引"两大策略，完善"引才、用才、留才"三大机制，探索"立体化、标准化、全员化、靶向化"四化并举的"1234"专业群带头人及领军人才培养路径。第七章循着兼职教师队伍发展轨迹，依次从选聘、培养、激励三个阶段，分析职业教育兼职教师管理实践中存在的问题，结合校本实践历程，提出"严格准入条件、丰富资源库动态管理、搭建区域性兼职教师联盟、建立兼职教师双主体培训体系、完善兼职教师激励机制"五位一体的新时代职业教育兼职教师队伍发展策略。

第八章围绕高职院校专业教师团队建设开展研究，介绍了高职院校专业教师团队建设的现状，分析了团队建设中易于出现的问题，介绍了学校—市级—省级—国家级团队建设的实践路径。

第九章着眼于高职院校教师分类评价，通过研究高职院校的绩效评价与分配机制改革历程和成效，深入分析分配机制改革存在的问题，提出四维度绩效评价与分配机制改革的实践路径。通过研究高职院校职称评价机制运行的现状，开展高职教育职称评价问题分析，提出基于管评一体的高职教师评价机制改革路径。

第三节

研究方法和过程

本研究采用多种方法交叉融合的研究方式。通过理论研究与实证分析相结合、定性研究与定量分析相结合、文本比较与个案研究相结合开展相关研究。

本研究使用分层次、分类别研究策略，每一个层次和类别问题的研究均从现状调查、存在问题的剖析入手，强调问题意识，从多角度、多层次深入分析问题产生的原因。强调当下意识，结合和运用当前研究成果，借鉴和吸纳国内外高职院校教师队伍建设相关理论积淀。强调校本意识，充分运用杭职院政策制定和实施过程中形成的教训和经验，提炼形成普适性制度框架。强调推广意识，结合国家和省级相关大政方针和文件政策，从整体层面入手，深入开展问题研究，探讨利于职业教育整体发展的实践方略。

研究过程中，以当前发展环境和现状特点为研究起点，紧密结合学校正在推进的实际工作，从校本需求的角度，提出师资队伍建设的整体梯度要求，既体现高职院校发展的现状需要，也充分考虑了教师队伍的发展诉求，研究内容展现了从类型到个体、从个体到类型的研究过程和特色。

第四节

研究内容和创新

一、研究内容

本研究通过综合运用多种理论和方法，旨在构建和完善高等职业教育师资队伍建设的分层分类梯度培养模式与路径，为高职院校的长期发展提供有力的人才保障。

在理论层面，融合人力资源管理理论、职业生涯发展理论、成人学习理论以及控制理论，以构建全面且深入的高等职业教育师资队伍建设分层分类梯度培养模式与路径。这一模式的构建，不仅基于对现有文献的深入分析，更借鉴了各类理论的核心思想，为创新模式的提出提供了坚实的理论支撑。对于高职院校教师队伍建设，本研究从学校的整体发展视角出发，强调统筹协调与同步推进的系统理论应用。这意味着教师的培养与发展不仅被视为个体的成长过程，而且被纳入学校整体发展战略，与学校的长远目标相结合。同时，从管理者的角度来看，运用人力资源管理的多种理论来研究和指导师资队伍建设，不仅包括教师个体的职业规划与发展，还涉及如何优化教师团队的结构，提高整体的教学与科研水平。另外，本研究不仅关注教师个体的职业生涯发展，而且关注管理者自身的职业发展，以及他们如何更好地为教师提供支持和指导。

在制度层面，深入探讨如何有效实施分层分类梯度培养模式，确保其在实际操作中的可行性和持久性。为此，细致研究了国家、省市等各级政策文件和相关支撑文件，确保所提出的培养模式与上级教育政策相契合，从而得到政策上的支持和保障。激励、考核、投入、保障等措施是确保分层分类梯度培养模式落地的关键。这些措施不仅为模式的实施提供了具体的操作路径，更是从制度层面保障了模式的长期稳定发展。合理的激励机制可以激发教师参与分层分类梯度培养的积极性，科学的考核机制能确保培养质量，持续的投入和保障措施则为模式的实施提供了必要的物质和人力支持。这一部分的研究实现了从理论到实践的转变，将宏观的理论框架转化为具体的微观操作措施。通过详细分析，提出具体的选拔方式、培养培训要求、考核评价标准，以及制度的保障措施和待遇的激励方式等专门规定。这些规定不仅具有实际操作性，而且充分考虑了教师的需求和学校的发展目标，以确保分层分类梯度培养模式的顺利实施。最终，将这些规定上升为学校规章制度，为高职院校师资队伍建设提供坚实的制度保障。这一模式的实施，不仅使学校的师资队伍建设更加成熟和稳定，而且能在相当长的时期内得到广泛应用和认同。这一系统创新模式为高职教育中长期发展提供了可借鉴的路径。

在实践层面，本研究注重将分层分类梯度培养模式与路径具体应用于高职院校师资队伍建设中。通过深入分析现状，结合校本研究的具体案例，科

学合理地划分师资队伍的梯度和层次界限。这一划分不仅考虑了教师的专业背景、教学能力、科研成果等多方面因素，还结合了学校的发展需求和整体战略目标。在明确各梯度对应的任职素养标准和职责权限后，进一步实现教师自身发展与学校发展的有机统一。针对不同类型和梯度的教师，搭建不同的发展平台，旨在促进其专业成长和职业发展。这些平台包括但不限于教学能力提升、科研能力培养、团队协作与领导力发展等方面。为确保培养目标的实现，可根据学校的发展战略整体目标，确定不同类型梯度教师的具体培养目标。在此基础上，设计适合不同类型梯度教师的培养方式与途径，包括培训课程、实践锻炼、导师制度等，以确保教师能够按照既定的路径逐步成长。在整个实践过程中，标准建设和培养培训起到了关键的人才"选拔与培养"作用。通过制定明确的标准和提供有针对性的培训，确保教师能够按照既定的方向和目标发展。同时，平台与团队建设为教师提供了关键的"支持与发展"机会，帮助他们在教学、科研、实践和社会服务等方面取得更大的成就。此外，评价与分配机制作为学校"保障与助力"的重要组成部分，为教师的成长提供了有力保障。通过合理的评价和激励机制，确保教师能够得到应有的认可和回报，进一步激发其工作积极性和创造力，形成人才培养梯度可持续发展。

二、可能的创新

首先，构建了高职院校在师资队伍建设中开展分层分类梯度培养新模式与路径，按照教师职业生涯发展阶段以及在职业教育教师队伍中发挥的作用，划分出整体师资队伍建设的梯度界限，探讨其素养标准以及培养目标，有针对性地搭建不同梯度的发展平台，以实现个人发展与学校发展相统一，进一步丰富了现代人力资源管理的理论，并为实际操作提供了指导。通过定性和定量的方式，明确了教师的发展方向、目标和要求，同时也规定了上岗条件和需要完成的工作业绩任务。这为高职院校的师资队伍建设提供了新的视角和方法，即不再仅仅依赖于职称评审这一传统的评价手段，弱化了过分强调职称评审的指挥棒作用，打通了教师专业能力、教学水平和职称等方面的横向联系。这有助于从静态管理向动态管理转变，更好地发挥教师在培养和发展方面的潜力。

其次,在高职教育"教学、科研、社会服务、校企融合"的四大功能基础上,结合分层分类梯度培养新模式,从激励、考核、投入、保障等多个层面,配套实施四维度绩效评价与分配机制改革的实践路径。贯彻教师分类梯度培养需求,重视间接薪酬与非经济性薪酬,提升间接薪酬与非经济性薪酬的激励性,将一部分教师绩效贡献以福利、荣誉、教师培训和发展机会等间接方式进行支付。提高间接薪酬的经济效益,提升非经济性薪酬本身的绩效——向教师培养和发展成果的转化效率,使间接薪酬和非经济性薪酬成为直接薪酬的有效补充,更好地为学校人力资源管理目标和发展战略目标服务。

最后,本研究引入控制理论,立足高职类型教育实践型技能人才培养任务和教育教学中心任务,从完善评价标准、创新评价机制、优化评价流程着力,建立代表性成果清单,深化符合高职类型特色的分类评价;突出教学能力和业绩评价,落实教学学术理念;将评价日常化,与教师日常管理结合。探索将"绩效产出"作为评价高职教育质量的重要指标,建立管评结合、结果共享、具有实践性的高职特色职称评价体系,为高职教育高质量发展提供"保障和助力"。

第二章

高职院校"双师型"教师队伍建设

"双师型"概念起源于职业教育发展的现实困境，是在职业教育实践过程中对其类型特征的高度总结和提炼。杭职院始终将"双师型"教师队伍建设放在学校建设的突出位置，致力于建设高水平师资团队，持续深化推进"人才强校"战略，按照"弘扬师德、分类施策、专兼职教师两手抓"的建设思路，实施"固本"和"借智"双轮驱动策略，完善绩效分配、考核评价、人才服务机制，加强组织领导、管理制度建设，加大经费投入，激发教师队伍活力，全面推进高水平双师队伍建设，为高质量推进国家"双高计划"建设、实现"数智杭职·工匠摇篮"战略目标，加快建设国内一流、国际上有较大影响力的"高职名校"贡献智慧和力量。

第一节

高职院校"双师型"教师队伍建设情况

本节介绍"双师型"教师队伍的现状，从制度体系和标准建立、人才引进和培养培训等方面分析"双师型"建设中存在的困境及主要成因。

一、高职院校"双师型"教师队伍建设现状

（一）"双师型"教师队伍建设特点

1. 师德师风建设贯穿"双师型"教师队伍建设全过程

新时代教师队伍建设中的重要一环是健全师德师风长效机制，从制定和完善师德师风规范、加强培训引导、建立考核机制、完善奖惩机制等方面入手，强化师德师风监督、预警与评价，强化教师的职业素养和道德素养。良好的师德师风关乎学生的健康成长和教育事业的健康可持续发展，因此必须时刻保持教师队伍的纯洁性、凝聚力和职业度。对高职院校而言，师德师风建设更是一项系统工程，需要全面、深入地推进和巩固：制定和完善师德师风规范，明确教师的职业行为准则和道德规范；建立师德师风评价体系，制定科学、公正、合理的评价体系；加强师德师风教育和培训，定期开展系列师德师风教育和培训活动；严格执行师德师风考核和奖惩机制，对违反师德

师风规定的教师进行严肃处理，对表现优秀的教师进行表彰和奖励；营造良好的师德师风氛围，通过校园文化建设、师德师风宣传等方式，让广大教师牢固树立教师底线意识，自觉践行教师道德规范，时时用高尚的师德要求规范教学行为，营造重德养德的良好师德师风氛围。职业教育下的"大国工匠"之师，更应该把握住新时代下师德师风的内涵要义，将工匠精神融入师德师风建设，丰富新时代师德师风内涵，创新师德师风培育机制，激发教师树立师德的内生动力。

（1）落实以师德师风为第一标准的长效机制。通过系统学习和培训强化师德建设成效，持续推进高职院校师德师风培育工程。近年来，"双高计划"院校纷纷开展师德师风主题教育工作，师德培育工程处处彰显职业教育的教师发展特色，既体现了职业院校教师的技术水平能力，更注重教师的道德品质修养，培育了一大批德技双修的高素质"双师型"教师。以杭职院为例，作为"双高计划"建设院校，学校高度重视"双师型"教师队伍的建设，制定并下发了师德师风相关政策制度学习材料，涵盖文件《新时代高校教师职业行为十项准则》《关于高校教师师德失范行为处理的指导意见》《关于完善高校教师思想政治和师德师风建设工作体制机制的指导意见》等，以及学校层面的规章制度《关于建立健全教师思想政治和师德师风建设长效机制的意见》《关于教师师德失范行为的负面清单及处理办法》等系列文件，树牢教职工底线意识、纪律意识，着力营造涵养高尚师德的文化氛围，逐步规范学校教师履职尽责行为。

（2）秉承工匠精神，大力培育适应新时代需要的"德技兼修"人才。当全国范围都在宣传"工匠精神"时，当一批批"大国工匠"被提名与揭晓时，不难发现，职业教育和能工巧匠进入大众的视野并得到重视，作为发展和传承"工匠精神"的高职教师在传道、授业、解惑中更需要处处体现教师的高素质、高品德、高技艺。首先，必须清楚把握"工匠精神"的内涵与实质，深度融合新时代"工匠精神"的时代价值。"工匠精神"涵盖诸多品质内容，既有精益求精又有追求卓越，既有无私奉献又有恪尽职守，既有千锤百炼又有锐意进取，既有笃行实干又有大胆创新，可以说，"工匠精神"值得用一生去践行和传承。大力弘扬和发展"工匠精神"是职业院校建设高水平

人才队伍的精神引领，通过打造名师名匠教师团队整体提升学校师资力量，充分发挥人才队伍在"双师型"教师队伍建设中的引领作用，以名师聚团队、以团队促业绩、以业绩固发展，形成高水平教师队伍建设的闭环。

杭职院以人才强校为核心战略，持续深入实施人才强校行动计划，着力打造"工匠摇篮"，实施以德技并修为人才培养核心目标的新时代工匠型人才培养工程，培养出一大批德技并修的新时代工匠苗子。厚植"工匠精神"，建立了党建引领、思政筑基、实践贯通、文化浸润、队伍护航、研究支撑的"六位一体"工作体系和推进机制。构建基于工匠精神培养的思政课程与课程思政同向同行、理论教育与实践教育同频共振、线上教育和线下教育同心同力的"三全育人"培养体系，夯实学校高质量发展根基。围绕工匠型人才培养，杭职院打造"教学创新团队、科研创新团队、人生导师团队"三类团队，构建新时代一流"工匠之师"队伍新格局。

（3）从源头把关，细化"道德高尚、理实兼备"的高素质"双师型"人才标准。职业院校师资队伍素养的提升需要从源头加以把控，在人才引进过程中，秉持德才兼备原则，将师德师风作为引才中的重要考核因素，统筹科研能力与教学能力，注重人才可塑性，加入心理健康测评，对应聘人员进行综合全面的考量。在人才聘任过程中，着重考虑团队合作性，必须从教师个体单打独斗向团队共同体转变，团队内部要形成分工合理、优势互补、共同进步的局面。从人才引进来源看，职业院校更需要具有"双师型"素养的人才，因此人才引进时既需要高校毕业生、科研院所研究人员，也需要具有一线企业工作经验的技术型人才。部分高职院校在人才引进过程中十分关注企业一线工作履历以及承担实践项目经历，这为构建"双师素养"教师团队提供坚实的人才基础，对于推动教师团队的专业化发展具有重要意义。人才引进是打造高质量"双师型"教师队伍的基础，必须充分把好源头关，做好人才精准分类、科学引进，全面提升人才引进工作效能。

2. 以产学研一体化教师队伍建设为目标

立足于职业教师的类型定位，服务于地区产业经济与行业发展是职业教育人才培养目标方向。区别于普通教育类型，职业教育与产业、行业的联系更加紧密，产学研一体化发展是职业教育的特色，更是职业教育类型定位的内在要求。校企合作是多数职业院校的特色，与行业龙头企业合作，对接供需、协同育人、合作共赢，打造校企创新联合体是目前诸多高职院校的建设方向和战略选择。首先，要系统构建教师能力培育体系。通过下企业、产教融合、成果转化等方式，消除教师与行业发展现状之间的壁垒，消除校企合作中的种种桎梏，拉近高职院校与企业需求之间的差距，促使职业教育与产业发展深度融合。作为职业院校的教师，无论是科研能力还是实操技艺、教学水平都应适应行业需求，如教师的科研课题应立足于企业面临的现实困境、教学课堂应融入现实案例、实操锻炼应服务于行业需求。高职院校对教师能力有更为多元化的要求，在教师能力培育过程中应更为全面与系统，与时俱进，动态调整，以适应产业升级与产业变化。其次，以就业联合体为抓手，在招生宣传、专业设置、课程建设、实践教学、就业实习等各方面与行业人才需求同频共振。高职院校应积极主动调研人才市场现状与企业用工实际需求，在专业布局上应具有一定的前瞻性，优化教师团队结构，使其与教学需求相适应。最后，高职院校应注重特色发展，与区域经济发展深度融合，打造自己的"金名片"。当下，高职院校的发展必须走一条契合经济社会发展需要的人才培养可持续道路，以市场需求和行业发展为导向，着力构建"引育一体化"教师培育机制，搭建"产学研创用"一体化的创新载体，多维融合打造高能"双师型"教师队伍。

3. 以组建高质量教学创新团队为有力抓手

当前，高职院校高度重视教师创新团队建设，将此作为推动学校教学改革和"双师型"教师队伍高质量发展的有力抓手和重要举措。从国家到省市，立项了一大批具有示范意义的职业教育教师创新团队，致力于职业教育的改革与创新。从创新团队建设路径分析，应着重从两大方面推进，一方面要紧扣产业发展前沿，另一方面要积极构建高水平创新生态体系。对标"双高计划"的目标要求，创新团队建设内容包括完善校企合作机制、创新教学模式、推动教学改革、总结建设成果等多个方面，需要整合多方资源，凝聚团队力量。大多数创新团队的成员既包括领军人才、骨干教师，又涵盖行业导师、兼职教师，这是组建一支高水平、专业化、结构化的教师教学团队的客观要求，不同身份的团队成员可从不同角度给出专业化建议，从而保障教学创新

团队更具前瞻性、科学性和全面性，助力专业建设可持续、高质量发展。当然，正是由于教学创新团队涵盖不同身份群体，因此更应该注重协同合作，无论是教师群体之间，还是教师与行业导师之间都需要求同存异，以团队视角提出创新性建议，集各方力量共同推进技术革新与专业化建设。对各职业院校而言，一支有较强竞争力的创新团队将大大激发专业建设活力，对学校整体发展具有显著意义，以名师促进团队建设，以团队带动教师个体成长，最大限度发挥团队的效能，使各个教师在团队中有所收获、有所成长、有所突破，提升高职院校教师整体创新实力。综上所述，创新团队对职业教育的意义不言而喻，必须牢牢把握创新团队建设的重要意义，在现有基础上不断巩固和创新团队建设模式，分梯队、分领域、分层次打造教师发展共同体，整体推动职业院校"双师型"队伍向更高层次目标迈进。

4. 以打造"双师型"教师培训基地为重要保障

"双师型"教师培训基地建设是"双师型"教师队伍建设的基础与保障，推动职业教育的创新与发展，为培养高素质技术技能人才提供有力的人才保障和智力支持。高等职业教育承担着适应新时代发展需要助力区域经济发展的职责，因此高职院校必须与区域产业经济保持紧密联系，以满足新时期发展需求为目标，以助力区域经济发展为导向，使教学内容与区域经济发展需求保持紧密的联系和互动。高职院校要与当下市场需求密切吻合，教师应密切联系企业，掌握时下热门技术与紧缺技术，教学应反映区域经济的发展趋势和产业结构的变化，注重创新性、前瞻性、实践性和应用性，培养出更多符合市场需求的高素质技术技能人才，推动区域经济的持续发展和繁荣。与此同时，高职院校需要主动联合企业，探寻产业发展新路径，主动寻求前沿技术，探求"卡脖子"问题破解之法，充分发挥其在技术创新、产业融合和未来产业革新等方面的探索能力，助推新兴产业与未来产业立足本地市场。杭职院与行业、企业深度合作，及时将新工艺、新技术、新规范等内容转化为教学内容和要求，加快推进"学历证书+若干职业技能等级证书"制度试点方案在高职院校落地，与行业、企业共同深化课证融通、育训结合机制体系改革，加快推进"学历证书+若干职业技能等级证书"制度，积极探索"双师型"师资队伍建设。学校作为"双高计划"建设院校主动承担"双师型"

教师培养培训基地建设任务，结合学校特色发挥办学优势，密切结合地区产业和经济社会发展实际，积极探索"双师型"教师培训体系，提供"高水平"建设模板，创新探索培育高素质教师团队，努力打造"双师型"教师培育品牌项目。

（二）"双师型"教师相关制度实施现状

在考核、激励、认定制度方面，"双师型"教师建设尚有许多未明确之处，亟待加强。有学者研究表明，高职院校教师普遍认为考核制度对加强"双师型"教师建设作用比较不明确甚至完全不明确，特别是在激励制度与评价体系中，很多教师表示没有感觉到"双师型"教师在奖励性绩效、培养培训、考核评价等方面比非"双师型"教师更具优势，因此从人才激励的角度来看，"双师型"教师的激励保障制度效果不佳。从满意度调查中也显示，多数高职院校制定的"双师型"教师激励制度对教师的激励作用未充分体现，教师对激励制度的满意度不高，说明职业院校在考核激励方面仍有欠缺。

"双师型"教师相关制度的制定既是对上级政策的解读与贯彻，也是各校对"双师型"教师队伍建设总体要求和目标任务的分解与校本实践。在制定"双师型"教师相关制度时，首先要充分解读各级政策的内容与释义，牢牢把握职业教育的发展趋势，与国家对职业教育的发展要求相吻合，同时根据自身办学水平、办学条件以及办学定位进行完善与改进，科学制定政策并落地落实是保障教师"双师型"素养快速发展的关键。2022年，《教育部办公厅关于做好职业教育"双师型"教师认定工作的通知》从国家层面提供了职业院校"双师型"教师认定的指导性标准，进一步健全了我国教师标准体系，对推进职业教育"双师型"教师队伍高质量建设具有重要意义，是各职业院校制定"双师型"教师相关制度的重要依据。杭职院在国家及地方文件的解读基础上，结合区域经济发展需要，依据学校现阶段实际情况，制定了学校层面的"双师型"教师认定及管理制度，更加突出大力建设"双师型"教师队伍的政策导向。

在资格认定条件标准方面，杭职院对教师从多角度、全方位进行考察，涉及立德树人的基本要求、专业知识与技能、课程理论教学水平、实践操作能力、企业和生产服务一线岗位经验等，为不同类型、拥有不同特长的教师

明确了标准要求。关于"双师型"教师资格认定程序，文件同样进行了明确，经由本人报名、院系初审、人事处公示、学校教学工作委员会资格认定后，最终发文公布。此外，对"双师型"教师的履职职责和相关待遇也在文件中进行明确，规定了"双师"认定后需要在考核期内完成一定量的应用技术开发和研究项目、社会服务项目、校内外基地建设项目、实践性课程开发和课程改革等实践成果，充分体现了资格认定与履行职责相结合、评价与成长相结合原则，释放出"双师"素质持续培育积极信号。

二、高职院校"双师型"教师队伍建设困境及成因分析

（一）"双师型"教师队伍建设困境

1. "双师型"教师制度方面

（1）准入标准不明确。在引进环节，仍然缺乏明确完备的"双师型"教师引进标准，很难兼顾新教师的学习背景和工作背景。一方面，在高职教育升格办学的大环境和现有的招聘模式下，常常以高学历或高职称为导向引进高层次人才，对学习经历的关注度远远高于工作经历。尤其是当前青年博士研究生往往成为新教师的重点引进对象，这类高层次人才在学术研究上较为突出，但缺乏相应的实操经验，以及对企业和行业发展现状、人才需求及前沿技术的准确掌握。另一方面，一些具有丰富一线工作经验、拥有高超实际操作技术和能力的求职者不符合高校的招聘要求，从而导致引进的人才无法与实际需求准确契合，真正具有"双师"能力的教师在引进过程中存在不少困难和障碍。

（2）认定标准不明确。"双师型"教师的资格认定标准在各高职院校中存在显著的不一致性，一些院校和地区在制定标准时，未能提供明确的指标和详尽的细节，使标准变得模糊不清。这种模糊性导致标准把握不准确，认定过程操作困难，进一步拉大了教师之间的"双师"素质的差距。部分院校在设定资格认定标准时，未能充分考虑到"双师"素质和实践指导的重要性，仅仅将获得教师资格证书以外的职业资格证书即"双证书"，或教师系列以外的专业技术职称证书即"双职称"，作为衡量是否符合"双师型"教师标准的主要依据。另外，一些院校错误地认为"双师型"教师的数量和"双师

型"教师的占比直接代表了学校的竞争力,忽略了质量与标准,一味追求数量上的突破。为了在质量奖和示范性院校评估中获得合格或优秀的评价,他们制定的"双师型"教师资格认定标准相对较低。这种做法不仅没有提升学校的竞争力,反而无形中降低了学校的整体竞争力。因此,合理制定明确、统一、可行的"双师型"教师资格认定标准,对于提升高职院校的整体水平及教育质量具有积极的推动作用。只有这样,才能真正实现教育资源的优化配置,培养出更多具有专业技能和实践能力的高素质技能型人才。

(3)职责制定不够合理。深入调研结果显示,高职院校在设定"双师型"教师职责标准时,对自身实际情况考虑不够充分全面的现象普遍存在,常常只是简单地照搬上级指导文件或参考兄弟院校做法。这一做法导致部分院校的职责标准过于笼统,适用条件模糊,缺乏实际可操作性。在这种情况下,教师自然难以积极主动地充实理论知识、提升实践能力。这不仅阻碍了教师的"双师"能力素质提升,还可能对教学质量产生负面影响。此外,这种不合理的职责制定还可能导致教师与学校之间的矛盾和不满,进一步影响学校的稳定和发展。高职院校在制定职责标准时,应充分考虑自身的实际情况,确保标准具体明确、科学合理、易于操作。只有这样,才能激发教师充实理论知识和提升实践能力的主动积极性,进而提升教师的"双师"能力素质,提高教育教学质量,促进学校稳定发展。

(4)考核标准不明确。经过调研与走访发现,一些高职院校在制定"双师型"教师相关制度时,对于评价体系和激励机制的设计,量化评价与定性评价衔接不够充分,一些学校过度量化,导致制度实施效果不尽如人意,而有的学校不够直观量化,这导致评价结果不够公平合理。要想发挥"双师型"教师制度的政策指导作用,首先要有科学合理、可测可评的标准体系,其次要将评价体系与奖惩机制、绩效奖励充分融合,而部分高职院校依然存在制度滞后现象,考核过程不尽合理,考核结果运用不够到位。

(5)激励政策效应不明显。激励机制是"双师型"教师队伍建设的制度保障,是提升教师的成就感和荣誉感、激发教师内在动力的关键之举。健全有效的保障激励机制能够让教师感受到自己的价值和重要性,从而更加积极地投入"双师型"教师的角色中。一是缺乏对教师内在动力的激发,诸多教

师缺乏对自身价值的认同，即使有再好的外部激励措施，也难以真正调动他们的积极性，导致未能形成尊重、崇尚"双师型"人才的良好风尚，对"双师型"教师的精神激励略显匮乏。二是缺乏外部实质性的激励，专项经费资助、精细化和差异化的激励政策以及明确的评优评先和福利待遇优势，都是激发教师积极参与"双师型"角色转化的关键，而当前许多高职院校在这些方面都没有充分体现"双师型"教师与非"双师型"教师的区别，导致外部激励作用不明显。以上内外动力缺失均会削弱教师积极性，从而制约教师"双师"能力的提升。

2. 教师队伍结构方面

（1）教师总体数量不足。随着职业教育的快速发展，职业院校招生规模不断扩大，我国现有高等职业院校（含职业本科）学校超过1500所，连续多年招生规模超过普通本科招生规模，呈现稳步提升态势。在此背景下，职业院校的教师增长速度远远跟不上学生增长速度，许多学校生师比严重失衡，教师数量总体偏少。为应对此现象，部分职业院校聘请了大量校外教师、行业导师承担繁重的课程教学任务，甚至新进教师既没有授课经验也没有经过系统培训就直接站上了讲台，授课效果无法得到有效保障。

（2）来源渠道单一。当前，高职院校大部分引进教师更关注高学历，引进博士研究生已成为趋势，高校毕业生是主要引进来源，但对技能型人才的引进需求略显不足，暴露出重视学历、忽视技能的问题。根据各高职院校引进人员公示情况，引进人员年龄普遍偏低，应届毕业生占比相对较高。新进教师普遍缺少长期企业一线工作经验，对行业发展现状缺乏准确认识，对职业教育也不甚了解，导致其往往只能教授基础课程，教师队伍培养工作更为艰巨。

（3）师资队伍领军人才缺乏。本科层次职业教育要求我们实现从"服务"产业发展到"引领"产业发展的转变，而引领产业发展的底气来自教师，教师需要不断提升技术研究和成果转化能力。现实情况是，与职业本科的要求以及省内顶尖的兄弟院校相比，高水平教师队伍结构上存在"短板"，人才梯队结构不够合理，尤其缺乏领军人才和复合型人才。教师整体科研意识不强，开展科研的内驱力不足，积极性与主动性不高，导致科研基础比较薄弱，高质量的标志性成果产出偏少，高层次人才引培的专业分布还不够均衡，自主培育杰出人才的能力和水平仍需提升。

（4）教师团队发展意识不强。一方面，当前高职院校教师团队协同发展意识不强，教师往往"单兵作战"，其不仅有教学任务，还需要参与学生工作、科研任务、教改任务、技能大赛、企业实践、社会服务等，但每个人的精力有限且各有所长，没有团队意识将导致每位教师疲于应付日常烦琐事务，真正能钻研思考、创新探索的时间少之又少。因此，必须树立教师团队发展意识，"单打独斗"的教师个人专业发展须向"团队作战"的专业群协同发展转变。另一方面，即便组建了教师团队，缺乏团队发展意识将导致团队凝聚力不强，团队成员间统筹协作不足，创新实力不强。教师团队往往因为专业建设的需要拼凑而成，未能有效融合教师专业能力和教学资源，缺少团队的考核标准以及绩效方案很难让团队发挥最大效用，容易发生"搭便车""自打算盘"等情况。团队发展还是需要制定更长远的规划、推行更完善的制度，充分考虑团队成员在专业建设、社会服务等隐性劳动方面的过程性评价。由此，学校高质量发展亟须推进教师创新团队的建设，真正实现1+1>2的效果。

3. "双师型"教师的培养方面

（1）培养力度不够。高职院校教师在日常工作中往往面临着精力分散的问题，一方面，教师需要承担繁重的教学任务；另一方面，学校对教师还有科研要求、下企业锻炼及育人工作要求等，一定程度上阻碍了教师的进修培训，使其培训时间、培训周期都受到很大限制。很多教师参加培训都存在应付心理，为了拿到培训学时或完成任务而参加培训，其主动性和配合度不高。此外，现阶段教师更多的是参加零散的培训及讲座，没有形成有梯度、系统性的培训模式。无论是教师培训的参加人数、开展次数还是培训效果，都存在较大欠缺。

（2）培养内容和形式单一。教师培训多以理论为主，以授课的方式开展，教师的参与度不高。即使是下企业培训锻炼，许多教师也没有真正深入了解行业、企业发展情况，实践操作的锻炼仍然不足。教师培训的形式一般分为线上和线下两种，两种模式相较各具优势，但同时也各有不足。对于线上课程，有些教师仅仅为了刷课程获得学时、学分，很难检验培训成效，而线下

培训受限于时间和地点，组织难度更大，教师参与难度也更大。

（3）企业参与动力不足。高职教师培训的重要主体之一是企业，无论是培训形式还是培训内容都需要与企业紧密配合，要充分发挥行业、企业在培养"双师型"教师队伍建设中的作用，建立联合培养机制。然而对企业而言，参与教师培训没有直接的经济利益，教师下企业缺乏专项经费支持，企业在此过程中参与动力不足，同时对企业也缺乏约束，无法对企业培训的效果提出明确要求与规定，企业的职责意识不强。因此，许多企业虽为教师提供下企业锻炼的机会，但培训力度和深度仍显不足。

（二）"双师型"教师队伍建设困境成因分析

1. 政策及社会因素

影响职业教育发展的重要因素是政策因素和社会因素。从法律法规、政策规范到经济发展现状、社会价值观、科技水平，乃至社会多元化和包容度、劳动力市场需求等，都对高职院校师资队伍建设有着重要的影响。

一是职业教育的社会认可度与职业教育教师社会地位不高。在长期的社会发展过程中，职业教育普遍被认为学生学习能力不强、学校收入水平偏低、教师发展平台受限。这是不少高层次人才放弃选择职业院校教师岗位的主要顾虑，不利于职业院校人才引进和教师队伍建设。

二是教育资源投入不足。在实验室建设、科研平台等方面，职业院校都处于劣势，尤其是职业院校往往需要大量的实操课程，对实训基地的建设有较高的要求，受经费、场地等因素限制，生均教学科研仪器设备等无法得到充分保障。教育资源投入的不足直接影响学校的实践基地建设，最终导致学生和教师培养投入不足，教师水平提升受限。

三是保障机制不健全。政策支持是推动校企合作的重要保障，健全的保障机制能为校企合作提供更好的发展环境。实际上，从国家政策到学校制度，尚未形成完善且具操作性的校企合作教师培养体系。参与校企合作的企业缺少补贴和扶持政策优惠不足，可能出现费用收入倒挂等问题，缺乏配套保障致使校企合作难以高质量推进。

2. 院校内部因素

学校"双师型"教师队伍建设方案对教师队伍的建设具有指导意义，学校的职称文件、考核方案、绩效分配制度、培养培育机制等直接影响教师"双师型"素养提升。但目前各校"双师型"教师队伍建设方案不尽相同，建设进度也存在差异。

一是高职院校人事管理缺乏强有力的制度支撑。高职院校的人事管理和人才引进工作基础薄弱，人事管理数字化水平不足，缺乏人事改革的决心和基础，致使部分学校教师队伍建设止步不前。从人才引进角度分析，多数高职院校存在引才困难的情况，缺乏经费保障，在薪酬和发展平台上都不具有优势，对高层次人才吸引力不足。另外，部分学校引进不少人才，但尚未形成合力，没有将具有突出科研能力的高学历人才、具有丰富工作经验的技能型人才和具有卓越教学水平的教学型人才形成高素质专业化教师团队，充分发挥其优势。从职称晋升角度看，不少学校的职称考核文件不够健全，高级职称职数受限，存在"校聘制度""评聘分离"等情况，职称资格与岗位聘任、工资待遇不完全对应，导致学校整体师资队伍结构不合理，教师"双师型"素养提升动力不足，教师成长道路受限。

二是高职院校的校本研究不足。校本研究是针对本校在学校建设、管理与服务等方面的实际情况，开展以推进学校高质量发展、提升科研水平、促进教学质量提高为目的的研究。但现在许多校级课题都是为了申报国家级、省部级课题做基础研究和准备，科研关注社会各界普遍关注的热点、重点与难点问题，校本研究不够深入，研究内容普适性强而针对性弱，研究结果更具公共性、基础性和普遍性。"双师型"教师队伍研究作为校本研究的重要课题之一，是学校制度建设的重要理论基础，也是推动学校高质量发展的重要指导。校本研究的成果可以在教学和工作中实践与检验，具有重要意义的成果可以作为样本推广，但部分高职院校对"双师型"教师队伍建设的研究还不够全面和深入，对研究结果的运用不够充分。政策制定照搬上级文件或学习借鉴兄弟院校的经验做法，对学校自身的情况把握不到位，因而制定的制度对本校并不完全适用。

三是高职院校师资培养培训方面投入不够。发展新质生产力，以科技创新引领现代化产业体系建设的时代变革对高职院校教师素养提出了更高、更全面、更细致的要求，教师培养体系也需要不断更新和升级，然而部分高职

院校的培养培训不能与现阶段对教师能力的需求相匹配。当前，培训方式、培训手段逐渐丰富，除了校本培训外，还有公派研修等多种方式，除了传统的教学能力、科研能力的提升外，还有信息化素养、技能素养等培训，但大部分课程在设计上过于碎片化，受众面广但针对性不强，缺乏系统性和梯度性，缺乏真正解决问题意识。对培训学时的监督是容易的，但对培训效果的评价是困难的，教师参加培训并非以学习提升为目的，只是为了获取学分学时，参加培训前没有明确的目标和长期的规划，参加完培训会就结束了，因而培训效果不够理想。学校对教师培养培训的重视程度越来越高，但是切实有效的投入还不够，培训不仅仅要增加数量，更要有质量、有效果、成体系，大部分院校在这方面还需要投入更多的人力与财力，深入开展课程体系研究。

3. 企业因素

企业作为高职院校"双师型"教师队伍建设的重要参与主体之一，在此过程中发挥着举足轻重的作用。若缺少企业方的有效配合，教师"双师型"素养的培育工作难以破局。

首先，企业参与度不高。众所周知，"双师型"教师需要具备相应的理论教学和实践教学能力，紧跟产业发展趋势和行业人才需求，但在"双师"素养培育过程中往往是学校为主导，企业为辅助。企业并没有主动参与这项工程，更多的是应付性接受教师来企锻炼，而没有承担起相应的培养职责。究其原因，一方面，企业对此没有深刻的认识，对培养要求的理解不够充分，没有意识到该项工作的重要意义。另一方面，企业对"双师型"教师队伍建设相关制度不甚了解，往往只是了解其表面含义，因此在参与过程中普遍认为只要提供了教师实践锻炼的机会即可，并不会深入探索教师培育方案，因而培训往往浮于表面，效果一般。

其次，企业参与培育的标准不明确。现阶段，对"双师型"教师培育中企业需要承担的职责缺少明确的标准与规范，企业并非只是提供教师下企业锻炼的场所，更重要的是参与其中，以具体的项目让教师下企业有成效、有意义。若缺乏明确的培养方案，不能全面了解行业发展现状与趋势，不能深入参与企业瓶颈问题的探究，只是去企业打个卡，那么相关的企业一线知识在课堂教学中也不可能体现。因缺乏有效的标准与规范，培育效果难以考核评价，监督难度也很大，对教师有没有真正下企业、在企业得到了多少锻炼与收获很难监管监督。

最后，企业参与培养培育的效益不明显。企业是以经济效益为主要导向的，而参与教师培养培育工程的利益回报难以体现。教师入企锻炼需要企业投入人力、物力、财力，给教师安排特定的培训人员和岗位，甚至可能因此耽误生产进度，影响企业经济效益，即使投入了大量资源，其收益也很难体现。教师下企业过程中，很难马上为企业解决瓶颈问题，短短几天或者几周的下企业锻炼只能让教师对企业有较为肤浅的了解，取得可观的经济收益更是难上加难。没有经济效益，又没有相应的扶持政策，不利于"双师型"教师培养培育的长远发展。

4. 教师自身因素

教师自我能力提升的主导者是其自身，只有教师想学、要学、会学才能学到实处、学有所用，因此必须充分发挥教师的主观能动性，调动教师的创造性。

一是教师教学技能欠缺。站稳讲台是教师的第一课，但是许多新引进教师并非师范出身，缺乏教学经验和教学技能，部分教师上课缺乏实例，难以吸引学生，课堂氛围和课程效果不够理想。在职称晋升上，选择"教学为主型"的教师较少，难度也相对较大，教师对教学能力往往以达标为标准，在教学能力提升上投入的精力不多。教师普遍认为提升教学能力难出成果，所以主动提升教学能力的意愿不强。

二是教师科研能力偏弱。从客观上讲，相对于本科院校，职业院校的科研平台和科研实力偏弱。一方面，缺乏大型实验室，部分研究不具备科研条件；另一方面，在论文发表、课题申报等方面存在客观困难，产生高水平科研成果难度更大。目前，大部分高职院校尚未形成较强的科研团队，教师单打独斗做科研更具难度，不利于教师科研能力提升，难以产生较有影响力的成果。

三是教师自身发展目标不明确。高校教师的发展路径相对较多，既可走职称晋升，也可走职务晋升，既有专技管理"双肩挑"，也有教学科研"双肩挑"，还要兼顾学生管理工作。但许多教师没有协调好全面发展与术业专攻的

关系，无法找准自身定位，因而导致自身发展方向不明确、目标不强。面对错综复杂的行业变化形势和职业教育发展新趋势，部分教师没有关注大环境变化，对政策变动的关注不足，对自身优势的认识不够，许多教师成长之路缺乏明确目标和具体规划。

第二节

产教融合多元分层培训体系实践

通过本章第一节对"双师型"教师队伍建设的现状研究，分析问题产生的具体原因，从本节开始进行相应对策分析，借鉴其他国家相对完善的教师培养培训体系和经验，结合我国"双师型"教师队伍发展实际，提出建立产教融合的教师多元分层培训体系。

一、分类对标需求，科学定制培训内容

随着职业院校教师队伍的壮大，教师来源、学缘结构、年龄、学习工作经历以及兴趣特点各有差异，从教学经验可将教师分为青年教师、骨干教师、专业带头人、领军人才等，从岗位类别可将教师分为专任教师、兼课教师、实训教师、技术能手、校外教师、行业导师等。不同类型教师的培训需求不同，培训侧重点也不同，如果没有区分教师类型，笼统设置培训内容，缺少差异性培训方案，那么培训效果可想而知。当前，许多学校暴露出培训目标不明确、培训时间得不到保障、培训手段与培训形式单一、培训内容与需求脱轨等问题，不利于教师成长。鉴于此，对标不同类型教师的培训需求，可在教学能力、实操技能、社会服务、科研辅导、工匠精神等多维度开展职业教育教师能力培训，有针对性地制订方案，识别教师短板问题，制订教师个性化提升计划，帮助教师提高职业能力和职业素养。在开展课程培训时，可设计培训梯度，采用进阶式培训模式，如初级培训合格后可参加中级培训，并给通过等级的教师发放相应证书，在职称晋升、绩效奖励、年度考核中有所体现。职业院校必须充分把握教学宗旨、学校办学特点、教师队伍发展现

状，在制订培养培训方案时充分调研，听取教师意见，认真梳理教师培训的共性需求和个性需求、一般需求和具体需求，尽可能满足教师发展的需要。

做好培养培训，首先，要对教师能力现状和培养目标有清晰的评估与认识，全面诊断教师的师德师风、教学能力、科研水平、实践技能、行业眼光等，深入剖析教师在各方面存在的不足，设计行之有效的培训策略。其次，针对不同教师的不同短板问题，个性化规划教师培训任务，培训内容可大体分为三个方面：一是教学相关素养，包括专业理论能力、教学能力、课程设计能力、实习实训指导、教材编写能力、课堂管理能力等；二是实操相关素养，包括生产操作水平、创新水平、实验水平等；三是科研和社会服务相关素养，包括技术突破、产品研发、成果转化、应用推广等。同时，应给予教师更灵活的选择空间，遵循教师成长规律，按需施策。青年教师以站稳讲台的教育培训为主，骨干教师多为科研与教学融合探索培训，领军人才更注重在行业精英领域的对话与交流，依据不同类别教师发展现状，分类、分层、分梯度开展培训，有助于激发教师的培训积极性，用实际能力的提升印证教师培训的成效，从而形成正向反馈模式。

二、创新培训模式，完善"双师"培养体系

打造品德高尚、结构优化、德技并修的职业教育师资队伍，必须将培训作为重要抓手，坚持教师在职培养与培训。首先，要树立教师培训意识，强化素质提升，重视"双师型"教师培训工作。作为职业院校专任教师，必须掌握一定的专业技能和实操水平，职业院校教师培训是系统化工程，培养目标是多元化的，对每位教师的成长都不可或缺。不断丰富教师在职培训的模式，构建长远且持续优化完善的教师职业生涯全程一体化培养培训体系，囊括新教师入职培训、骨干教师培养、专业带头人培育等阶段，包括校本培训、"下企业"培训、信息化技能培训、网络课程学习等多种培养培训方式，重视培养过程与实效。

西方国家在教师培养方面形成了较为完备的体系，可以借鉴其成功经验，结合我国发展实际，从以下三方面着手。

一是重视师德师风建设。教书育人是高校教师的首要职责，必须牢牢抓

住教师专业化发展这项主要任务，重视师德师风、职业能力、心理素养等多方面健康发展，重视教师成长需要。

二是加强实践培养。职业院校教师必须深入生产一线，走进企业生产一线开展培养培训，主动承担社会服务、产品咨询、成果转化等，进一步规范培训时长、培训内容，对培训成效进行量化评价，学有成效。教师必须带着任务下企业，如做行业调查、学习先进工艺、紧跟行业发展动态，带着认真学习、虚心求教、讲求实效的心态参与培养培训，让培养培训能真正在教学过程中展现效果。

三是多样化开展培训。除了传统的讲座授课形式，现阶段更应注重创新，如请行业一线教师来校展示新技术、新理论、新成果、新规范，让教师开拓视野。再如，举办院校交流会，相互观摩、共同探讨、交流学习，建立长期的联系，还可以在校内建立传帮带机制，即老带新、技术能手带技术新手等，发挥各自优势，形成良好的学习氛围。国际交流也是职业院校培养高层次人才的重要途径，给骨干教师更多国（境）外访问进修机会，拓宽其国际视野，学习先进经验和教学理念，拓宽教学思路，对教师发展具有积极意义。

三、深化校企协作，构建产教融合培训机制

职业院校教师培训离不开企业的参与，职业院校教师在专业理论和科学研究方面具有良好的知识储备，而企业在生产管理、行业发展、市场需求等方面又有丰富的实践经验，双方合作能产生良好的效果，应密切协作，实现产教融合、合作共赢。"双师型"教师的培养必须明确将企业作为"双师型"教师培训的重要主体。企业应意识到，参与"双师型"教师培养培训并非费力不讨好的事情，而是可能产生巨大效益的明智选择。一方面，教师技能的提升能反哺课堂，培养出更符合企业用工需求的学生，企业的优秀文化和价值理念也能通过教师传递给学生，从而获得更深层次的认同，为优秀的人力资源储备建立先发优势。教师更明白授课重点，有利于推动教育教学改革，在课程设计、教材编写时有更深的体会和感受心得。另一方面，职业院校教师在科研、实验资源、前沿技术等方面具有较大优势，企业的难点、痛点正是职业院校应用性研究的方向，通过合作可以发挥各方优势，促进产品研发

与技术革新，帮助企业获得更大的经济效益。职业院校中不乏全国技术能手，可以与企业互通有无，在技术上探讨精进，在高工艺、精技术的专业领域展开更深层次合作。

社会力量在职业教育培训中起到至关重要的作用。通过校企合作建立"双师型"教师培养的命运共同体和责任共同体，强化校企深层合作，整合资源、互通有无，搭建产教融合的校企合作平台。学校与企业应通力协作，探寻多种发展渠道和发展平台，共建教师实践站、公共实训基地、教师发展中心，共同合作举行学术交流会、技术研讨会，举办技能大赛等赛事，搭建产品研发、成果孵化等科创平台，参与国（境）外访问进修等培训交流活动。职业院校可聘请行业导师作为师资队伍的扩充，企业可以参与教师培训、项目共研，从而拓宽"双师型"教师培养的路径。"双师型"教师培养需要顺应时代发展，积极融合"互联网+"技术，构建"互联网+交互式"的教师培训模式，不断整合资源，优化配置，抓住机遇，超前谋划，创新职业院校教师培训模式，建立一套完整且具有职教特色的"双师型"教师培养培训长效机制。

第三节

校企人员双向交流协作机制探索

校企合作、产教融合是高职教育的内涵特色，也是"双师型"教师队伍建设的关键，本节着眼于校企人员双向交流协作机制的探索与实践，内外驱动搭建校企协同培养平台，完善配套激发"双师型"教师创新发展活力。

一、多措并举，打造高质量"双师型"教师队伍

（一）加快推进"双师型"教师认定工作

完善"双师"素质相关标准。首先，应清晰界定"双师"的内涵和外延，明确其在职业教育中的角色定位。这既包括理论教学和实践教学能力，又包括对所学专业知识的创新和运用能力，更包括对行业动态的把握能力。

根据高职院校的特点，应特别强调"双师"的实践应用能力。其中包括实验实训操作、项目设计与实施、行业企业现场指导等能力。通过实践能力的考核，确保"双师"能够胜任职业教育实践教学工作。2022年《教育部办公厅关于做好职业教育"双师型"教师认定工作的通知》附件明确了职业教育"双师型"教师基本标准，但在实际执行中，大部分省份"双师"素质认定标准由职业院校自行制定和实施，这在很大程度上提高了学校自主性，同时也要求学校对"双师"素养内涵有更为准确的把握，首先要将师德师风和职业道德作为第一标准，其次要求理论教学和实践教学能力兼备。随着教学要求的不断提高、行业不断发展更替、技术不断突破革新，"双师"素养标准理应不断调整完善，并且根据不同行业和专业的要求分类评价。例如，对关注实操技术的专业，"双师"素养应涵盖技术转化能力、设备实操能力、实践教学能力、企业工作经历等；对艺术类专业，可以考虑将展演、艺术作品展、大赛经历、行业评价等纳入标准；对管理类专业，更应高度注重实际解决问题能力、师傅评价、工作经历等。与此同时，杭职院制定了"双师型"素养标准（试行），进一步规范"双师型"教师标准，同时将"双师型"教师认定作为起点，认定后需完成的工作任务和能力提升也在文件中作出具体规定。

加快落实各项"双师型"教师政策。从国家、省级到校级层面，"双师型"教师认定和保障政策亟待各级、各校完善和落实。这对于确保职业教育高质量发展、提升教师队伍素质以及满足社会对技术技能人才的需求至关重要。尽管一些地区和学校已经在这方面做出探索和尝试，但仍然存在不少问题和挑战。省级层面需要研究制定并落实企业在参与校企培养过程中的利益补偿和财税优惠政策，建立校企协同"固定岗+流动岗"的教师管理机制，围绕"资格+职称+经验+技能+绩效"框架范畴，构建服务区域产业发展的多层次、多类型、多样化的教师专业能力认定标准。学校需要结合自身办学定位和专业特点，研究制订校企合作方案，在实践教学、教学改革、科研成果等方面向教师传达"双师"素质导向性意见。从选拔用人到职称晋升，都须将"双师型"教师队伍建设纳入考量范围。在制度制定过程中充分结合学校与企业意见，共同制定教师下企业、兼职教师管理以及实训基地建设等方面的具体方案和管理办法，有效地促进职业教育的发展，提升教师队伍的素质和实践能力，满足社会对技术技能人才的需求。

（二）加大高层次人才引培力度

"外引+内培"，加大引培力度，加速推动高质量"双师型"教师队伍建设。职业院校在教师队伍建设上呈现"双元"特性，主张理论与实践并重的培育理念，致力于打造集"理论与实践""知识与技能"于一体的专业教师团队。注重教师队伍结构优化，打造教师团队，强调分工与协作，是高职院校教师队伍建设的必由之路。在"双师型"教师队伍建设过程中，职业院校需采用多样化的人才选培方式，以校企合作为工作平台，发挥企业与高职院校在师资培育中的主体作用以及多元组织之间的场域作用，拓展引才渠道，全方位搭建人才成长平台。杭职院以"人才强校"工程为统揽，修订《杭州职业技术学院高层次人才引进管理办法》，根据学校发展规划及专业建设实际，制定符合学校发展需求的人才分类标准。不断加大高层次人才引进力度，在专业型人才、技术型人才引进数量与要求方面做好平衡与协调，不断扩充学校师资力量，提升学校整体师资实力。围绕行业发展、专业建设、社会服务等，统筹推进高学历人才、高技能人才、行业领军人才、复合型人才等高层次人才引进工作。

（三）加强兼职教师队伍建设

建设一支优秀的兼职教师队伍是职业教育类型特色的重要体现。企业骨干到职业院校兼职任教，参与专业建设、课程开发、技能培训、实习指导、科技创新等是产教融合、校企合作、协同育人的重要途径。国家鼓励职业院校聘请高技能人才担任学校专任教师或兼职教师，如技能大师、劳动模范、能工巧匠、非物质文化遗产代表性传承人等。此类人才具备丰富的实践经验和独特的技能，能为学生提供更加贴近实际工作、更具操作性的教学内容，从而帮助学生更好地掌握实用技能，提高就业竞争力。具备条件的企业、事业单位经营管理和专业技术人员，以及其他有专业知识或者特殊技能的人员，经教育教学能力培训合格的，可以担任职业院校的专职或者兼职专业课教师。这些举措有助于推进校企合作，促进资源共享和优势互补。企业为学校教师和学生提供实践平台，让学生更好地了解行业发展趋势和市场需求；专业技术人员可以给予学生更专业的指导和帮助，从而提高学生的专业素养和动手

能力。兼职教师是职业院校师资力量的重要补充，因此，职业院校应采取固定岗位与流动岗位相结合、团队聘任与个人聘任相结合的方式，以更加开放的姿态，设置灵活的用人机制，支持学校公开招聘企业一线业务骨干、优秀技术人才和管理人才，此举有助于优化教师队伍结构、推动校企合作、做实产教融合共同体，为构建高水平、结构化的"双师型"教师教学团队提供助力。

加大校企合作是未来的趋势，推进校企共育既有利于提升校企主体的综合育人效益，又为加强教师能力建设提供了有效方案。下一步，高职院校仍须进一步拓宽"柔性引进"高技能人才路径，探索建立更加灵活、开放、有效的人才集聚机制，加大力度引进大国工匠、技能大师、领袖型企业人才；建立促进企业与教师人才双向流动的教师和企业高技能人才"双兼双聘"机制；打破校企合作壁垒，在人才培养框架中构建专业知识链、实践能力链、产业技能链，以"固定岗+流动岗"的师资配置模式，为打造高水平师资培养高地、构建可持续人才培养生态提供重要保障。

二、内外驱动，搭建校企协同培养平台

杭职院始终坚持校企合作之本，积极推进校企合作，在把握学校专业建设、学校发展需要和职业教育发展方向的基础上，立足于主流企业诉求、行业转型要求、区域经济需要等，不断探索校企合作模式，推进"校企共同体"建设。

（一）共建校企合作平台

杭职院秉持着"立足龙头企业、面向整个行业"的观念，与行业龙头企业深度合作，携手打造杭职院特色校企合作共同体。学校与企业共同成立理事会，分别担任理事长和副理事长，共同规划、组织共建、齐抓共管、共享成果、共担风险。学校与龙头企业实现相互开放、相互联系、相互依赖、相互促进的友好合作关系，教师能够去企业进行实践锻炼，企业职工也可以来学校进修培训，参加实践教学，搭建校企交流学习平台。

（二）共建教学创新共同体

企业选派具有丰富实践经验的从业人员驻校指导，在基地建设、设备购

置、设备管理、场地规划等方面为学校建设出谋划策，全程参与人才培养方案的调研、论证、制订和实施。不仅如此，企业人员还参与学校课程建设，共同编写教材、设计课程，承担实践课程任务和学习管理工作，实施"1名实习生+1名校内导师+1名企业岗位导师"课程结构管理模式，校内教师和企业导师共同参与实践教学，优势互补，相互协作。

（三）共建教师发展体系

为更好地助力"双师型"教师成长，学校和企业共同设计和规划教师专业发展路径，共同制定教师任职和素养标准。校企共建"双师"素质教师团队培养体系，实现身份互认、角色互换，学校依托教师发展中心，实施领军人才攀登工程、教师能力跃升工程、教师海外研修工程、校本培训工程、学历职称提升工程、创新团队工程、企业经历工程、学生经历工程等系列培养计划，企业依托企业实践基地，推行师徒传承项目、资源库优化工程等，从而实现专任教师和企业大师共同成长的目标。

（四）共建实训教育基地

作为国家级职业教育"双师型"教师培训基地，学校始终与企业保持密切合作，一方面，共同建设具备真实生产环境和生产功能的实践教学场所；另一方面，利用多种前沿技术建立虚拟仿真实训场所，助力创新教学交互体验。学校目前建有重点建设实训基地2个，国家级示范性虚拟仿真实训基地1个，省级重点（示范）实训基地6个，包括国家电梯产品质量监督检验中心、杭州市公共实训基地、友嘉集团华东区数控精密加工基地、奥的斯电梯华东区实训基地、浙江省特检院电梯培训基地、杭州市96333电梯故障数据综合实训基地等。

（五）共建校企命运共同体

校企合作共同组建项目攻关团队，一是合作企业带项目，校企联合攻关，着力提升解决实际问题的能力；二是根据工作室研发任务的特征，灵活组建针对不同功能要求的复合型教学团队，本着"能力互融，递进指导"的原则实现企业产品开发与教学任务实施同步进行。深入开展校企合作，不断创新合作模式。例如，行业牵头的三方深度合作的"行企校"模式，地方政府牵

头、四方主体深度合作的"政行企校"模式和企业深度合作的"专企融合"模式等。

三、完善配套，激发"双师型"教师创新发展活力

通过完善三大机制：健全人才服务机制、创新人才激励机制、完善考核评价机制，立体化构建"双师"队伍建设体系，激发"双师型"教师创新发展活力（图2-1）。

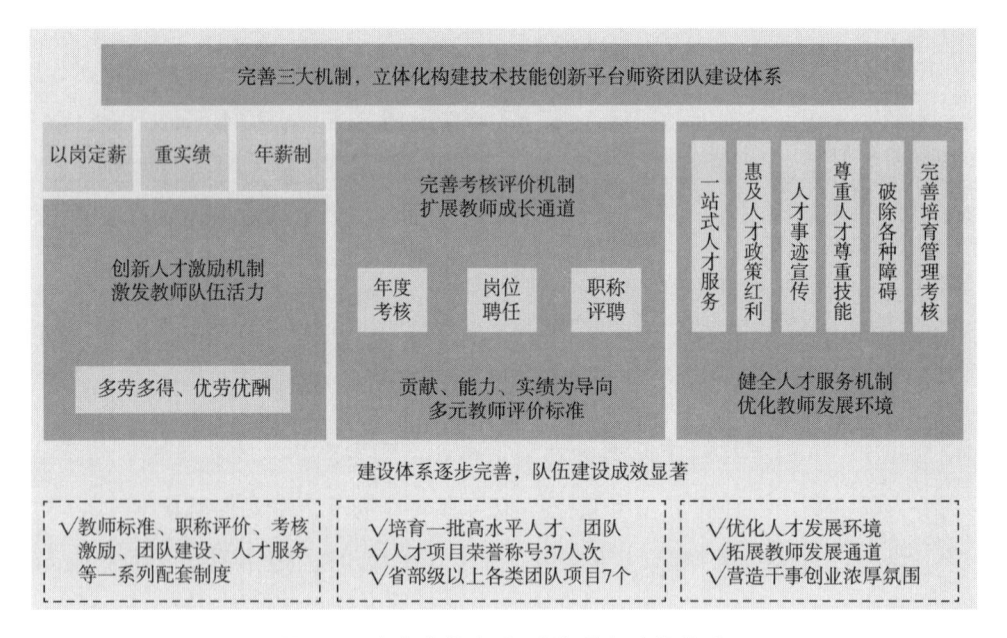

图2-1 立体化构建"双师"队伍建设体系

（一）健全人才服务机制，优化教师发展环境

一是提供"一站式"人才服务，全面优化人才培养体系，落实相关待遇和保障，让人才政策红利真正惠及各类人才。依据"双师型"教师内涵，构建分层分类的培养培训体系。立足"双师"素质的教育教学、实践能力要求，根据教师类型和职业生涯发展阶段差异，推进分类分层培养培训改革。针对新引进教师，组织实施新教师入职培训、青年教师助讲培养、新教师成长训练营。新教师入职培训以提高新教师岗位胜任能力、尽快融入学校为目标，通过系统集训，帮助新入职教师明确教师岗位职责和行为规范，了解学校部

门规章制度，尽快转变角色；青年教师助讲培养以"双导师制"形式，由分院选聘师德良好、教学水平高、作风严谨的教师担任校内导师，选择合作企业中技术水平高、作风严谨、认真负责的教师担任校外教师，从教育教学、专业技能两方面对教师进行"一对一"跟踪式培养；新教师成长训练营通过线上平台导学、线下工坊集训、助教互助结对、教学能力测评等环节全方位帮助新入职教师快速站稳杭职院讲台。针对专业教师、管理人员、辅导员等群体，开展校本培训、专题培训、名师沙龙等，做到教师培训常态化。校本培训采取集中与分散相结合的方式进行，通过专题培训班、专题讲座、沙龙、工作坊、交流研讨会等形式，面向不同群体开展有针对性的培训。专题培训针对公共课、思政课教师群体，开展课程思政、信息化、教学法等主题鲜明的专题培训活动，帮助教师提升专项能力。名师沙龙主要是发挥校内名师的引领、示范作用，促进教师间深度交流、学习，为全体教师搭建思想交流、教育研究、教学研讨的学习平台，创设提升专业水平及理论素养的空间。

二是立足教师发展中心，加大人才培育力度。以省级示范教师教学发展中心建设为标杆和目标，打造"互联网+"培训平台，制定教师教学发展中心建设规划，以兼顾个体职业发展、专业发展、教学技能提升及应用技术知识实践能力培养为重点，开展博士论坛、名师沙龙、名师工作室、教学工作坊、"金课"建设培训等活动，推进教师教学能力提升的培训工作常态化。对照《杭州职业技术学院教科研高水平成果建设管理实施办法（试行）》《杭州职业技术学院绩效工资分配实施方案》，以及《杭州职业技术学院专业技术职务评聘方案（2023—2025年）》中的业绩成果清单和直聘专业技术职务条件，以教学科研能力为重点进行提质培优和拔尖培养，大力推进"五大"师资培育工程（领军人才攀登工程、创新团队培育工程、学历职称提升工程、教师能力跃升工程、教师海外研修工程）。根据培养对象的类别、发展目标、培养任务和要求，制订个性化的培养计划，聘请相应领域的专家作为学术导师，促进后备人选快速成长。通过创新团队培育工程，加大力度培育已立项的60支教学创新、科研创新、人生导师团队，进一步完善校级教学创新、科研创新、人生导师团队建设标准和验收标准，挖掘潜力、整合资源，力争在标志性成果上有所建树，团队个人教育教学能力和专业实践能力上有所提升，在

更高一级别的创新团队申报上有所突破。继续实施教师学历学位提升计划与教师职称提升计划，以职业分类为基础，以科学评价为核心，完善职称评聘方案。建立教师个人发展档案，指导教师科学制定职业生涯规划，依托教师教学发展中心线上平台，实施教师能力跃升工程。教师海外研修工程以推进线上、线下海外研修工程和"海外访问工程师"计划为重点，选拔优秀教师赴海外企业实践锻炼。

（二）创新人才激励机制，激发教师队伍活力

优化绩效工资分配制度，创新人才激励机制，激发教师队伍活力。对急需紧缺的高层次人才实行年薪制，激发人才队伍创新活力，充分调动人才的工作积极性，以业绩贡献和能力水平为导向，构建重实绩、重贡献的薪酬体系。逐步探索建立与人才贡献相适应的薪酬管理机制，在《杭州职业技术学院教科研高水平成果建设管理实施办法（试行）》的基础上，修订高层次人才收入分配管理办法，探索实行年薪制，按照"突出贡献、强化考核、标准适度"的原则，综合考虑所在行业相当教科研技术水平人才的市场薪酬定位、承担的教科研任务、本人上年收入水平和经费保障等因素，按月发放绩效年薪，根据工作目标任务完成进度逐步发放绩效年薪，平时发放额原则上掌握在总量的70%以内，待工作任务完成并经考核达到预定目标的，发放剩余部分，否则适当减发或不发。按能力水平定底薪，按岗位要求定津贴，实现多劳多得、优绩优酬，完善教师业绩考核管理，建立二级部门绩效拨款办法，实现绩效与拨款挂钩机制。

（三）完善考核评价机制，拓展教师成长通道

完善教师分类考核评价。建立多元教师评价标准是教育改革中的重要一环，旨在更全面、公正地评估教师的工作表现，激发教师的创新精神和工作动力。教师评价体系转变的核心是以教师的实际贡献、能力和实绩为导向，而非过去过度依赖的唯论文、唯帽子、唯职称、唯学历、唯奖金（以下简称"五唯"）。这种转变意味着评价将更加注重教师在教学、科研、社会服务等多方面的综合表现。完善教师考核评价体系，在年度考核、岗位聘任、职称评聘等方面，构建一个全面、公正、透明的综合评价体系。这一体系应能够真实反映教师的工作实绩和发展潜力，为教师提供明确的职业成长路径。深

化教师职称评聘改革，对专任教师实行动态聘任模式，建立职称与实际收入、业绩贡献密切关联的机制，避免出现教师评上职称后原地踏步的现象。通过建立分层分类的岗位业绩评价标准开展聘期考核，使不同类型和层次的教师都能得到晋升的机会。建立灵活用人机制，引领教师时刻保持创新精神和竞争意识，激励教师保持终身学习、持续奋进的状态。在用人机制上更加灵活，岗位能上能下、人员能进能出、待遇能高能低，从而保证教师队伍的整体活力和持续进步。强化师德师风评价，在完善教师考核评价机制的过程中，不应忽视对师德师风的评价，将师德师风作为评价教师的重要依据之一。考评结果要与教师培养充分结合起来，既要让教师明白自身的不足之处，明确改进方向，更要帮助教师提高和进步，给他们提供相应的培训与指导，让教师能够更快攻克短板问题。加强监督与保障，为确保教师考核评价机制的顺利实施和有效运行，需要加强对其的监督和保障工作，包括建立专门的监督机构、制定严格的评价标准和流程、加强对评价过程的监督等。同时，还要保障评价结果的公正性和权威性，避免出现不公平和腐败现象。

第三章

高职院校教师师德师风建设

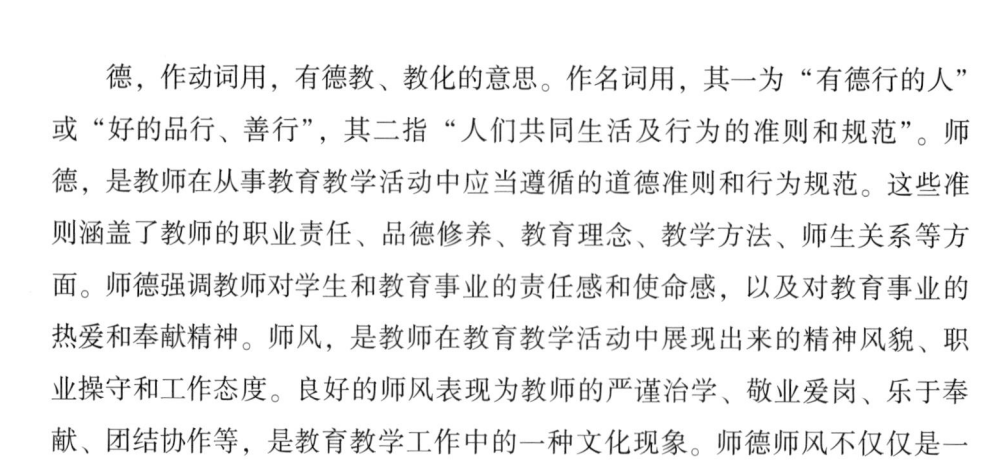

德，作动词用，有德教、教化的意思。作名词用，其一为"有德行的人"或"好的品行、善行"，其二指"人们共同生活及行为的准则和规范"。师德，是教师在从事教育教学活动中应当遵循的道德准则和行为规范。这些准则涵盖了教师的职业责任、品德修养、教育理念、教学方法、师生关系等方面。师德强调教师对学生和教育事业的责任感和使命感，以及对教育事业的热爱和奉献精神。师风，是教师在教育教学活动中展现出来的精神风貌、职业操守和工作态度。良好的师风表现为教师的严谨治学、敬业爱岗、乐于奉献、团结协作等，是教育教学工作中的一种文化现象。师德师风不仅仅是一种道德规范，更是教师使命感、责任感和担当精神的具体体现。

杭职院以"融惟职道、善举业德"中的融文化为引领，围绕"德行教化""品行高洁""准则规范"三重内涵，营造尊师重教氛围，建立长效机制，完善监督惩处，建立适应新时代要求的杭职院师德养成机制，同时不断优化创新理念模式、丰富实践载体，使师德师风建设工作有典型、有特色、有影响、见成效。

第一节

营造尊师重教氛围

一、以榜样典型作示范，倡导尊师重教

职业教育教师队伍是学生专业素养和职业能力的塑造者，典型示范培养是构建高水平、高质量师资队伍的基础。典型示范的价值不仅仅在于其个体水平的卓越，更在于其教育理念和教育实践对整个职业教育体系的引领和塑造作用。

（一）突出典型示范，用先进事迹诠释师德师风

作为师德师风教育中的生动实践材料，先进事迹能够有效诠释抽象的师德理念，激发教师的教育责任感和职业使命感。学校通过激发教师的责任心和使命感，引导他们成为学生的榜样。首先，持续开展优秀教职工"选树"宣传，如开展评选"最受学生欢迎教职工""师德标兵"等活动，逐级评选

师德楷模，充分发掘身边先进典型，形成师德榜样队伍，激励广大教职工崇教乐育、以身立教。其次，以庆祝教师节和表彰优秀教师为契机，举办师德师风先进个人或集体表彰活动，颁发荣誉证书、奖品等，带动更多教师向他们学习。最后，依托新媒体、新技术手段加大典型宣传力度，通过各种宣传途径，如校报、校园广播、学校网站等，广泛宣传先进典型事迹。通过开辟"名师风采"专栏等形式，展现先进教师在教育教学中的优秀表现和感人事迹，让更多的师生了解并学习榜样精神。

（二）立足立德树人，多渠道宣传师德典型教师

职业院校教师队伍建设是关乎高素质职业技能人才培养质量提升的关键环节，而师德师风的提升是教师队伍建设的起点和关键所在。立足立德树人，多渠道宣传师德典型不仅是一项重要任务，更是教育事业发展的内在要求。杭职院在实践中通过整合资源，多渠道宣传师德典型教师，展现了一种创新的师德师风建设模式。学校强化师德教育培训，通过开展师德师风教育培训活动，提高教师的道德修养和职业素养。如通过开展9月尊师主题月、走进学生系列活动等形式，利用校园媒体、社交平台、校友联络网等多种渠道，广泛宣传先进教师的典型事迹和先进经验，让更多的人了解和认可他们的价值和贡献，对荣誉教师进行集中表彰，进一步凸显师德典型的榜样和示范作用。通过校报、网站、官方微博等多种媒体，深入挖掘和报道在教学科研、人才培养、社会服务等领域表现突出的师德典型人物，加大对优秀教师师德风范和感人事迹的宣传力度，激励广大教师爱岗敬业、爱生乐教，既有助于提高教育者的师德水平，又能够将先进事迹深入传达给学生，引导他们树立正确的价值观。

（三）用好宣传契机，表彰优秀教师和师德典型

学校将师德选树宣传作为学校文化建设和宣传工作的重要组成部分，在实践中通过用好宣传契机，表彰优秀教师和师德典型，构建了积极向上的师德培育氛围。在师德典型的评选上，学校建立了严格的评选标准和程序，确保评选活动公平公正。在评选标准上，不仅注重教学业绩和成果，更关注教师的职业操守和师德表现。评选程序公开透明，广泛征集师生意见，确保评选结果的公正性和权威性。学校推出一批为人师表、师德高尚、业务精湛的

师德先进人物，并以教师节为契机，对在教学岗位和教学管理服务岗位上取得突出成绩的先进典型进行表彰。在校报、官方微博上开辟"教师风采"专栏，对师德先进个人进行宣传报道，截至2023年，已对逾60位先进典型教职工进行了报道，充分发挥其标杆、引领和示范作用，营造师德师风良好氛围。同时，建立教师师德档案，记录教师的师德表现和成长轨迹，实现师德建设的常态化和制度化。积极构建了以师德培育为核心的校园文化氛围，通过广泛宣传优秀教师和师德典型，不仅让优秀典型得到外界的认可，更能够增强教师对所从事职业的自信心和责任感，激发师德师风提升的内在动力。这不仅提升了教师队伍的整体素质和教育教学水平，也为学校的可持续发展奠定了坚实的基础。

二、以系列活动为载体，注重建设实效

学校围绕"德育为先、立德树人、管理育人、服务育人"的师德要求，以系列活动为载体，注重建设实效，狠抓师德师风建设落地，开展了一系列师德师风教育实践活动。

（一）注重师德规范理论，学在平常

师德规范是一套规范教育者行为的准则，涵盖了道德、职业操守、人际关系等方面。在职业教育中，师德规范更应具有实用性、针对性，以满足实践教学特点和学生职业准备的要求。在教学实践中，注重师德规范意味着教育者要将道德教育融入学科教学中。不仅要传授专业知识，还应注重培养学生的职业操守、团队协作精神等方面的素养。学校各教学单位及部门制订师德师风年度学习计划，通过师德典型案例评析、专题研讨、经验交流等多种方式，联系教师的思想和工作实际开展师德教育常态化学习，使广大教师学懂弄通、入脑入心，自觉用"四个意识"导航、用"四个自信"强基、用"两个维护"铸魂，提高全体教师的法治素养、规则意识，提升依法执教、规范执教能力。

（二）注重师德培训，融入日常

将师德培训融入日常工作，是构建高质量职业教育的关键举措。首先，

从学校战略角度系统谋划，将师德教育纳入校本培训中，作为培训的必修模块计入学时，强化爱岗敬业、爱校护生的职业意识。将师德师风教育作为校本培训和新教师入职培训的必修内容，统一安排学时和内容，通过新教师入职宣誓、签署职业道德承诺书等，提升职业责任感。2020年以来，通过开展专题学习，组织教师参加师德师风集中学习教育系列活动，惠及千余人次。其次，通过各教学单位（部门）精心组织师德师风教育"入职第一课"，做到教学计划有执行、课时学时有落实，强化教职工的师德意识和担当意识。通过国家智慧教育公共服务平台"师德集中学习教育"专题学习，结合暑期教师研修班开展教育以及师德师风专题培训等，组织教师系统学习师德师风相关文件和国家对新时代教师队伍职业素养、行为规范和思想素质等方面提出的要求，帮助教师加深对师德师风的整体把握和认知理解，从而规范自身的教书育人行为，促进教师加深对师德师风建设内涵的理解，进一步提高教师综合素质和专业能力。

（三）注重师德指导，抓在经常

职业教育的核心任务之一是培养学生成为具备职业素养的人才，而师德的提升直接关系到学生培养质量。注重师德引导和传承，并将师德教育融入教学日常工作，是构建高质量职业教育的关键。首先，注重师德指导是培养学生职业素养的重要保障。教师作为学生的榜样和引路人，其言传身教对学生的影响深远。学校重视对教师的师德指导，通过开展师德师风教育培训和心理辅导等形式，引导教师树立正确的职业道德观念和行为规范，不断提升自身的师德素养。其次，抓在经常是提升师德的关键。师德教育不能仅停留在口号上，应当贯穿于教育教学的方方面面。学校将师德教育融入教学日常工作中，如课堂教学、学生管理、演讲会活动等，通过具体的教学案例和活动，引导教师和学生深刻理解师德的内涵，形成良好的教育教学氛围。此外，建立健全监督评估机制，对教师的师德表现进行实时监督和评价。通过"畅通师生联系渠道"活动进行学生评教、同行评议、专家评估等方式，对教师师德表现进行全面、客观的评估，发现问题及时纠正，保障教育教学工作正常进行。学校还注重师德传承，倡导教师之间的师德交流和经验分享，搭建教师交流平台，让优秀的师德典型成为教师学习的对象和榜样。通过举办师

德师风宣传活动、撰写师德典型事迹材料等方式，弘扬优秀师德典型，营造浓厚的师德文化氛围。

三、以立德树人为初心，共育职院风尚

立德树人是教育的根本任务，更是以"敬业乐群""做学合一"为办学宗旨的职业教育的本质要求。要想培养学生成为品德高尚、责任心强的职业人才，师德建设必须贯穿始终。职业教育的特殊性要求教育者具备全面的素养，包括职业技能、教学水平以及高尚的职业操守。这要求师德教育不仅仅停留在道德层面，还要与专业素养相结合，形成全面的师德观。

（一）创新师德教育形式

创新师德教育形式的最终目的是培养更加全面、品德高尚的职业人才。通过创新的培训方式，使教育者既提升了专业技能，又具备了高尚的职业操守，真正做到立德树人。引导新教师爱校爱生、严格自律、为人师表。建立导师制度，进行师德指导和个性化辅导。通过与经验丰富、师德高尚的老教师结对，新教师可以在日常教学实践中得到指导和帮助，不断提升自己的师德水平和教学能力。导师可以通过定期交流、亲自示范等方式，引导新教师树立正确的教育理念和职业观念。开展专题网络培训、座谈交流、师德宣讲等形式多样的教育活动，让学生和教师之间建立起良好的互动关系，增强师生之间的信任和理解，促进师生之间的情感交流和心灵沟通，引导教师爱校爱生、为人师表。通过各类团队建设，由各个学科领域的专家和教师共同探讨师德教育在不同学科中的应用和实践。通过跨学科的交流与合作，可以更好地整合各种教学资源和方法，为教师提供更加多样化和个性化的师德教育服务，使师德教育成果落地。

（二）营造师德师风学习氛围

师德师风是实现立德树人目标的关键手段。教育者的言传身教、榜样作用，直接影响着学生成长过程中世界观、人生观、价值观的形成，决定了培养出的人才是否符合社会伦理和职业操守。学校通过开展师德师风学习活动，涌现一批先进典范，探索形成了既有全局又有重点，既有言论又有行动，既

有规定动作又有特色活动的良好格局。一方面，学校通过实际行动落实师德师风的要求，如制定相关规章制度和开展特色活动等，进一步夯实师德师风建设的基础。另一方面，通过党建结合点建设，建立教师"五走进"制度，即"走进学生宿舍、走进学生食堂、走进学生社团、走进课堂、走进实习企业"，开辟党建和德育阵地，全面了解学生学习与生活情况，做学生学习中的导师和生活中的朋友，建立和谐的师生关系。通过学校、分院两级建设，部分分院已经形成"一站二网三进四导五示范"的服务机制，"一站"为一个党员服务站，"两网"为两个网络平台，"三进"为教师党员进寝室、进组织、进活动，"四导"为思想先导、专业指导、就业指导、创业向导，"五示范"为示范课堂、示范寝室、示范组织、示范活动、示范班级。

（三）持续推进师德问题整治工作

建立健全工作机制是师德整治工作成功推进的保障。这包括完善的整治工作组织结构、明确的责任分工、高效的信息沟通渠道等，以确保整治工作有序推进。学校持续组织开展师德师风问题查摆和整治工作，同时厚植校园师德文化，使师德师风建设融入教师的日常工作、生活中。健全教职工年度考核、聘期考核、职称评价以及绩效评价标准，将师德师风作为考核评价、先进评比等的重要评价指标。对确实查实的问题依法依规严肃处理，对优秀先进案例进行荣誉表彰。在师德师风问题整治工作第一阶段基础上，继续对师德师风自查自纠结果进行查漏补缺，扎实细致完善师德师风自查自纠工作；深化整改落实，进一步巩固整改成果，以师德师风问题整治工作促进各项事业持续健康发展。组织各专业（部门）每月召开师德师风问题梳理工作会议，领导小组召开相应师德师风问题整治会议。一方面，对前阶段师德师风自查自纠结果进行查漏补缺；另一方面，对标整改清单，明确师德师风问题的具体内容和整改措施。根据自查自纠结果和相关调研情况，将发现的师德问题进行分类整理，制订详细的整改计划和时间表，明确责任部门和责任人，确保整改工作有序推进。继续开展师德师风主题专项活动，通过师德典型事迹宣讲报告会、读书分享会等形式聆听、学习师德优秀典型事迹，强化正面力量引领带动；通过师德失范行为典型案例，引导每位教师知准则、守底线，切实增强教师的思想自觉和行为自律。继续做好师生思想动态研判和学情、

教情掌控工作。将师德师风建设与各阶段教学质量检查相结合，做好师德师风问题整治情况统计，征集师生对师德师风建设中存在问题的意见和建议。通过网络、意见箱等渠道不断征集师生意见和建议，形成常态化机制。

第二节

加强师德师风监督惩处

以惩处机制为约束，问责处理师德失范行为，不仅是对教育质量的有效保障，更是对师德建设的一种有力推动。杭州职业技术学院通过建立健全机制，严格执行相关制度，使师德师风建设成为学校的一张亮丽名片。这不仅有助于提升教育质量，也树立了行业标杆，推动了职业教育事业的可持续发展。

一、以规章制度作保障，完善工作制度规范

规章制度是管理组织的基石，在职业教育中，规章制度不仅约束了学生的行为，更是教师进行自我约束和规范的有效工具。

（一）制定师德师风制度文件

学校借鉴其他先进学校和行业的经验，结合学校实际情况，制定师德师风制度文件。全面提升学校教师思想政治素质和师德师风水平，进一步规范学校教师履职尽责行为，制定和完善相关制度，用制度规范约束和引导教师的思想和从教行为。先后制定出台了《杭州职业技术学院师德师风建设工作实施意见》《杭州职业技术学院教师职业道德规范》《关于建立健全教师思想政治和师德师风建设长效机制的意见》《关于教师师德失范行为的负面清单及处理办法》等相关制度文件。不断加强对师德师风建设的管理和监督，确保学校教育教学工作的正常开展，实现教育教学质量的持续提升，引导广大教师坚持"四个相统一"，争做"四有"好老师，增强"四个意识"、坚定"四个自信"、拥护"两个确立"、做到"两个维护"，努力打造一支政治素质过硬、师德师风高尚、教学理念先进、双师结构合理、教学能力突出、技术技

能过硬、国际合作广泛的一流教师队伍，为学校高质量发展提供坚实保障。

（二）健全教师师德师风工作组织机构

杭州职业技术学院认真贯彻落实相关文件精神，在学校党委统一部署领导，以及各教学单位、职能部门全力配合下，切实加强师德师风建设工作。注重宣传教育、选树典型、示范引领、行为约束相衔接，完善宣传、考核、监督与奖惩相结合的工作机制，以系列师德教育活动为主线，做实事、讲实效、求实绩。

学校党委把教师思想政治和师德师风建设作为重要的基础工作，以正确的政治方向和价值导向引领教师思想政治素质、师德素养和业务能力全面提升。学校成立教师师德师风工作委员会，由校党委书记任主任，校党委副书记任副主任，校党委领导班子成员作为成员，负责研究审议教师思想政治和师德师风建设工作重大事项，指导相关部门开展工作；工作委员会下设办公室，由分管党委教师工作部的校领导兼任办公室主任，各职能部门负责人、二级学院党总支书记为组员，负责统筹协调学校教师思想政治和师德师风建设工作。在教师工作组织机构中，定期进行师德师风建设工作的总结与评估。学校通过定期召开师德师风建设工作会议、开展教师和学生满意度调查等方式进行，为下一步的工作提供经验借鉴，同时通过建立师德档案，形成长效的管理机制，为监督惩处工作提供有力的证据和依据。

学校设立了教师投诉与建议反馈渠道，鼓励教师对学校的师德师风和思想政治工作提出意见和建议。通过定期听取与整理，学校及时了解教师的期望与心声，有针对性地调整改进工作方案，及时发现和解决问题，及时总结经验，不断完善师德师风建设工作相关制度。

（三）落实制度规范

制度规范是组织内部行为的一种规范性规定，是行为规划的政策依据和目标指向，对于引导和规范教育者的行为起到了至关重要的作用。通过制度规范，可以确保教育者的行为符合职业伦理规范，推动师德师风建设。

把师德师风建设纳入学校师资队伍建设规划，切实改进和创新建设目标、内容、载体、形式、方法、手段和制度，逐步实现师德师风建设制度化、规范化、长效化。制订和完善《杭州职业技术学院教师职业道德规范》《杭州职

业技术学院教师学术工作规范》《杭州职业技术学院教师教学工作业绩考核办法》及教师岗位聘任、职称评聘、考核评优、人才工程、进修培训、新入职教师岗前培训、入职宣誓、师德师风承诺等相关制度。实行师德师风"一票否决"制度,对出现严重违反师德师风要求的教师,在职称评聘、职务晋升、考核评优等方面实行一票否决制。

完善教师招聘和引进制度,严格思想政治和师德考察,严格招聘引进流程,把好教职工队伍入口关。在教师招聘流程中引入师德评价环节,对候选人的师德师风进行全面评估。通过面试、问卷调查、背景调查等方式,了解候选人的道德品质、教育背景、工作经历、社会评价等方面的情况。对新招聘的教师进行师德培训,强调教育教学中的师德师风要求和标准,引导教师树立正确的职业道德观念。同时,建立师德考核机制,定期对教师的师德师风进行评估和考核,发现问题及时进行指导和帮助。教师入职后,建立定期的师德考核评价机制,对教师的师德师风表现进行全面评估,并建立教师师德档案,记录教师的师德表现和成长轨迹。同时,建立完善的师德评价体系,通过学生评价、同行评议、专家评估等方式,对教师的师德师风进行全面、客观的评价,为教师的职业发展提供参考和指导。

二、以惩处机制为约束,问责师德失范行为

在职业教育中,加强对师德师风的监督惩处是维护教育事业健康发展的必然要求。通过惩处机制的建立、问责机制的完善、师德失范行为的明确定义与分类、多层次监督体系的建设、激励机制的健全以及培训机制的设立,为建设更加健康、有序的职业教育环境提供有力支持。

(一)建立健全教师违反师德行为的惩处机制

学校制定师德失范行为负面清单,主要包括思想政治素质方面、教育教学行为方面、学术科研道德方面、工作生活作风方面、廉洁从教从业方面等触碰师德底线的具体行为。通过清晰的条款,使教师对师德标准有了更为明确的认识,强化了违规行为的防范意识。对教师发生师德失范的行为坚决予以查处,同时及时向主管部门报送学校师德违规处理情况。根据违反师德行为的轻重程度和情节严重程度,制定相应的惩戒措施和处理程序,包括口头

警告、书面警告、调离岗位、停职查办、解聘等措施。

（二）严格执行查处程序

一旦发生师德失范行为，学校将采取严格的查处程序，确保每一起违规行为都能够得到妥善处理。查处程序包括举报渠道的设立，确保师生和社会各界能够方便、安全地举报师德失范问题；专门的师德调查组的设立，由具备专业背景的人员进行调查，确保调查的客观、公正；听证程序的开展，对于涉及严重师德失范的案件，学校将进行听证程序，让当事人充分陈述和辩护。为确保师德失范问题的及时处理和防范，学校建立了及时向主管部门报送的机制。一旦师德失范问题得到查实，学校将及时向相关主管部门报送处理情况，与主管部门保持紧密联系，以便获得专业的指导和支持。协同查处机制使问题能够得到更为全面的解决，也有助于提升教育行政的透明度和责任感。

（三）完善追责机制

学校不仅仅停留在惩戒层面，更注重建立健全的追责机制。通过对每一起师德失范案例深入分析，总结经验教训，进一步完善制度，防范类似问题再次发生，从而建立自我成长式的师德学习路径。在案例分析的基础上，学校组织专题研讨会，邀请相关专家和学校领导，共同总结经验教训。这不仅有助于更全面地理解每一起师德失范案例，也为今后的工作提供了宝贵的经验。通过经验的积累，学校形成了更为科学、有效的处理手段和方法。学校将在经验教训总结的基础上，及时修订并完善相关制度。这不仅包括追责机制本身，还包括与之相关的师德师风建设制度、教育培训制度等。修订过程中，学校积极吸收各方意见，广泛征集师生的建议，使制度更加科学、民主、更符合实际操作的需要。为了确保教师对追责机制的理解和适应，学校进行定期的培训与教育工作。包括对新入职教师的师德师风培训，以及对全体教师的追责机制操作培训。通过培训，学校不仅向教师普及相关制度和政策，也强调了师德师风建设的重要性，使教师更好地理解并接受追责机制的约束。

三、以考核监督为补充，凸显师德时代内涵

在信息时代，教育者的素质要求更为全面和复杂，传统的监督手段已经

不能完全适应现代教育的需求。通过科学设计和合理实施考核监督，结合师德师风时代内涵，可以更好地引导和促使教育者提升自身素质，促进师德师风建设深入开展，保障教育事业的健康发展。

（一）建立健全教师准入机制和教师资格认证审核机制

教育是社会进步和发展的基石，而教师作为教育体系中的核心力量，其素质与能力关系到教育质量和学生成长。为确保教育体系中的教师具备良好的教学素质和专业背景，建立健全的教师准入机制和教师资格认证审核机制尤为重要。

为保证准入评估的专业性和客观性，应严把新教师引进师德关，充分考虑到教师的职业特性和教育教学需求，确保符合标准的人才能够胜任教育教学工作。执行学校公开招聘和人才引进程序时，将思想政治表现和师德师风视为必备条件和优先考量内容。对于思想政治表现不佳、违反教师职业道德且对校园秩序有不良影响的教师，学校将实施"师德一票否决制"，不予录用。同时，加强试用期考察，全面评估聘用人员的思想政治和师德表现，对不合格者取消聘用资格，及时解除聘用合同。在高校教师资格认证工作中，建立定期复审机制。对于已经获得教师资格认证的教师进行定期复审，评估其教学水平和师德表现，有助于保证教师在职业发展过程中持续保持良好的职业素养、良好的教学水平，确保知识和技能的更新，顺应教育领域的变化，这是职业道德、职业操守以及师德规范的应有之义。

（二）建立健全师德重大问题报告和师德舆情快速反应制度

建立师德重大问题报告制度，有助于及时发现和解决涉及教育质量和学生权益的问题，确保教育事业的良性发展。

在建立师德重大问题报告制度时，首先需要明确报告的范围和对象。明确涉及学生权益、教育质量、职业道德准则等方面的问题，并规定报告的途径和对象。建立统一的师德重大问题报告流程和机制，明确教职员工在发现或遇到师德重大问题时应当如何报告、向谁报告，以及报告后的处理程序和责任分工。学校各部门发现教师师德失范情况及问题，及时报送党委教师工作部，确保教职员工能够及时、准确地报告问题，防止问题的扩大和延误。组织教师签订师德承诺书，在师德承诺书中明确规定教师的法律责任和后果，强化承诺书的法律约束力，对教师违反承诺书内容的行为依法予以惩处，确保师德承诺书的有效执行和实施。保证每位教师都充分理解并严格遵守承诺内容，强化教师的责任意识和使命感，约束教师的行为规范，提升整体师德水平。同时，为确保报告者的隐私不受侵犯，提供匿名举报的通道，以减轻报告者的担忧。设立专门的调查组织，负责对报告的内容进行核实和调查，对师德问题做到有诉必查，对报告的内容进行全面、细致的核实和调查，采集证据，听取相关当事人和证人的陈述，确保调查结果的客观真实。通过分层次召开师德师风研讨会、教师座谈会、学生座谈会等，邀请学校领导、专业带头人，以及具有丰富经验和优秀师德的老师参与，就师德问题进行深入探讨和交流，形成共识，通过自己讲、互相提、大家评等方法，指导全体教师树立正确的师德观念和职业操守，进一步强化师德重大问题报告和师德舆情快速反应制度。

（三）将师德考核作为教职工考核的重要指标

立德树人是教育事业的灵魂。教育不仅仅是知识的传授，更是品德的塑造。教职工的师德水平直接关系到学生成长的方向和品格的养成。学校始终将思想政治与师德师风考核作为教师评价的"第一道门槛"，将师德考核纳入教师绩效考核体系中，并将其置于优先位置，引导教师牢固树立正确的思想政治观念和职业道德观念，提升教师的思想政治素质和师德师风水平，对违法违纪、学术造假等品行不端行为实行"一票否决"。

师德考核应当是一个综合评价的过程，而非单一指标的简单堆砌。将思想政治表现、职业操守、教育教学态度、师生关系等方面作为教师评价体系的关键，明确师德考核的内容、指标和评分标准，包括学生评价、同行评价、自评等多个层面，确保考核的全面性和客观性；在加强评价指标的导向性设计方面，教师思政教育的要求被确立为重要目标。在职称评聘前的任职条件，以及聘任后的岗位职责、年度和聘期考核等各个阶段要求中，都清晰地规定了教师需要承担课程教学和课程思政建设的基本要求。此外，青年教师担任班主任、辅导员等相关工作经历也被作为晋升的必备要求，进一步强调了思政教育在教师职业发展中的重要性。在进行师德考核时，建立综合评价体系，包括学生评价、同行评价、自评等多个层面，综合考察教职工的师德表现，

并结合实际情况进行个性化考核，采取定量和定性相结合的评价方式，通过综合评分或者评价等级来反映教职工的师德表现，关注教职工在不同岗位上的特殊贡献和个人特色，避免一刀切的评价方式，确保考核的公正性和科学性。对于师德表现有待改进的教职工，采取相应的处罚措施或者帮助措施，促使其改正错误、提高师德水平，严重者调离教师岗位或予以解聘。

第三节

建立师德师风制度体系与长效机制

"教无德不立，德无教不续。"教育不仅仅是知识的传授，更是品德的塑造和人格的培养。而师德，则是教育事业的灵魂和基石，是教育者应当具备的最基本的品质和素养。建立师德师风制度体系和长效机制，落实体系化师德完善、师德激励和师德保障机制，才能将师德教育落实到高职教育实践全过程。

一、突出第一标准，推行教师管理师德完善工程

"第一标准"即将师德师风作为评价教育者的首要标准，是推动师德师风发展的关键措施。推行教师管理师德完善工程，要求学校在教育者招聘、晋升、奖惩等方面，始终将师德师风放在首位。通过强调"第一标准"，可以有效引导教育者牢固树立正确的教育价值观，实现师德师风内、外融合（图3-1）。

（一）教师队伍思想政治工作强化工程

学校成立了专门的思想政治工作机构，负责规划、组织和执行教师队伍思政工作。重视在高层次人才和青年骨干教师中发展党员工作，将党建工作纳入人才引进和培养的全过程。通过加强与人才的沟通交流，深入了解其思想状况和发展需求，积极为其提供政策支持和服务保障。建立了多层次的教师思政工作网络，包括分院、专业组、专业带头人等。每个网络层次都设有专门的思政工作负责人，负责组织和推动该层次的思政工作。通过网络结构，实现对教师全方位、全过程的思政工作覆盖，确保每位教师都能在专业发展

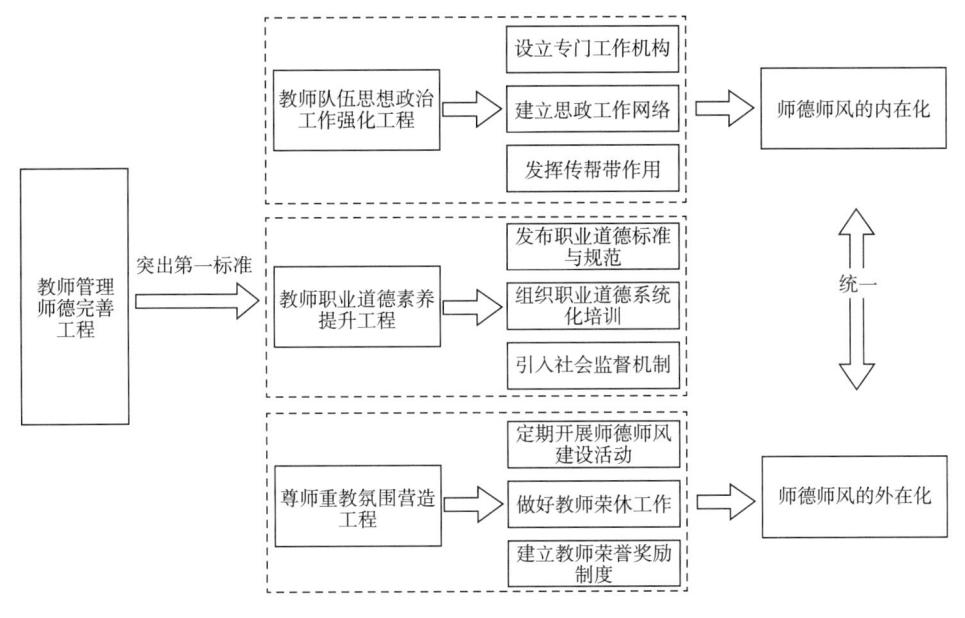

图 3-1 教师管理师德完善工程图

的同时，不断提升自身的思想政治素养。学校每学期组织师德师风培训与研讨活动，邀请社会名师、心理专家和行业领军人物举办讲座，旨在帮助教师深入了解现代职业教育的发展方向、社会需求，深入推进教师队伍的思想政治建设，提升教育教学水平，促进学校高质量发展。同时，通过案例分析、互动讨论等形式，促使教师深入思考自身的师德师风修养，形成共鸣。

(二) 教师职业道德素养提升工程

学校通过制定和发布明确的职业道德标准与规范，确立了教师在职业生涯中应该具备的道德素养。这些标准不仅涵盖了教学方面，还包括师德师风、教育管理，与学生、家长的沟通等多个方面。通过这一步，学校为教师提供了明确的行为准则，使其对于职业道德的要求有了清晰的认知。定期组织系统性的职业道德培训，包括但不限于师德师风理论学习、心理健康培训、专业伦理规范教育等。这些培训邀请学校内部专业人士和外部专家共同参与，确保培训内容的专业性和前瞻性。通过培训，提高教师对于职业道德标准与规范的认知水平，增强其在实际工作中的道德判断能力。突出课堂育德，开展职业素养进课堂活动。充分发挥课堂主渠道作用，开设关于职业道德和师德师风的专题课程，引导教师深入了解职业道德的内涵和要求，探讨职业道

德在教育教学中的实践应用。鼓励教师畅所欲言、分享心得体会，促进师德师风建设入脑入心、形成共识。此外，引入社会监督机制，通过家长、学生、社会团体等多方面的参与，加强对教育机构和教师职业道德的监督。

（三）尊师重教氛围营造工程

开展尊师活动，厚植校园师道文化。一是学校各教学单位及部门定期开展丰富多彩的师德师风建设活动，如通过校园文艺演出、主题班会、尊师主题月、走进学生系列活动等形式，将尊师重教观念渗透进学生的价值体系，确保师德师风建设形成常态，取得实效。二是做好教师荣休工作，礼敬退休教职工，弘扬尊师风尚。开展新教职工与退休教职工茶话会，促进新老教职工之间的沟通交流，传承师道文化，增进师生情感联系，建立和谐的校园氛围。三是建立教师荣誉奖励制度，对表现突出的教育工作者进行奖励和表彰，营造尊师重教氛围。设立不同层次、不同类型的奖项，如年度优秀教师奖、师德楷模奖、教学能手奖、科研先进个人奖等，对获奖教师进行广泛宣传和报道，通过校园宣传栏、学校网站、校报校刊等媒体向全校师生宣传表彰结果，激励更多教师争创优秀。鼓励教师自我提名或者同事推荐，将教师的优秀表现及时反映到奖励制度中，激发教师的工作热情和积极性。

二、落实责任机制，完善师德激励与保障工作

建立师德师风制度体系与长效机制，落实责任与资源，注重师德激励与保障工作，需要实打实地做到责任的落实和资源的有效运用，让教育者感受到师德师风建设的长效性和稳定性，引导教育者更好地融入师德师风建设的大局中，形成向上向善的发展动力（图3-2）。

（一）增强工作力量

在学校党委统一领导下，选优配齐党委教师工作委员会专职工作队伍，二级学院明确分管教师工作的负责人和工作人员。通过培训培养、课题研究、实践锻炼等方式，不断提升专兼职结合的教师思想政治工作队伍的素质能力和专业水平。学校注重为师德激励与保障工作提供必要的资源支持，包括人力资源、物质资源及财政支持。学校确保有足够的专业人员参与相关工作，

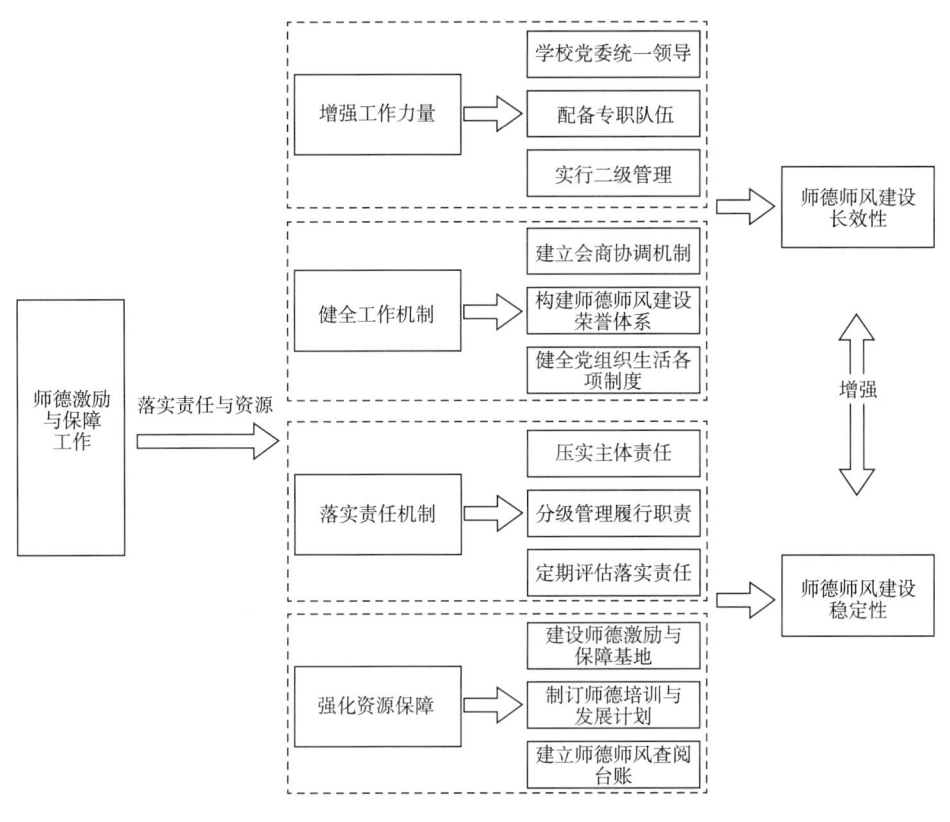

图 3-2　师德激励与保障工作图

提供培训和发展机会，同时为师德活动和激励措施提供充足的经费保障。落实师德师风建设经费，设立专项资金，专门用于支持师德师风建设，确保活动的开展和推进，包括教育培训、师德奖励、学科建设等多方面的支持，促使师德师风建设得以全面覆盖和深入推进，为开展教师思想政治和师德师风工作提供必要的经费保障，并提供必要的办公场所，确保有序开展教师思想政治和师德师风建设工作。

（二）健全工作机制

党委教师工作委员会建立会商协调机制，根据工作需要召开工作例会、专题会等，传达上级关于教师工作的部署要求，督促工作进展，交流总结经验，确保教师荣誉奖励制度与学校其他管理制度和政策相衔接，形成合力，共同推动师德师风建设工作落实。党委教师工作委员会部门成员分工负责，通力合作，共同做好教师思想政治和师德师风建设工作。

注重师德激励，突显师德典型的榜样作用和示范影响力。构建师德师风建设荣誉体系，分级、分批评选师德典型，评选校级、市级、省级"三育人"先进个人、"优秀教师""优秀辅导员""师德楷模""黄大年式教师团队"等，进行集中表彰，进一步凸显师德典型的榜样和示范作用。

教工党支部和党员教师作为学校师德建设的重要力量，应该以身作则，做到先行示范。充分发挥教工党支部和党员教师作用。以党建工作标杆院系、样板支部为抓手，建强教工党支部，通过党员大会、党员谈心谈话等形式，定期了解党员教师的工作情况和思想动态，对党员教师的师德行为进行监督和检查，及时发现问题并加以解决。党组织与教师工作委员会建立定期召开的联席会议制度，共同研究部署师德师风建设工作，协调解决工作中的问题和困难，形成党组织领导下的师德师风建设合力。坚持把骨干教师培养成党员，把党员教师培养成教学、科研、管理骨干的"双培养"机制，是建立师德师风制度体系与长效机制的重要举措之一。骨干教师在教学、科研、管理等方面具有丰富的经验和专业技能，是学校师德师风建设的重要力量。通过组织党员教师参加各类培训、研讨和学习活动，提升他们的党性修养和业务水平，使其成为学校师德师风建设的骨干力量。

（三）落实责任机制

学校党委主要负责人是学校教师工作的第一责任人，分管教师思想政治和师德师风建设工作的校领导是直接责任人，其他班子成员履行"一岗双责"、分工负责、履职尽责、狠抓落实，党委教师工作委员会在整体上把握教师工作的方向和目标，加强对师德师风建设工作的指导和监督。各级党组织、各部门担负教师思想政治工作和师德师风建设主体责任，各级党组织负责人、各部门行政负责人负直接领导责任，组织协调、部署推进相关工作，督促落实各项措施和政策。学校其他班子成员在各自的分工领域内，密切结合实际，把师德师风建设工作纳入日常管理和工作中，对教师的师德表现进行定期评估，通过量化考核指标，包括教育教学成果、学科建设、师生关系、社会责任等方面，对教师的师德进行全面评价，狠抓责任落实，确保师德师风建设工作取得实效。同时，设立师德奖励机制，激励表现出色的教师，并根据不同层次、不同岗位设置奖项，形成多层次、多样化的师德激励机制。评估结果作为学校年度工作总结的重要内容，为进一步改进和提升师德工作提供科学依据。

（四）强化资源保障

学校着力建设师德激励与保障基地，为师德工作提供实际场地支持。基地内设有师德培训中心、师德文化馆等功能区，为教师提供学习、交流、展示的场所。基地的建设有助于将师德工作融入校园文化建设中，形成浓厚的师德氛围。学校制订了全面的师德培训与发展计划，注重为教师提供多层次、多形式的培训。除了定期组织师德培训班，学校还鼓励教师参加相关学术研讨会、社会实践活动，提高其师德水平。培训计划不仅注重理论学习，还强调实际操作，确保培训的实效性。学校各二级分院建立了师德师风台账，收集整理了大量的师德师风相关情况、师德案例和会议纪要，为教师提供了学术研究的参考资料，同时也为学校决策提供了丰富的信息支持。

三、强化权益保护，健全教师职业发展保障机制

建立师德师风制度体系与长效机制是保障教师权益和促进职业发展的关键一环。强化权益保护和健全职业发展保障机制需要综合运用法规制度、培训机制、学科建设等手段，构建起一个既强化教师权益保护，又健全职业发展护航机制的体系，促进教师的全面发展，为教师的事业发展提供坚实保障，构建积极向上的师德师风氛围，为教育事业的可持续发展提供有力支撑（图3-3）。

（一）建立权益保护体制，加大师德建设张力

建立健全教师权益保护机制，确保教师在教学、科研和管理等方面的合法权益得到有效保障。明确规定教师的基本权益，如言论自由、教学权、职业尊严等，并将其写入学校的规章制度中，确保教师的尊严得到充分尊重和保障；建立法律援助机制，为遭受侵权或面临法律诉讼的教师提供法律咨询和援助服务，帮助他们维护自身合法权益。

搭建学校与教师之间多渠道沟通交流平台，通过定期召开座谈会、征求意见建议，学校积极收集各方反馈，及时解决问题，有助于更好地了解教师需求，保障师德师风工作的顺利推进，形成共建共享的良好局面。同时，建立心理辅导机制，学校通过心理健康服务中心或团队，为教师提供专业的心

```
┌─────────────────┐ 强化权益保护  ┌──建立权益保护体制──┐    ┌──────┐
│                 │ ────────────→ │ 维护教师依法执教   │    │      │
│                 │               │   的职业权利       │ →  │强化教师│
│                 │               │ 搭建学校与教师之间 │    │权益保护│
│                 │               │   多渠道沟通交流平台│    │      │
│                 │               │ 健全教师职业发展   │    └──────┘
│                 │               │   保障机制         │        ↕
│   教师职业      │               └────────────────────┘       健
│   发展保障      │               ┌──实施人才保障机制──┐       全
│   机制          │               │    政策保障        │        ↕
│                 │               │    经费保障        │    ┌──────┐
│                 │               │    法治保障        │    │      │
│                 │               └────────────────────┘    │推动教师│
│                 │               ┌──健全人才服务机制──┐ →  │职业发展│
│                 │               │  提供职业发展支持  │    │      │
│                 │               │    设立专项经费    │    └──────┘
│                 │               │  定期评估与调研    │
│                 │               └────────────────────┘
│                 │               ┌──增强队伍建设成效──┐
│                 │               │  以破"五唯"为导向  │
│                 │               │  优化人才发展环境  │
│                 │               │    名师队伍领衔    │
└─────────────────┘               └────────────────────┘
```

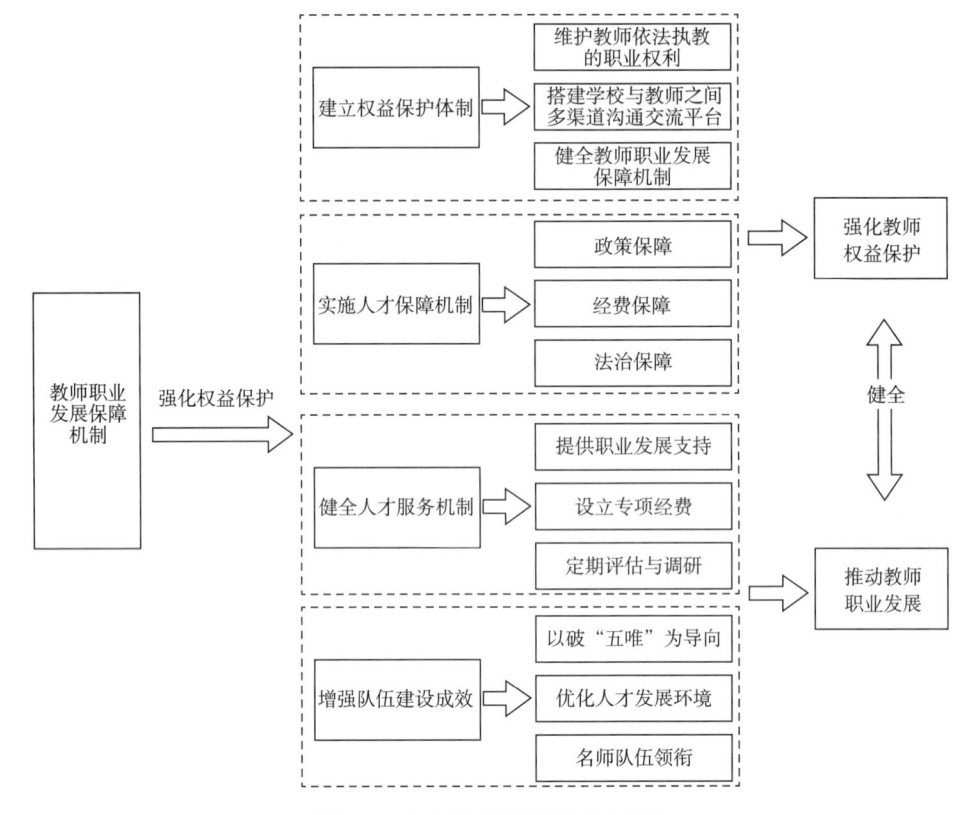

图 3-3 教师职业发展保障机制图

理咨询和辅导服务，帮助他们调整心态，使其保持良好的工作状态。学校为教师维护权益提供必要的行政、法律等方面支持，包括教师工作权益、薪酬待遇、职称评定、升迁晋升等各方面权益，旨在为教师提供全面的权益保障。

健全教师职业发展保障机制，加大对专业群和专业带头人的支持，鼓励他们在专业建设和教育教学中发挥引领作用，通过专业建设，提高教师的学术水平和专业声望，增强其在教育领域的影响力；建立健全教师评价激励机制，将教师的学术成就和专业贡献纳入绩效评价体系，通过评优评先、晋升加薪等方式，激励教师积极投身到专业建设中；加强对师资队伍的培养和引进，吸引优秀人才加盟，提高师资队伍的整体素质。同时，注重对青年教师的培养，为其提供良好的发展平台和成长空间。

(二) 实施人才保障机制，激发教师队伍活力

一是落实政策保障，出台《杭州职业技术学院人才强校战略三年行动计

划》等各项教师发展政策，提供高层次人才家属安置、子女就学等的帮助和支持政策。同时强化师德引领，制定系列师德师风政策举措。建立学校领导对接联系高层次人才制度，以提供全方位的人才服务为目标，确保高层次人才能够充分享受相关待遇和保障，从而让人才政策红利真正惠及各类人才。二是落实经费保障，保障充足的人才引进经费，落实在市级人才引进经费基础上，学校配套科研启动费、人才引进安家费等。保证宽裕的教师培养培训支出，为教师成长保驾护航。列支师德师风建设专项经费，为开展教师思想政治和师德师风工作提供必要的经费保障，确保有序开展教师思想政治和师德师风建设工作。三是突出法治保障。学校利用主流媒体曝光过的典型师德师风案件、案例，对教职工进行警示教育，并对典型案件、案例进行深入剖析，引导广大教职工时刻自重、自省、自警，坚守师德底线。

（三）健全人才服务机制，优化教师发展环境

学校通过建立健全职业发展体系，提供覆盖职业生涯全周期的职业发展咨询服务，为教师提供多层次、全方位的职业发展支持。通过与专业职业规划师和心理健康专业人士合作，设立职业发展规划指导团队，为教师提供个性化的职业规划和心理辅导，助力其职业发展和健康成长。学校积极推动教师继续教育机制，支持教师参与各类培训、学术研讨、国际交流等活动。建立了定期评估与调研机制，通过对教师职业发展和工作生活状况的调查评估，了解教师的需求和困难。根据评估结果，及时调整相应政策和支持措施，确保教师在工作中的权益得到切实保障。学校建立了明确的岗位晋升机制，为教师提供明确的升迁路径。该机制不仅依据教学水平，还充分考虑科研成果、社会服务、管理能力等方面，确保晋升的公正性和合理性。加大高层次人才先进事迹的宣传，充分发挥其标杆、引领和示范作用，营造尊重人才、尊重技能的良好氛围，吸引更多高层次人才来学校工作。完善高层次人才引进后的培养、管理、考核相关政策和机制，破除限制高层次人才发挥作用的各种障碍，激发人才干事创业的积极性和主动性。

（四）增强队伍建设成效，逐步完善建设体系

以德为先，育人为本，是构建优质教师队伍的基本准则。在队伍建设中，我们需要注重培养教师的思想道德素养，引导他们树立正确的人生观和价值

观，以此作为教学工作的内在动力和引领方向。同时，以破"五唯"为导向，坚持以教书育人为中心，提升教师队伍的整体素质，推动教育事业不断向前发展。完善了制度标准，在教师标准、职称评价、考核激励、团队建设、人才服务等方面形成一系列配套制度，有效支撑学校双师队伍建设。培育一批高水平人才、团队，2019—2023年，学校教师入选国家级人才项目荣誉称号23人次，入选省级人才项目24人次，入选高水平市级人才项目27人次。入选国家级教师团队4支，入选国家级培养培训和实践基地4个，入选省级团队6支。形成了以"高端人才引领、存量师资激活、新生力量增效、兼职教师添色"的师资队伍新格局，优化了人才发展环境，拓展了教师发展通道，营造了广大教师投身职教、竞相发展的浓厚氛围，教师有更多获得感和幸福感。在学校领导支持和全校努力下，强化权益保护、健全教师职业发展保障机制已经成为学校发展的重要支撑。通过不断创新和改革，学校为教师提供了更为公正、科学、有序的成长空间，激发了广大教师干事创业的积极性，使他们在学校事业中充分展现出专业的水平和责任感，学校连续两年入选高职院校教师发展指数100所优秀院校。

第四章

高职院校青年教师成长路径

第一节

高职院校青年教师培养综述

根据最新统计数据，全国职业学校专任教师规模在过去十年间实现了显著增长，从2012年的111万人增长到2022年的136.56万人，增加了23%。在高职（专科）学校中，中青年教师已成为职业教育教师队伍的主力军。50岁以下的专任教师占比高达83%，这表明中青年教师在职业教育领域发挥着越来越重要的作用。青年教师是职业教育实现高质量发展的主力军和重要力量，是有效提升职教师资队伍整体素质的重要抓手。要促进青年教师专业成长和发展，建立健全职业教育教师培养培训体系，开展青年教师培养培训研究显得尤为重要。2022年职业教育国家级教学成果奖中，关于"教师培养培训"主题获奖的成果有24个，相关学者提出未来应更加注重职业教育教师研发能力、科研反哺教学能力、国际化能力和数字素养的培养培训。要将一位青年教师培养成出色的明星教师，需要优化培养体系，完善培养机制，创新培养路径，为青年教师提供更多的职业发展机会，努力将他们塑造成为具有高尚师德、精湛技艺和充满活力的新时代高素质工匠之师。

一、高职院校青年教师类型特征

（一）年龄特征

目前，关于高校青年教师的年龄界定，国内外的表述尚未统一。《中国教育统计年鉴（2013）》的数据显示，全国40岁以下的高校青年教师占比达到60.8%，并且每年青年教师数量的增长幅度均超过15%。国家自然科学基金"青年科学基金项目"对申请者的年龄要求是男性35周岁以内、女性40周岁以内。在中华全国青年联合会的规定中，每届委员的上任年龄不得超过40周岁。因此，本文将40周岁以下的青年教师确定为研究对象。

（二）职业能力特征

一是思维活跃，易接受数字化信息化教学技术。青年教师受融媒体影响较深，思维较活跃，能利用自身积累的网络信息经验，结合现代化教学技术，探索新型的教学方式，并能凭借出色的适应能力，提前掌握全新的教学模式，成为教学改革的生力军。二是勇于探索，易了解学生真正学习需求。青年教师具备高水平的教育背景、广阔的视野、扎实的理论知识等优势。在教学中更注重前沿理论知识的传授，便于学生了解相关专业的前沿信息；另外，青年教师年龄与学生差异不大，在教学中能与学生产生共情，易于了解学生真正的学习需求，从学生视角调适教学内容和教学方式，实现真正意义的"以学生为主"的教学课堂。三是经验缺乏，易出现教学目的不达标情况。青年教师大部分为应届毕业生，部分有企业与本科院校从业经历，大部分青年教师缺乏职业教育的教学能力，难以将教育理论和教学实践融合，对课程特点、学生特点、教学方式难以把握，教学预设的问题得不到解决，教学目标达不到预期的效果。四是认同感弱，易产生工作上的情绪波动。青年教师在工资待遇和社会保障等方面与其他教师相比存在一定差异，各方面生活成本相对较高，对解决经济问题相对力不从心。同时，青年教师在工作中易受外部因素干扰产生情绪波动，主人翁意识淡薄，对学校缺乏认同感、归属感和共同价值观，从而导致队伍的不稳定性。

二、高职院校青年教师培养现状

(一) 青年教师培养认知不够全面

教师作为"三教"改革的首位，体现了其在教育工作中的重要位置。青年教师由于年龄与职业能力特征决定了在工作之初较难找到职业价值和存在感，容易盲从和失落。纵览141所中国高水平特色专业群建设单位的中期绩效自评报告，只有极少数高职院校描述了教师的培养方法，大部分高职院校对青年教师培养的重要性缺乏足够的认识，这也成为高职院校教师流动性大的一个重要原因，着力培养青年教师应该引起各高职院校管理部门的重视。

(二) 青年教师培训组织缺乏统筹

很多高职院校并没有设立人才培养组织机构或独立设置教师发展中心，

支撑教师发展的内部动力和外部保障不足,无法在人才培养期间实现资源整合,人才培养效率受到影响。组织机构的缺乏,进而造成专门工作人员的缺失或缺少,支持青年教师成长培育的力量分散,学校对教师发展的支撑力度较为不足。

(三)青年教师培训体系缺乏设计

相较于骨干教师与专业带头人,青年教师有着特有的类型特征。青年教师入校的前三年作为培养其职业认同感与价值感的关键期,需要从师德师风、职教理念、职教方法、教育教学等对青年教师进行系统培训。但许多院校缺乏分层分类专门针对青年教师群体设计科学系统的培养培训体系,存在规划不清、形式单一、内容笼统、资源欠缺的问题。

(四)青年教师培训机制有待完善

完善的培训评价、激励、管理机制在一定程度上与培训绩效的高低成正比。部分院校存在被动培训、形式化培训等问题,如何激发内育活力,根据教师成长生命周期统筹设计较有针对性的培养培训体系,并把培养培训纳入青年教师奖惩、评比、晋升等工作中,同时把考核、评比、晋升等指标纳入培养培训内容中,实现双向融合尤为关键。因此,为了促进青年教师的职业发展,需要构建科学合理的评价机制,从多方面对青年教师进行评价,为他们的职业发展提供全方位的支持和服务。

三、高职院校青年教师培养路径

为落实国家对教师队伍建设要求,帮助青年教师更好更快地成长,杭州职业技术学院充分发挥学校省级示范教师教学发展中心作用,依托"双高"优势,整合校内外优质资源,实施青年教师分层培养和分类评价。由学校党委教师工作部(教师发展中心)统筹全校教师培训工作,针对职业院校青年教师类型特征、培养现状,以及杭职院青年教师任职实际情况,以制度为保障、以资源为依托、以培训为抓手,聚焦"四有好老师"和"四个引路人"标准,探索了一条青年教师培训培养有效路径,打通青年教师职业发展通道,实现教师能力的大跃升,帮助青年教师跑出职业发展"加速度"。

(一) 以制度为保障，科学设计满足青年教师共性与个性需求

1. 建立"五方联动"教师培养培训机制

学校统筹政研行企校五方的教师培养资源，以各级教育主管部门的教学改革项目锻造教师的核心能力，以企业的实际综合工作项目强化教师的复合能力，以行业的技术研发项目提升教师的优势能力，营造"五方联动"的教师队伍培养生态。

2. 健全"分类分层"人才培养管理机制

根据不同类型教师的职业定位、素养标准、认定标准等，"分类分层"出台《杭州职业技术学院新教师任职和素养标准》《杭州职业技术学院教职工进修培训管理办法》《关于教师师德失范行为的负面清单及处理办法》《关于建立健全教师思想政治和师德师风建设长效机制的意见》等系列培养标准，为教师专业发展、培养培训、能力跃升等提供制度保障。

(二) 以资源为依托，夯实软硬件资源为青年教师成长搭台架梯

1. 校企共建教师发展中心

杭职院是浙江省内首批示范性的教师教学发展中心，通过不断探索，成功地构建了"三位一体"的教师发展模式，该模式由校级教师发展中心、二级部门教师发展分中心以及校外教师企业研修实践基地共同组成。这一模式为青年教师的成长提供了持续的支持和培训，满足了他们的培训需求。此外，利用现代信息技术，构建了一个基于"互联网+"的分级分类教师发展培训平台。这个平台不仅包括校内的通用发展平台，还涵盖了专业领域的发展平台及校外的实践与创新平台。这一平台旨在为教师提供多元化的培训和学习机会，帮助他们不断提升自己的教学和科研能力。通过这一系列的努力，致力于为教师提供全面的发展支持，推动他们在教学和科研领域取得更大的成就。在硬件上，创建了录播室、微课制作间、会议室、学术报告厅、教学研讨室、咨询室、书吧沙龙等培训硬件设施，以及中心网站、教师发展服务系统、在线学习中心和教学资源库等线上培训平台，为青年教师的发展搭建了全方位的支持体系。在软资源上，构建了一支由教学名师、学术大师、职业发展规划师等组成的专家队伍，开展职业教育教学研究、师资培训、教学改革、教学竞赛研究。此外，还打造了"校企共同体探索与实践""有效课堂认证管理

与有效课堂建设""职业教育服务乡村振兴实践与探索""青少年劳动教育的杭职模式"等杭职特色培训项目，为青年教师的成长赋能，并以示范品牌效应，助推兄弟院校教师发展。

2. 校企共建企业实践流动站

企业为青年教师提供专业实践机会，而教师则为企业提供技术技能支持。通过建立产学研一体化的途径，学校能够更好地服务产业转型和企业发展。同时，这种合作模式也找到了企业、学校和教师之间的利益共同点，实现了技术共享、合作研发、技能传播和成果转化的多赢局面。

3. 校企共建名师（名匠）工作室

由在教育教学和行业企业相关技术领域有一定影响力的校内专任教师领衔，建设"双师型"名师工作室，积极开展"三教"改革、课题研究、技术研发，旨在提升教师的教科研能力。通过聘请业界专家作为产业导师、建立校企紧密合作的教师发展中心、设立企业实践基地、成立双师型名师（名匠）工作室以及搭建技艺技能传承创新平台等措施，为青年教师提供更多专业发展和实践能力提升的机会。这些措施旨在加强学校与企业的合作，促进产教融合，提高教师的实际操作能力和应用技能，进而提升教学质量和人才培养水平。

（三）以培训为抓手，多维培训体系赋能青年教师担育人重任

学校基于青年教师成长和学校事业发展需要，尊重青年人才及教育发展规律，依托教师发展中心，探索出青年教师成长"三部曲"模式，包括一年的培养期、两位导师的指导及两大实践项目。这种培养体系旨在帮助新入职教师顺利完成从青年教师到骨干教师的转变，为学校的高水平发展提供坚实可靠的青年人才保障。通过入职启航、结对护航和实践续航三个阶段的培养，新教师将获得全面的专业发展和实践能力的提升，为未来的职业教育事业奠定坚实的基础。

1. 分阶培训，一年入职培养助启航

一是确立学习目的。要求青年教师树立以学生为核心的观念，深入研究职业教育和专业知识，参与专业实践、教学实践和信息技术实践，努力成为"四有"好教师。同时，在学习和工作中，要践行"边学边做、边做边学、边

学边研、边研边创"的原则。二是实行分阶培训。采用"总分总"式的先集中、后分散、再集中的"内容分阶+人员分类+考核分段"的形式。第一阶段集中式以基础模块为主，包含学校校史校情普及、政策规范讲解、师德师风建设等内容；第二阶段分散式以专业模块为主，根据教师、辅导员、行政管理三类人员各自需求参加校内外各类相关培训，如教育教学理论、教学设计、社会服务、学生思政、教育管理等。三是建立质量保障体系。该体系由需求分析、目标设定、内容优化、过程监管和评价反馈等环节组成，形成了一个完整的质量提升闭环。

2. 教学相长，两位结对导师齐护航

开展"双导师制"青年教师助讲培养工作，学校和企业各自指定一位导师，根据他们的专业特长，帮助青年教师制定并实施成长计划。这样可以帮助青年教师避免"曲线"发展的误区，实现"直线"高质量的成长。为确保目标的实现，挑选具备5年以上教龄和高级职称的同专业教师作为导师，为青年教师提供一对一的指导。这些导师在职业教育理念、教育教学、创新服务和竞赛指导等方面为青年教师提供全方位的支持。此外，与合作企业建立联系，邀请专业对口的技术技能大师和管理精英担任实践导师。他们将为青年教师展示职业操守、岗位职责和技术技能等方面的实际操作和经验分享，提供面对面的示范和指导。对于圆满完成培养计划的导师，充分肯定他们的指导工作，将其计入教学业绩，并根据考核结果给予相应的指导补贴。为激励更多导师参与培养工作，学校举办优秀导师分享交流会等活动，树立榜样、传播经验，提高导师们的积极性和参与度。

3. 工坊磨炼，两大实践项目强续航

一是互助工坊教师成长训练营项目。以为新教师的成长营造互相学习、共同研究的学习氛围为目的，提升新教师的专业素养，助力他们在专业道路上迅速成长。站好讲台，开展教师互助工作坊项目，由线下专题培训、助教互助结对、教学能力测评三个环节组成，结合教师日常授课的每个环节，快速帮助其用职教体系"语言"上好每一堂课。二是学历提升博士工程进修培训项目。以鼓励青年教师潜心钻研、自我提升为目的，培育一批既懂职业教育又具有学术研究能力的高学历青年博士人才，优化青年教师队伍的结构，

提升其整体水平。制定博士学历学位提升工程管理办法，出台系列"温暖政策"，保障青年教师学历提升期间的福利待遇，鼓励其安心深造。

第二节　高职院校新教师入职教育

一、高职院校新教师概念界定

（一）新教师界定

新教师这一概念在不同国家的研究中有着相似的定义。目前，美国学者麦克唐纳的定义被广泛接受和运用，即新教师是指那些已经完成所有职前教育课程与教育实习，并且已受雇于某学区的教师。关键在于，这个教师正处于其职业生涯的第一个年头。在我国，学者陈时见和谭建川认为，新教师是指那些顺利完成职前教育、获得教师资格证书，并在一所学校正式从事教育教学工作，但工作年限不满三年的教师。也有观点认为任教不满五年的教师都可以称为新教师。另外，还有学者认为，新教师不仅包括正式教师，还包括临时聘用、工作调动和学科转任的教师。总的来说，新教师的定义是根据其工作经验和教育背景来确定的，具体的年限可能会有所不同。但普遍认同的是，新教师需要更多的支持和指导，以帮助他们顺利度过适应期，提高教学质量。

本文总结认为，新教师指的是从事教育教学工作少于三年的教师，他们在教学技能和教学风格方面尚未完全成熟。在新教师融入工作环境、确立职业定位和适应学校文化的过程中，他们可能会遇到各种困惑和挑战。因此，对新教师进行入职教育至关重要，这有助于他们快速适应学校的工作要求，并成长为合格的"双师型"教师。入职教育可以帮助新教师全面了解学校的规章制度、教育教学方法和与学生沟通的技巧，促使他们更好地融入学校文化，提升教育教学质量。同时，入职教育还能引导新教师树立正确的教育观念，掌握先进的教育教学技能，促进他们的专业成长。因此，实施入职教育对于提高教师的整体素质和教育教学水平具有重要意义。

(二) 新教师入职教育界定

胡森在《国际教育百科全书》中明确指出，职前培训、入职培训和在职培训这三个阶段在教师教育中应该是一脉相连的三个组成部分，每个阶段有其特定任务，贯穿着教师的一生。菲德勒则强调入职教育的支持和评价功能，认为它适用于公立学校工作三年以内的教师群体，以支持初任教师的成长和发展。提克尔认为，随着教育领域的变革，入职教育的定义也在不断变化，它应有助于实现教师自我和社会建构的理想化。综上所述，高职院校新教师入职教育是为从事教学工作、从教第一至第三年的专任教师和兼职教师提供的，至少为期一年的有计划的系统支持和帮助。通过入职教育，可以提升新教师的教学能力、规范其道德行为、减少新手时期的挫折感，并帮助其快速适应自身角色转变，为职业生涯的持续性专业发展奠定基础。

二、高职院校新教师入职教育面临困境

(一) 未能有效衔接教师职前培养与在职培训

1971年，英国教育家詹姆斯·波特提出了教师教育的三个阶段：职前培养、入职指导和在职培训，从而将入职教育纳入教师教育体系。入职教育的重要性不容忽视，美国学者布什曾指出："教师头几年的教学实践和教学效果对其以后几十年的教学态度有着重大影响"。遵循教师专业发展规律，强化职前教师培养和职后教师发展的有机衔接，抓好入职教育窗口期，将起到事半功倍的效果。

高职院校新教师的入职教育应当是职前培养的逻辑延续，同时也是在职培训计划的重要起点。然而，目前入职教育存在与职前培养和在职培训脱节的问题，具体表现为入职教育内容与前后两者不衔接，以及入职教育未能有效帮助新教师完成角色转换和工作任务。

(二) 未能有效整合资源、提高新教师"理实一体"双师素质

具备"理实一体"双师素质是"双师型"教师的基本属性。高职院校新教师的来源主要有三种：一是应届毕业生，他们拥有扎实的专业理论基础，

但缺乏职业一线实践经验和教师教育的基本知识和技能；二是从企事业单位调进的教师，他们具有丰富的专业实践经验，但欠缺教师教育的基本知识和技能；三是来自非高职院校的调入教师，他们有一定的教育教学经验，但对职业教育不甚了解。

高职院校新教师的入职教育应具有教师教育各阶段的共性，即有效整合具有促进教师发展功能的机会和资源，以提高教师教育的质量和效益。同时，入职教育还应体现其特性，针对不同来源的新教师实施补偿性教育，以提高其"理实一体"的双师素质。然而，目前部分高职院校新教师的入职教育在整合资源方面效率较低，未能有效地帮助缺乏企业实践经验的高校应届生提高专业实践技能和教学技能，也未能协助具有企业实践背景的新教师迅速适应教师角色。

三、高职院校新教师入职教育实施路径

针对高职院校新教师入职教育面临的两大困境，杭州职业技术学院教师发展中心设计构建了"内容分阶+人员分类+考核分段"的新教师入职教育新模式。以此帮助新进教职工快速适应学校工作，尽快了解高职教育特点，快速完成职业角色转变，全面加强思想政治、师德师风建设和职业能力提升，倡导新入职教职工树立道德观念，以德为本，注重学术道德，坚持以德育人。并且通过学习与研究，更新教职工教育观念，保证新进教职工初步掌握最新职业教育思想与技术，具备扎实的教育教学素养，并不断提升自己的教学、科研和管理能力，使青年教师不但能"站好讲台"，还能"站稳讲台"。行政管理人员提高服务管理能力，共同为学校"双高"建设和高质量发展提供智力支持。

（一）设计"分阶式"入职教育体系，使职前、入职、职后教育相衔接

在职业教育中，教师入职教育体系具有重要地位。职前培养阶段致力于培养具备合格专业能力的教师，为教师的未来发展搭建坚实的基石。入职教育阶段则致力于帮助新教师顺利度过适应期，克服初入职场的困惑，使其快速融入工作环境。而职后培训阶段，则着重于更新教师的教育观念，提升专业知识水平，为教师的持续成长提供源源不断的动力。为使职前、入职、职

后教育相衔接，青年教师入职教育采用分阶式，一共分为两个阶段：第一阶段对接职前教育，采用集中式主题讲座形式，以基础模块为主，包含思想政治教育、学校校史校情普及、相关政策规范解读、师德师风教育等内容，以让新教师快速了解学校、适应学校工作为目的；第二阶段对接入职和职后教育，采用小班化工坊形式，以专业模块为主，根据教师、辅导员、行政管理三类人员各自需求参加校内外各类相关培训，如教育教学理论、教学设计、社会服务、学生思政等。

（二）设计"分类式"入职教育内容，使不同类别教师提升"理实一体"素养

在入职教育内容上，根据新进青年教师的类别，按照教师、辅导员、行政管理三类人员各自的工作职责、工作属性、教学要求等，分层分类开展第二阶段的入职教育，三类人员各自参加专属类别的工坊教育。如针对教师，专门开展教学理论模块、职教理念与研究模块、教学提升模块、博士论坛、教师成长训练营（融创班）等专题工坊，教师还可以参加由学校教务处、科研处、学工部、二级分院等部门组织的其他各类教学科研、竞赛指导、专题讲座等培训，以及校外组织的各类相关培训。针对辅导员，要求其参加教师系列教学理论模块、职教理念与研究模块外，还需要参加由学校学工部、创新创业学院等部门组织的辅导员业务能力培训，以及校外组织的各类辅导员系列的相关培训。针对行政管理人员，要求其参加行政管理业务能力培训及校外组织的各类相关培训。

（三）设计"分段式"入职教育评价，使不同类别教师实现多维客观评价

不同于传统的培训评价方式，即只依据教师的心得和调查问卷结果，入职教育评价为分阶式分类评价模式。第一阶段的集中式主题教育，以形成性评价为主，如教师提交的培训心得、评估表、观察表、征答表等。第二阶段小班化分类工坊教育，以"形成性评价+总结性评价"等相结合的形式为主，如教师系列中，专门为其打造的教师成长训练营（融创班）作为新教师的必修课程及青年助讲培养的主要结业成绩，要求新教师在结业前督导听评课成绩达到良好及以上，若达不到此项条件，则无法结业。辅导员及行政管理人员也有相应的总结性评价，如个人职业生涯规划、特色育人案例集、科研论文等。

第三节

高职院校青年教师助讲培养

一、青年教师导师制概念界定

(一)"导师制"界定

导师制这一教育模式起源于 14 世纪的英国,随后在美国于 20 世纪 60 年代中期开始实施,并在 20 世纪 80 年代得到了显著的推进。在中国,从 20 世纪 90 年代开始,导师制得到了广泛的推广和应用。经过长时间的实践和完善,这一制度已经成为一种完善的教师培养方式,并在全球范围内得到了广泛的认可和应用。导师制的核心理念来源于苏格拉底的"产婆术"教学方法,强调教师通过提供指导和帮助,教会学生正确的学习方法,培养他们的学习习惯,从而提升其学习效果。最初,导师制的目标是确保每位学生都能得到个性化的指导和引导。随着时间的推移,这一制度逐渐演变为以资深教师为主导的授课模式,旨在帮助新进的年轻教师从新手成长为具备一定教学能力的专业教师,推动他们教学能力的提升和进步。这种导师制不仅关注学生的学习效果,更重视教师的专业成长和发展,为培养出更多优秀的教育人才发挥了重要作用。

(二)青年教师"导师制"含义与目标

青年教师导师制是一种以资深骨干教师为导师,通过一对一或一对多的形式,对青年教师进行全方位的指导与培养的机制。其目的是帮助青年教师快速适应教育教学工作,提高教育教学水平,培养出具有良好师德风范、严谨治学态度和扎实工作作风的优秀教师。这种机制涵盖了教师的理想信念、道德情操、教育理念、教学技能、专业水平、科研能力和职业素养等方面的指导与培养。通过导师的传帮带作用,青年教师能够更好地掌握教学技能、提高教学效果,同时也能更好地理解教育的本质和教师的责任,从而更好地为学生服务。

二、高职院校青年教师导师制实施现状

(一) 导师职责有待细化

目前，青年教师导师制的实施细则过于笼统，仅对青年教师的专业知识和教学科研能力提出了大致要求，缺乏具体的指导内容和明确的指导重点。这导致导师在指导过程中存在疏忽或形式主义的现象。部分导师对青年教师的课堂教学缺乏深入的引导，或者只是简单地走过场，没有真正发挥导师的指导作用。此外，有些导师与青年教师之间的沟通交流不足，仅在临近检查、考评时才匆忙补交材料，导致其指导过程过于表面化，只注重资料的完善，而忽略了真正的指导效果。这种形式主义的倾向不仅影响了青年教师的成长和发展，也削弱了导师制的实际效果和意义。

(二) 培育效果有待加强

高职院校中，由于能够胜任青年教师指导的教师数量有限，通常采取学院为每位青年教师指定一名导师的方式来实施青年教师导师制。然而，由于导师们往往身兼行政管理职务或承担着繁重的教学科研任务，他们在指导青年教师方面往往感到力不从心，导致培育效果不尽如人意。对于刚步入工作岗位的青年教师，他们面临着巨大的工作压力和生活环境的变化，需要更多的指导和支持来帮助他们快速适应和成长。这些因素都影响了他们对导师指导的接受程度和实际效果。此外，青年教师在导师的带领下参与导师的教科研项目时，以及他们自身依托青年导师制项目所产生的教科研成果的成果转化力不佳，高水平成果的质量及数量也不理想。

(三) 考核机制有待完善

高职院校在新教师导师制的考核方面存在一些不足。首先，考核目标不明确，缺乏对新教师通过培养应获得的知识和技能的明确规定，以及在培养期内应成长为哪种类型教师的清晰定位。大多数院校未制定明确的指标来解决这些问题。其次，高职院校在导师制考核的量化指标上存在明显不足。学校对导师制的评价往往过分追求量化目标，比如，要求新教师提供详尽的指导和学习过程资料，同时过于关注一些具体的、数字化的成绩，如听课次数、

公开课次数等。然而，这种量化评价方式却忽略了更为重要的质的提升，未能充分体现新教师在培养期间的成长与导师指导之间的内在联系。最后，导师与新教师之间未能形成有效的育训共同体或师徒团队，仍然以个体单打独斗的成果为主。这导致导师的指导作用未能得到充分发挥，新教师的成长和发展也受到限制。

三、杭职院青年教师导师制实施路径

针对高职院校青年教师"导师制"培养面临的三大困境及学校实际，杭州职业技术学院教师发展中心积极为青年教师创造条件、搭建成长平台，制定了《杭州职业技术学院青年教师助讲培养办法》。

（一）细化导师指导目标与职责

青年教师的成长需求是多样化的，涵盖了思想、育人、教学和科研等多个领域。为了更好地满足这些需求，导师的指导内容和目标需要进一步细化和具体化，以提高可操作性。一是明确导师选聘要求。杭职院对青年教师培养实施一对一的"双导师制"，选聘校内指导教师的方式是部门推荐与指导教师自愿申报相结合。部门进行严格把关，选聘师德良好、教学水平高、作风严谨的高级职称教师担任指导教师。校外指导教师要求选择合作企业中技术水平高、作风严谨、工作负责的教师担任指导教师。同时确保导师和青年教师的双向选择，导师能自行合理安排好时间对青年教师进行培养，保证培育的效果。二是明确导师职责内容。首先，在青年教师培养中，导师不仅要担任业务指导的角色，更要发挥德育引领的作用。他们需要关注青年教师的思想动态和师德修养，努力培养他们严谨的教学态度和对学生的高度负责的执教精神。其次，对于教学技能的指导，导师需要根据青年教师的个人特点和专业需求，制订具有针对性的教学指导计划。这份计划应该涵盖各个教学环节，如听课、辅导教学设计与编写教案、试讲辅导、答疑与作业批改、实习实训指导等，并且通过多种形式的交流，如旁听、跟班听和讲评等，进行深入的示范性指导。最后，导师还需要引导青年教师参与专业建设、课程建设、教学团队建设和教学研究等活动。在科研能力的培养上，对于科研经验相对较弱的青年教师，导师需要提供全面的指导，包括从申报书撰写、论文修改

到科研实施和设施配备等各个环节的指导。通过这样的指导，导师可以帮助青年教师在科研实践中提高逻辑思维能力、分析能力和独立科研能力。

（二）完善监督考核评价与机制

为确保青年教师助讲培养计划的有效实施，需要建立一套健全的监督考核评价机制。首先，需要优化教学督导机制，充分发挥二级学院教学督导专家的作用，使教学督导过程更加精准。同时，加强对导师和青年教师两个主体的督导，并着重对青年教师的课前准备、课堂教学和课后反思等环节进行督导。此外，还需要完善教学督导反馈机制，将督导听课评价作为青年教师考核结业的重要依据。其次，建立全面的考核评价机制，逐步完善青年教师助讲的考评管理办法，科学量化测评指南，并强化考评结果的运用与导向作用。在考核过程中，要对青年教师目标达成度以及导师贡献度进行考核，同时既要有期满考核，也要有阶段性考核。在考核方法与手段上，要坚持整体性、综合性和客观性的原则，综合评议与交叉评议相结合、自评与他评相结合、定性评价与定量评价相结合，以及过程考核与结果考核相结合。

杭职院青年教师助讲培养考核分为中期考核与现场考核验收两个阶段，中期考核关注教师实际教学实施能力、产教融合能力，现场考核验收分为多个维度。首先，青年教师的学习情况和教育教学能力应由所在教学单位进行全面考核，考核方式包括组织公开课、学生座谈会和同行座谈会等。其次，督导听课最近一次达到B（良）以上的教师须参加现场说课，专家根据青年教师的说课情况及书面考核情况进行综合评价，考核结果将分为四个等级："优秀""良好""合格""不合格"。考核最终由中期与现场考核结果相结合，指导教师考评、同行评价情况、教学院系意见、专家组意见、专业建设指导处意见以及人事处意见组成，且青年助讲成绩作为其教学工作年度考核的重要参照条件。

（三）完善组织保障与保障措施

要确保青年教师助讲培养计划的深入实施，必须采取完善的保障措施。一是学校和学院领导需高度重视，完善相关组织机构，并加强导师制理论研究。首先，强化制度建设，做好顶层设计，形成长效机制。其次，加强对青年教师的培训和指导，提高其教育教学能力。最后，建立监督考核评价机制，

客观公正地评价导师和青年教师，并强化评价结果的运用和反馈。这些保障措施有助于确保计划的持续、稳定发展。杭职院各教学单位成立了由主要领导、教学骨干等人员组成的青年教师助讲培养工作小组。二是需要制定详细的导师遴选标准，确保选拔的导师具备高尚的师德、丰富的教学和科研经验以及良好的沟通协调能力。杭职院对导师的选拔和聘任有严格的条件，以此确保导师队伍的整体素质。为使青年教师助讲培养计划顺利推进，需要采取一系列的保障措施。三是加强导师队伍和青年教师的培训工作，包括高等教育思想、金课建设、师德师风建设以及教育教学研究等方面的培训。杭职院依托省级教师发展中心，建立了完整的培训体系，以提高导师的带教水平和青年教师的成长动力。四是建立青年教师导师制的双向激励机制，明确对取得良好育人效果的导师以及优秀青年教师的奖励政策，建立健全青年教师培养平台体系。这些措施可以与薪酬政策、职级晋升及荣誉评比相挂钩，以提高导师和青年教师的积极性和主动性，增强他们的获得感。五是加强宣传工作，及时总结和宣传青年教师导师制实施过程中的先进事迹，充分发挥榜样的引领和示范作用。这些措施的实施可以确保青年教师助讲培养计划的有效性和可持续性发展。

四、杭职院青年教师助讲培养实施情况

学校青年教师助讲培养工作以教学单位（部门）为单位有序开展，各教学单位把青年教师助讲培养工作当作一项重要任务，不仅及时成立了工作领导小组，梳理本部门内需要接受培养的青年教师名单，而且为他们确定了具有高尚师德、强烈责任心、突出教学能力和企业实践能力的指导教师。青年教师按照要求填写《杭州职业技术学院青年教师助讲培养申请表》《杭州职业技术学院青年教师培养手册》《杭州职业技术学院青年教师培养指导工作手册》等。

在学校的统一领导下，各教学单位纷纷开展具有特色的助讲培养活动。例如，友嘉智能制造学院采用集体指导和分散学习等多种方式，帮助教师们全面了解并严格遵守教学工作的相关规定，强化教师的责任感和使命感。同时，该学院积极鼓励青年教师参与专业建设、课程建设、教学团队建设和教

学研究等活动，以迅速提升他们的整体素质。生态健康学院开展了现场观摩、随堂听课、课后答疑、教案修正等互动，青年教师虚心向培养导师学习，了解掌握教学各个环节的基本要求与方法、教学计划的基本结构、课程构成、教学管理制度等，培养导师通过言传身教，向青年教师展示优秀教师的课堂风采、为师形象、治学之道等。达利女装学院鼓励新老教师进行互评互听，共同探讨和解决教学中遇到的问题。通过这种方式，教师们不断优化和完善课堂教学方式，全方位提升了专业素养。公共基础部组织培养对象参加学院开展的教师技能大赛，从而快速提高培养对象的实践能力。各种助讲培养活动的顺利进行，对于师资队伍建设起到了良好的推动作用。

在经过半年至一年的培养后，学校随即开展青年教师助讲培养中期、结业考核。中期考核以教学单位自查为主、学校检查为辅的形式进行。结业考核则以各教学单位组织说课、听课等方式对培养对象进行教学水平的考核，确定考核等次后上报教务处、人事处备案。结业考核形式包括现场说课考核和书面考核，两者相结合进行。经过考核，结业合格率达到82%。

五、杭职院青年教师助讲培养实施成效

经过一年的精心培养，青年教师得以迅速适应教学岗位，不仅提高了自身的职业道德修养和现代教育理论水平，还熟练掌握了基本教学技能。这样的培养计划旨在加速他们的成长，使他们早日成为学校的教育教学骨干，为学校的长远发展提供坚实的人才保障。

（一）建设校园文化，提升了青年教师的整体素质

在校园文化建设过程中，教师们通过不断学习和实践，深入理解学校文化理念，形成强大的凝聚力。他们不仅在教学工作中积极践行学校文化思想，还通过参加各类培训、研讨会等活动，提升自己的专业素养。同时，这个过程也是塑造教师的进取心和培养高尚师德的过程。教师们在日常工作中注重自我反思和成长，追求卓越，乐于成为具有开拓精神、与时俱进、富有责任心的教育者。他们积极参与学校各项活动，为学生的成长和教育事业的发展贡献自己的力量。通过优秀指导教师的言传身教与参加助讲培养的相关活动，杭职院青年教师的综合素质得到普遍提升。教师在教学中的一举一动都可能

对学生产生深刻的影响，因此，教师的职业道德修养关系着学生的成长成才，关系着学校的发展。杭职院始终重视师德教育，通过多种渠道和方式，强化青年教师的师德规范意识。通过优秀指导教师的榜样作用，青年教师们树立了正确的世界观、人生观和价值观，更加积极地投身于职业教育教学工作中，以更高的责任心和更大的热情为教育事业贡献力量。

（二）搭建成长平台，拓宽了青年教师成长的途径

要促进青年教师的持续快速成长，充分释放他们的激情和才华，仅仅依靠一流的校园文化是不够的。必须为他们搭建一个专门的成长平台，通过多种渠道和方式为他们提供更多的发展机会。高校教师面临着较高的职业期望和社会责任，这使一些教师感到压力和倦怠。如不能很好地处理压力，将限制青年教师发展。因此，学校应该积极为青年教师搭建一个能够让他们自由发展的平台，并鼓励他们以乐观的态度面对工作和生活中的挑战。通过在重要岗位上工作，如班主任、部门干事等，青年教师可以获得更多的实践经验和成长机会。同时，学校应该关注教师的心理健康，帮助他们提高职业幸福感，让他们在工作中感受到快乐和满足。只有这样，青年教师才能真正在搭建的平台中不断成长和蜕变，为学校的发展做出更大的贡献。

（三）制定发展目标，明确了青年教师成长的方向

目标在人的行为中起着重要的导向和激励作用。明确、有价值的目标能够激发人的动机，促使行为产生，并指引人的活动方向。学校深知目标制定在教师发展中的重要性，因此，学校指导青年教师制定职业生涯规划，帮助他们明确个人发展目标及阶段性计划。青年教师结合实际工作和学生的实际情况，设定适合自己的发展要求和发展方向。

发展目标的具体内容包含个人专业成长现状分析和学年成长目标。在现状分析中，教师须从优势与不足两方面，对课堂教学、学生管理、教学研究等进行评估。学年成长目标则需根据现状分析制定总目标，并根据学校方案，从自身素质、教育教学专著研读、课堂教学等方面设定具体目标。这些目标不仅要求数量达标，更要求质量的保证。

这样的发展目标体系不仅有助于青年教师明确自己的发展方向和目标，更能激发他们的内在动力，促使他们在教育教学工作中不断进步和成长。

（四）提升专业技能，加快了青年教师成长的速度

通过一年的助讲培养，青年教师的现代教育理论水平得到明显提高。新老教师之间共同分享先进的教育理念，相互交流教学经验，使新老教师得以一同进步，共同加深对教育教学的理解，从而以正确的教育理论指导教学实践。这在一定程度上促进了教师对课堂教学规范与先进教学方法的重视，促进了课堂教学改革的开展。

青年教师助讲培养工作对于提升青年教师的课堂教学和科研能力起到了积极的促进作用。指导教师起到"传、帮、带"的作用，通过公开听课、指导编写教学设计、解答疑问等手段对青年教师进行认真具体的指导，青年教师通过观摩指导教师的实际授课，迅速掌握教学技能，及时弥补自身教学中的不足。在培养过程中，指导教师始终注重引导青年教师参与课题研究和各类社会服务活动。通过这些实践活动，青年教师能够迅速提升自身的科研能力，为日后的科研工作打下坚实的基础。

六、杭职院青年教师助讲培养建议

青年教师助讲培养取得了良好的效果，达到了预期目标，但是在工作开展过程中，仍然存在一些问题。部分指导教师因为出国进修等原因，没有足够的时间与青年教师沟通交流；个别青年教师对于助讲培养工作没有足够重视。对于工作中存在的问题，应及时反馈和解决，做到合理安排，确保指导教师拥有充足的指导时间，同时加大对助讲培养工作的检查和考核力度，引导青年教师重视这项工作。

青年教师是师资结构中充满创造力的重要组成部分，是教育事业发展的动力，学校应持续开展青年教师助讲培养，加强各教学单位之间的交流，总结推广教学单位优秀的培养方式和创新的实施办法，推动青年教师助讲培养工作进一步发展与完善。

第四节

杭职院教师成长训练营实践

为帮助新入职教师承担起新时代职业院校教师的使命与担当,落实立德树人根本任务,快速完成职业角色转变,尽快了解高职教育特点并熟悉岗位,提高教育教学水平和教师专业素养,熟练运用相关专业的教学方法,为学校发展提供强大的后续人才支持,杭州职业技术学院教师发展中心针对新引进2年内的专任教师开设了以"学习、对话、合作、互助"为宗旨的融创班新教师成长训练营。训练营主要包含青年助讲培养、线上自主学习、线下互助工坊三部分内容,其中,线下互助工坊分为政治素养、教学素养、育人素养、科研素养、信息素养、艺术素养六大专题,由线下专题培训、助教互助结对、教学能力测评三个环节组成(表4-1)。教师成长训练营旨在为新教师创造一个互相学习、共同研究的学术环境,以促进其专业素养的提升。通过这种方式,新教师能够在专业发展道路上迅速成长,更好地在高职教育领域发挥自己的作用。

表4-1 线下互助工坊专题培训

承办分院	工坊专题类别	专题	时间	学习成果(作业)
友嘉智能制造学院	教学素养	任务型课程设计	4月19日 13:40—15:40	课程任务(项目)及情境设计方案(为整体设计做准备)
商贸旅游学院	教学素养	讲好课堂教学这些事(含整体设计和单元设计实操)	4月26日 13:40—15:40	完成整体设计方案
生态健康学院	教学素养	课程实施——高效课堂的教学策略	5月10日 13:40—15:40	完成单元设计方案
达利女装学院	教学素养	"双高计划"背景下高职院校教师教学能力提升方法和策略	5月17日 13:40—15:40	完成所授课程的说课演示文稿

续表

承办分院	工坊专题类别	专题	时间	学习成果（作业）
信息工程学院	信息素养	新教师信息化教学能力提升	5月24日 13：40—15：40	每位教师在相关平台开设自己的在线课程
动漫游戏学院	艺术素养	教师的沟通艺术与形象礼仪	6月7日 13：40—15：40	完成说课演示文稿的视频录制，注意讲课语言艺术与礼仪穿搭
特种设备学院	科研素养	产教融合背景下纵向与横向项目的研究与开发	6月14日 13：40—15：40	完成近期即将申报的纵向或横向课题的申报书
彩虹鱼康复护理学院	育人素养	做好新时代班主任——优秀育人成果转化及推广	6月21日 13：40—15：40	完成班级特色项目、教师学生经历工程或学生创新中心申报书
马克思主义学院	政治素养	课程思政的设计与实施	6月26日 13：40—15：40	完成课程思政的顶层设计与案例搜集

一、教师成长训练营学员学情分析

2022—2023年，教师成长训练营开设了3期，共培训学员72名。3期成长训练营的时间分别为2022上半年、2023上半年与2023下半年。3期学员，在性别结构上，男性38人，女性34人；在年龄结构上，40岁以上的4人，35～40岁10人，大部分学员年龄集中于25～35岁，占81%；在学历结构上，博士研究生50人（博士后3人），占70%，硕士研究生21人，本科1人；在职称结构上，高级职称教师14人，中级职称教师38人，共占72.2%；在来源结构上，24人来自企业，25人为应届毕业生，大约各占33%，14人入职前在本科院校就职，其余的个别老师之前有本科院校及企业双重工作经历，或高职院校及企业双重经历。3期培训学员以高学历且没有从事过职业教育相关工作的青年教师为主，其主要存在以下问题。

（一）职业教育意识不够清晰

大部分学员为博士研究生学历，他们熟知研究型院校学科体系式的教育教学方式，以及研究型院校的学术体系和话语体系，但对职教政策、职教体

系缺乏了解，在职普融通的背景下，制度困境、观念困境的存在让大部分人对职业教育缺乏系统认知。

（二）专业教学能力不够扎实

职业教育专业教学有别于本科院校的教育教学，从班级学员的学历及来源结构中看出，他们都具有扎实的专业理论与技能基础，但把自身知识、技能转化为教学的能力薄弱，以及基于任务型课程、项目化教学、做中学学中做等职教教学理念、教学方法的实践教学能力、教学反思能力、课程开发与创新能力等还较为欠缺。此外，学员均为"非师范"出身，面对职业院校学生复杂的学情，难以因材施教。

（三）教学成果转化力不够充分

从班级学员的学历结构中看出其科研能力较强，科研成果的获得与转化较为擅长。不同于本科院校的学术研究能力，职业院校重视基于理论教学和实践教学能力的教学成果与项目的转化能力，由一门"金课"转化为系列教学成果，由系列教学成果反哺教育教学与课程建设，做到教研相长是目前学员们所欠缺的能力。

二、教师成长训练营实施效果

为了动态跟踪 3 期学员线下工坊学习现状，了解学员能力素养提升情况及学习效果情况，更好地开展工坊专题培训，对 3 期学员进行了学习效果的问卷调研，此次发放问卷 72 份，回收有效问卷 64 份。通过融创班线下工坊学习，从提升的能力与素养上看，学员们认为对自身提升最大的依次为任务型课程设计能力、课堂教学整体实施能力、信息化技术应用能力、职教政策和职教方法认知能力以及师德师风素养。可见，通过教学素养工坊任务型课程设计与实施的系列课程，学员们确实对职业教育项目化教学、任务型课程的整体设计、单元设计等有了系统的认识并进行深入的实操，对职教政策、职教体系有了一定了解，职业教育意识逐渐清晰。

在教学能力测评提升方面，部分老师因刚入职以及还未开始上课未进行教学测评，在 32 名被测评的老师中，有 14 名老学员的教学测评成绩从 C 提升为 B 及以上，约占 44%；有 16 名学员由 B 提升为 B+ 及以上的成绩，还有 2 名学员由 B+ 提升为 A。根据教学能力测评中教学目标、教学方法、信息技术、教学过程、教学效果五大观测点来看，教学督导对教学目标不清晰，教学方法未体现做中学、学中做，未使用信息技术，教学过程的活动设计未体现教师主导学生主体，课堂管理不到位，课堂气氛较弱，无师生互动，最终教学效果未达到"预期知识+技能+素养"三维教学目标的老师给予教学能力测评 C。因而，由于学员们职业教育意识不够清晰、专业教学能力不够过硬等问题，教学实施中存在问题较大，测评成绩 C 的学员较多，通过工坊的系列培训，大部分学员已经基本达到了 B 及 B+ 的成绩，还有 2 名学员通过培训及助教互助结对，达到了 A 的好成绩，学员们的专业教学能力提升迅速。

从学员参加的教育教学项目成果上来看，通过融创班线下工坊学习，70% 学员参加了各级各类教育教学项目，参与度排名前四的分别为指导学生参加各级别技能竞赛（23 人），参与专业（群）、团队、平台、基地的申报（23 人），指导学生参加"互联网+""挑战杯"或其他竞赛（14 人），以及参加各级别职业院校教学能力比赛（12 人）。各级别技能竞赛项目中，学员们参与较多的为省级专业类技能竞赛及学科竞赛，获得的最好成绩为省赛金奖；参与专业（群）、团队、平台、基地申报选项中，学员们根据各自专业特点参与高校动漫研创基地培育建设项目、虚拟仿真基地、现场工程师、技能大师工作室、省级协同育人项目、双高专业群验收、检测检验数据库、浙江省产教融合"五个一批"等项目的申报；指导学生参加"互联网+""挑战杯"竞赛项目中，学员获得的最好成绩为省挑战杯铜奖；教学能力比赛方面，有学员获得浙江省教师教学能力比赛一等奖的好成绩，还有学员获得省赛二等奖与三等奖；课程建设方面，参与国家教学资源库及省级精品在线开放课程建设的学员，以及主持校级精品在线课程立项的学员，充分展现了他们的专业技能和领导能力。他们的贡献对于课程质量和教育资源的发展起到了积极的推动作用。此外，还有学员参与了教学成果奖的申报，获得国家级教学成果二等奖的好成绩。

以上教育教学成果均为杭职院期望产出与突破的教学类高水平成果，从参与度、贡献度及含金量等方面都能看出新引进的青年教师学员基于教师成

长训练营的系列培训，教学成果转化力逐渐提升，虽然有些学员暂未获得较高级别的成果，但在"课堂革命"的实施、"以赛促教，以赛促学，以赛促改，以赛促建"等方面有了积极践行与深刻感悟。

基于教学成果转化，在年度教学业绩考核时，参与考核的 31 名学员中有 6 名学员获得教学业绩 A 的好成绩，18 名学生获得教学业绩 B 的成绩，班级学员在教学实践中强化了职业教育意识，在不断改进中提升了教育教学能力，在项目参与中反哺教育教学，综合素养得到快速提升。

第五节

博士工程进修培训

一、博士工程进修培训概念界定

（一）学历提升

学历教育是我国教育体系的关键部分，有助于教师的专业发展。通过学历提升，教师能系统地获取学科和专业知识，从而促进他们的专业成长。虽然教师素养的提升并不仅仅依赖于学历，但学历仍然是衡量教师综合素质和专业发展状况的重要标准之一。

教师提升学历指的是专、本科教师在职攻读研究生，获得硕士或以上学位，以及同等学力。过去，同等学力是教师攻读学位的主要方式，这种方式相对简单，不需要入学考试，完成规定的课程和通过英语及专业综合考试后，通过论文答辩即可获得学位。

随着高等教育规模的扩大和学历提升政策的实施，学校硕士学位教师占比超过 70%。因此，本研究主要关注教师在职攻读博士学位的情况，以提高其学历水平、职业认同感、研究能力、专业知识与技能，进而提升教师专业素养。

（二）在职攻读博士

在职攻读博士是相对脱产学习方式而言，通过正常入学考试（统考、同等学力申博或申请考核制）取得入学资格，在培养单位教学或培养方案许可的情况下，一边工作一边学习地取得博士学位的学习方式。

在职博士攻读人员须在征求本工作单位的同意与支持后，方可申请博士攻读。各博士招考单位对于在职博士的报考要求、培养方案等会有细微差别。

二、理论基础与政策导向

基于以下两个理论基础，学校提出博士学历学位提升工程管理办法。

（一）诺尔斯成人学习理论

作为成人学习理论的创始者，美国成人教育家诺尔斯深入研究了成年人接受教育培训的特性和规律，提出了以下有关成人学习者的主要特征。

1. 学习需求

成人学习者具备主观能动性，他们会根据自己的实际需求来选择学习内容。他们能深刻感受到学习的紧迫性，并有明确的学习目标，期望通过学习改变工作或生活的状况。

2. 自我概念

成人学习者具有强烈的独立人格。他们愿意为自己的学习负责，进行自我导向的学习。然而，在面对新观点或新知识时，他们可能会因为坚守自我概念而产生抵触心理。

3. 学习经验

成人学习者在工作、生活和过往学习中积累了丰富的经验。这些经验可以作为宝贵的教育资源，帮助他们更好地理解和吸收新知识。

4. 学习准备

成人学习是为了满足自身发展的需求，当学习内容与自身日常所面临的问题相关时，他们能给予更多的正向反馈。这意味着，当学习任务与实际需求相一致时，学习效果会更加显著。

5. 学习倾向

成人学习者更倾向于以实际问题和能力发展为中心的学习方式。

6. 学习动机

成人学习者选择学习主要是出于内在原因，如自尊心、自我价值的提升，

以及对工作和生活质量的改善等。

诺尔斯的成人学习理论启示我们，在职教师博士学历学位提升应注重目的性、主观能动性、自主学习能力和实践经验。培养单位应明确学习目标，提供有针对性的指导和支持，并倡导交流合作学习，以提升教师的教育教学能力。这为教师的专业发展和教育质量的提高提供了重要的理论依据。

（二）终身学习理论

在终身教育思潮的影响下，终身学习理念逐渐成为主导。这一理念主张教育应伴随人的一生，并重视个体自主性持续发展。对教师来说，终身学习理念是提升自身专业素养的重要指导思想。在学习与探索中，教师可以克服工作中的困难，满足自身发展的需求，并且更好地实现自身价值。在职攻读博士学位是教师提升自身专业能力的有效途径，也是践行终身学习理念的具体行动。通过不断学习和成长，高职教师可以更好地应对教育领域的挑战，为学生提供更高质量的教育服务。

（三）政策导向

教育部办公厅于2022年发布了《关于开展职业教育教师队伍能力提升行动的通知》。该通知指出，支持高职院校在职教师学历提升，鼓励专业课教师攻读硕士和博士研究生，并在毕业后回原校任教。这一政策特别强调了学中用、用中学的原则，探索脱产学习与在岗实践相结合的培养形式，旨在提升教师的专业素养和教学能力，为职业教育的发展提供有力保障。通过这种模式，教师可以更好地将理论知识与实践相结合，进一步提升教育教学能力，为高职教育的发展做出更大贡献。这一政策为高职教师提供了宝贵的提升机会，是教育部对职业教育教师队伍建设的有力支持举措。

三、教师博士学历学位提升必要性

（一）职教本科人才培养的需求

发展职业本科是面向新时期高质量发展需求提出的战略性举措，争创职业本科大学当下已成为各个职业院校的发展目标之一。职业本科大学不仅是办学层次的跃升，更深层次的原因在于产业发展和用人企业对职业教育提出了更高要求。因而学校在人才培养模式和服务产业能力等方面同样要实现升级，培养出具备解决产业一线复杂问题能力的高层次技能人才，从而满足行业企业发展新要求。通过高水平办学为产业发展提供更好的人才和技术支撑，教师是关键所在。根据学者的研究，教师的受教育年限与其个人教学生产力之间存在正相关关系。这意味着高学历的教师往往能取得更好的教学效果，为学生提供更优质的示范。他们更能根据学生的特点"因材施教"，从而激发学生的兴趣，促进他们发挥自己的特长和潜能。此外，高学历教师对学生学业成绩的影响具有"累积效应"，对"学优生"的提升效果更为显著。综上，职教本科的大背景对教师学历及素养提出更高要求，教师博士学历学位提升成为各院校打造人才强校政策的有力手段之一。

（二）职业认同感的提升

知名教育学者、斯坦福大学教授琳达·达琳-哈蒙德的研究发现，教师学历越高，留任率也越高。通过提升学历，教师能持续学习，增强对职业的认同感，更倾向于长期从教。经过与教师的交流和案例分析，发现学历提升有助于教师更全面地认识自己，明确角色定位和职责，从而加深职业认同。

（三）专业知识理解的加深

教师在职攻读博士学位是一种更专业化的学习，与常见的教师专业成长活动有本质区别。它涉及高深学科知识和独特文化，需要更高程度的脑力投入，具有长期性和系统化的特征。获得博士学位可能改变教师的思维方式与认知风格。有教师表示，他们在本科或硕士阶段学习的教育学和心理学知识较为表面，无法有效地应用于教学实践。博士阶段的学习，特别是通过导师指导的学位论文写作，使他们能够建立学术概念之间的联系，以联系和发展的眼光看待学问，并将理论知识更好地应用于教学实践。

（四）专业能力元认知与反思的进步

通过博士学历学位的提升，教师更深入地理解了"元认知"概念，并能够有意识地运用它来反思自己的教学实践。元认知是对认知活动的再思考，而教师的工作具有重复性。高学历学位教师对课程与教学变化的积极态度，使他们不断进行"元认知"，避免工作重复。

"正思"是教师坚持正确观念与做法，审视并维护自身优势的过程。"反思"则是教师审视自我、总结成功与失败经验的过程，促进知识结构的完善和教学过程的优化。教师通过评价学生，反思之前的课堂评价方式，弥补不足，提高教学效果。

四、教师博士学历学位提升存在问题

（一）顶层设计的缺失

教育行政部门制定教育政策，明确在职教师的培养方向，并指导地方教育部门实施教师学历提升计划。地方教育部门与学校应根据政策要求和自身情况，制定具体的教师学历提升计划，以提升教师队伍素质，推动教育质量的提升。但就目前来看，众多院校还未出台相应的博士学历学位提升管理办法，未把博士学历学位提升作为青年教师培养的一项举措，未明确在职教师博士学历学位提升的申请、考核、管理等相应制度，导致青年教师在职博士学历学位提升存在本职工作与学历进修无法平衡的顾虑，从而影响其学位获得。

（二）管理考核的缺失

由于众多高职院校还未专门就在职攻读博士研究生出台相应的管理办法，对于教师在职攻读博士的申请流程、协议制度、教学要求、日常管理、报销奖励、津贴发放、福利待遇等管理考核制度没有明确与细化，部分青年教师在工作之余继续学历提升存在无法较好完成本职工作，影响正常教学工作的开展，学历进修期间无法较好完成学术研究等问题，从而最终导致人才的流动与流失。

（三）激励机制的缺失

建立博士学历学位的提升相关的激励机制，能有效激活学校培育人才的动力与活力，营造青年教师潜心再造、自我提升的良好学术氛围，从而最终增强学校的人才竞争力、提升人才培养质量。激励机制应包含在职攻读博士期间及博士学位获得后的各项政策制度。在职攻读博士期间激励机制包含攻读期间的学费报销奖励、工资津贴发放、教学工作量折算、学术休假制度、博士期间学术论文的发表、专业技术职务评聘要求等；博士学位获得后的各项激励机制包含职称晋升、工资待遇、评奖评优等相应的政策制度。

五、教师博士学历学位提升路径

杭职院高度重视高层次人才队伍建设，通过引进和自培双轮驱动不断壮大高层次人才队伍。在高层次人才培育培养方面，博士学历学位提升作为培育的重要路径之一，从顶层设计、管理考核、激励机制等方面，保障有意向在职攻读博士的青年教师能潜心钻研，专心提升学术力与研究力，为学校高质量发展提供坚实的人力资源保障。

（一）顶层设计博士学历学位提升工程管理办法

2019 年，学校根据《杭州职业技术学院"十三五"教育事业发展规划》，开展了教师队伍能力提升行动，全面加强人才队伍建设。重要举措之一即出台了《杭州职业技术学院博士学历学位提升工程管理办法》，鼓励学校青年教师提升学历，从而优化教师队伍结构，提高青年教师队伍整体水平。

（二）细化制定博士学历学位提升工程考核管理

1. 对报考对象提出相应要求

工作量饱满，近三年无责任事故，年度考核均在合格及以上，有意向在职攻读博士学历学位（以下简称在职读博）的教师及管理、教辅人员（含非事业编）。取得硕士学位的专任教师，须在校工作满 1 年；取得硕士学位的非专任教师，须在校工作满 3 年。非事业编制教职工须在校工作满 5 年。

2. 对申请流程提出相应要求

符合申报条件且有意向的青年教师须提前填写《杭州职业技术学院在职读博申请表》，所在部门审核并提出推荐意见，专业建设指导处、人事处等相关职能部门及分管校领导审核，学校审定。

3. 对考核管理提出相应要求

一是申请教职工在录取后一周内，应与学校签订《杭州职业技术学院在职攻读博士学位协议书》，毕业后在校服务时间不少于 6 年，并办理相关手续。二是攻读海外博士或参加海外学术会议须按因公出国要求提前一年进行

申请与报批。三是实行师德师风的"一票否决制",一旦教师违反师德规范,学校将取消对该教师或团队与本项目相关的所有支持资格,旨在维护公平、正义和良好的教育环境。四是教职工在职读博期间(含脱产学习),由所在二级学院或职能部门负责日常管理,定期开展学习情况交流汇报。五是教职工获得博士学位后,须在一周内携带学位证书原件及复印件、学籍档案等材料至学校人事部门完成相关手续。六是非事业编制教职工取得博士学位后,符合当年度上级及学校人才引进政策,可办理入编。

(三)优化完善博士学历学位提升工程激励机制

一是优化学历学位提升奖励制度。凡经学校同意在职读博者,按时取得博士学位(5年)的,给予奖励(含报销学费、学习期间往返交通和住宿费等)不超过20万元("双一流"高校及专业20万元,省部重点高校15万元,海外及其他高校12万元),以协议为准;延期1年,按90%给予报销与奖励,延期2年,按80%给予报销与奖励;延期3年,按60%给予报销与奖励;延期3年以上或放弃学业的,不予报销与奖励。学费凭录取通知书可先予以报销;往返交通和住宿费按学校出差管理办法,一学期据实限额报销5000元;读博期间经学校审批同意参加的学术会议,可按规定报销相关会务费。未取得博士学位的,已报销费用从校内津贴中扣回。二是完善学历学位提升学术休假制度。为支持在职读博教职工专心学习,经本人申请、所在部门同意、学校批准的教师,可享受脱产学术休假,时间最多为1.5年(含寒暑假,一般分2次使用)。在脱产学术休假期间,学校按月发放统发工资和相应福利,并按相应标准交纳社保和公积金,停发校内津贴。三是明确学历学位提升期间教学工作量折算。对不脱产学习的专任教师,在学习期间可享受工作量减免50%,最多限4个学期。

第五章

高职院校骨干教师专业发展

第一节
高职院校教师专业发展概述

高素质专业化创新型的教师队伍是加快教育现代化的关键。遵循教师专业发展规律，夯实教师专业发展体系，构建更加科学的教师培养课程体系，推动教师终身学习和专业自主发展已成为教育现代化的内在要求。

一、教师专业发展相关概念及研究情况

（一）专业发展概念

"专业"是指专门从事某种职业的群体通过长期培养和学习，掌握符合从事职业标准的专业技能领域理论和实践知识，进而从事相关工作，提供相应的社会服务。而教师的专业化发展，是教师通过长期培养和学习，从职业到专业的提升过程。从广义来看，包括成为教师之前系统的学科知识的学习，走上教师岗位后教育教学相关知识的学习和教学技能的掌握等。

本研究采用狭义的教师专业化发展概念，即指教师（特指专门从事职业教育的教师）在职业生涯过程中，以职业教育为专门研究领域，以专业化目标为导向，以终身学习为方法，以拓展专业内涵为路径持续提升专业能力，从具备相关教育教学知识到熟练掌握教育实践技能，从新手教师发展成为专业成熟的专家型教师的过程，本章的研究重点在于成为教育"熟手"和骨干教师前后的培养过程。

高职教育以培养适应经济社会需求的高质量、高层次技术技能型人才为目标，高职毕业生需具备一定的基础理论知识和技术技能水平。同时随着社会经济、产业行业日新月异的发展变化，具备强大的岗位适应和迁移能力，这对高职教育双师型教师队伍建设提出了迫切的要求。仅仅停留在将自身专业课所学倒给学生的"教书匠"远远无法满足岗位所需，理论与实践兼备、教育教学与企业实践能力"双能"、紧密联系产业行业发展前沿和岗位需求成为高职教师必备的专业素养。

"骨干教师"在学界并无统一的学术定义，本研究中骨干教师指具有较丰富的教育经验和优异的职业素养，在实际教育教学活动中承担较大工作量，在教育研究方面能力较突出，取得一定的教育教学研究成果，能对普通教师群体起到示范和带动作用，能支撑所在学校的专业建设、学科建设、教育教学和教科研工作的教师群体。一般具有副高级及以上专业技术职务或相当能力水平，从事职业教育教学工作10年左右，在本校、本行业、本区域中享有一定声誉，是高职院校教师队伍的中坚力量。

（二）国内外有关教师专业发展的探索

从国外研究来看，教师专业发展相关研究起步较早，发展较为成熟，教师专业发展受到高度重视，关于教师专业发展阶段有以下几种比较有代表性的理论。

以美国学者卡茨（Katz，1972）为代表的学者，通过访谈和问卷研究，把教师的发展阶段分为四个：求生存期、巩固期、更新期以及成熟期。在求生存期，教师在课堂教学中掌握"生存"技能，较多关注自身职业适应能力，组织课堂教学和引导学生的能力等，此阶段需要教育理论、教学技能与情感支持来帮助其发展教学适应能力。在巩固期和更新期，教师积累了一定的教学经验，对教学日常工作大多能轻松应对，教师的好奇、兴奋和激情同时消减，专业发展进入高原期。表面上看处于职业倦怠状态，但从深层次看，这一时期尤其更新期是持续累积、寻求发展突破的过程。其特点是重新尝试寻找突破口，渴望得到专家型人才的引领，实现突破和自我更新。成熟时期，教师的教学经验非常丰富，内化形成一定的风格，教育情感达到相当境界，受尊重和自我实现需求上升，希望自己的经验被整理、被追随、被效仿，其心理需求转变为担心专业引领地位的丧失，以及个人专业发展的边缘化。

以伯顿（Burden，1979）为首的一批学者提出并倡导教师发展阶段论。他们对处在不同职业生涯发展阶段的教师开展了访谈，通过大样本研究提出了教师发展的三个阶段：求生阶段、调整阶段、成熟阶段。求生阶段，是指教师在教学第1年面对不同事物的适应阶段；调整阶段，指教师进入教学2~4年，逐渐了解教育对象的复杂性，学习和寻求教学技巧，不断寻找解决问题的新方法阶段；成熟阶段，这个阶段一般在进入教学5年后，有了一定的熟练度和"手感"，教师开始追求并尝试新的教学方法和手段，同时有余力关心

和提升师生间关系。

我国教师专业发展的概念最早是在20世纪70年代提出，人们开始关注教师的专业素养和专业能力，探索建立适合我国的教师专业发展体系。由于多方面因素的制约，教师专业发展的进程并不顺利。直到20世纪90年代，我国开始推行教师专业发展政策，重视教师的职业发展，才逐渐形成了一套完整的教师发展体系。

教师专业发展内涵丰富，我国学者的认识和研究主要分成两类：一类强调专业化的过程，即从职业角度，认为教师专业发展是教师获得职业所要求专业地位的过程——人职匹配过程。另一类观点强调教师的个体发展，即从个体发展角度，重视教师政治、经济和社会地位提升，更关注教师个体在专业素养和技能等方面的培养和内在成长过程——个体发展过程。

教师专业发展是动态发展的过程，具有连续性和贯穿职业生涯终身的特点，教师通过不断的学习与提升，更新专业知识和技能，提高全方位的能力与素养，努力成为一名优秀的教师，从而促进教育质量的提升。针对专业发展的过程，不同的学者有着不同的研究方向。

我国教育研究者受教师专业社会化研究框架影响较大，主要代表有王秋绒、吴康宁、傅道春等。王秋绒（1991）的研究把教师专业化过程分为师范生、实习教师和合格教师三个阶段，在此基础上把每一阶段细分成三个时期。吴康宁（1998）的研究把教师社会化分为两个阶段：预期专业社会化、继续专业社会化。傅道春（1995）认为，教师的职业成熟可分为三个时期：角色转变期、开始适应期以及成长期。

大量研究者认为，教师专业发展过程与教师职业成长过程基本一致，可以按照教师成长来划分专业发展阶段。钟祖荣等（2001）以教师的素质和工作业绩两个指标为基点，将教师的成长分为四个阶段：准备期、适应期、发展期、创造期。每个阶段结束时，教师专业发展也达到新的台阶，即新任教师、合格教师、骨干教师、专家教师（学科带头人、特级教师）。张松多（2007）则重点研究骨干教师的专业成长过程，将其分为准备期、适应期、发展期和创造期等四个阶段。

教师一体化发展阶段研究是在我国教师教育一体化改革背景下开展的。

一体化发展阶段论认为教师教育是涵盖职前教育、入职教育和在职教育为一体的教育，基于此，教师专业发展相应分为职前师范教育、入职指导和职后教育三个连续阶段。刘捷（2002）认为，教师的专业成长包括奠定教育基础的师范生阶段，以适应教学职业站稳讲台为目标的入门阶段，以及重在认知和技能提高的职后成长阶段。唐玉光（1999）将教师专业发展划分为职前（专业准备）、入职（教师辅导）、在职（教师教育）三个阶段。

（三）高职院校教师专业发展内涵

麻淑涛认为，专业知识、科学研究和教学是大学教师专业发展的三个方面，而其中最重要的是教学专业素养提升。张世英认为，教师专业发展是将教育教学理论在实践活动中进行检验，从而使两者结合内化的过程。潘懋元提出，教师专业发展的内涵包括师德素养的提升、个人学术水平的提升以及职业知识和技能的提高。

有研究提出，专业发展内涵可从结果和过程两个角度区分：前者指教师在教育教学、科学研究和社会服务三大职能中取得一定成果；后者指从新手教师到专家型教师直至退出教师职业的个人发展历程。

对高职教师专业发展的内涵研究比较多，除了具有以上高等教育教师专业发展一般内涵，高职教育教师专业发展还有作为特殊的教育类型范畴下的特有内涵。"双师型"教师是高职教师特色化专业发展的重要体现。张君华和左显兰（2008）提出，高职教师专业发展的内涵不仅包含从事教师职业的必备专业知识，还要包括熟悉教师职业、热爱职业教育的专业精神，进行职业教育的专业知识积累，开展职业实践指导的相关知识与技能。职业院校教师专业发展，是职业教育从业教师通过组织课堂教学、实训场所指导等理实一体多样态情境教学，将教学内容和方法结合行业企业岗位要求，有机融合并生成有教师个人风格的专业教学知识的过程。职业院校教师专业化特色在于：一是基础，即专业化所需专业知识的内容和类型特殊，包括理论知识、实践知识及行业知识；二是环境，即专业化所处的组织环境特殊，适应社会经济、行业企业发展进行专业设置调整的高职教育特性，决定了高职教师需要遵循的行业规范、教师的发展路径等均有所差别。吴全全（2007）认为，高职教师专业发展包括企业职业实践的训练、高职教育理论的学习和高等职业教学

实践的效果三个领域。

本研究结合职业教育的类型定位特征，认为其内涵应包含师德素养发展、教学专业化发展、实践专业化发展、科研和社会服务专业化发展。职教师资的专业化既是教师发展的目标，又是教师发展的过程，是教师个人发展与学校培育等外部影响因素的有机结合。职后培训是教师专业发展的主要路径，对教师专业发展起着重要作用。骨干教师阶段的专业发展，其发展和培养培训呈现不同于其他阶段的特色，称之为养成机制更为合适。

二、高职院校教师专业发展现状及存在的问题

（一）发展现状

通过近几年的高职教育大规模扩招，专任教师人数增长迅速。2012—2022年，高职专任教师数净增加约60%。高职教育从追求数量增长到步入高质量发展阶段。建设高素质专业化教师队伍，完善教师管理和发展政策体系成为高职教育高质量发展的必然要求，高职教师专业发展日益受到重视。

由于职业教育特殊性质，其师资来源较为多样化，如来自普通高校、行业、企业等，而来自科班出身——高校职业技术教育专业的比例并不高。同济大学对某大学职业技术教育专业学生进行的"职教教师身份认同度现状"调查显示：2012—2016年，该专业本科生进入职教系统的学生比例最高的年份仅为5.6%。

来源的多样化且专业化培养比例低，导致职业教育教师专业性存在先天不足。同时，职业教育扩招大背景下，教师常态化缺编，部分教师招聘到位便立马上岗，一旦上岗即面临繁重的教学任务，新教师的专业成长处于应急发展、应需发展的被动状态，缺乏长期发展规划。职后培养的缺位导致职业教育教师专业化发展更无从谈起。

（二）存在的问题

1. 缺乏职业教育教师专业标准，发展目标不明确

教师专业发展应以专业标准的建立为基础，专业标准是教师专业发展的目标所在。我国职业教育发展走的是实践先行道路，提炼出了"双师型"的职教师资总体要求，但职教教师专业发展标准仍未形成。高职教师职业生涯

不同阶段的职业能力要求更是缺乏，造成教师发展目标不明确，发展路径无章可循，往往依靠教师个人领悟与能力。

2. 作为教师专业发展的主要路径，职后培训未发挥应有作用

（1）培训内容上缺乏专业化培养体系。未建立体系化、针对不同阶段教师特点的专业发展培训。由于新教师处于培训窗口期，可塑性强，大部分高职院校都将其作为培训重点，开展一系列培训。而对于其他阶段的教师培训紧迫性认识不足，往往不够重视。系统化的职前培养只是职教教师的准备之一，职教教师职业生涯发展的不同阶段，均须接受针对性、科学化、专业化的进修培训，解决不同阶段在教师专业发展中遇到的问题。

（2）以岗前培训等代替职后培养和专业化培训。岗前培训是新教师上岗培训的必备环节，以通识性、基础性、理论知识为主，但大框架式缺少实践指导的培训远不能满足教师所需。新教师专业能力提升培养存在着目标不明确、方式单一、时间不充分及缺乏考核评价机制等问题，尤其缺乏教师专业化发展方面的培训。

（3）在培训方式上，以由外向内的推动式学习为主，培训效果不理想。根据社会共生理论，培训者与学习者之间以培训资源为纽带，以责任共担、权益共享、互利互惠为基本原则建立强共生关系的培训效果较好。传统的培训方式以培训者为主导和中心，培训者往往会把自己最有心得、研磨最深的内容当作重点来讲授，而不顾学习者的兴趣与接受能力。学习者处在从属和被动位置，其个性化需求被忽视，学习效果并不理想。同时，单向输出式的培训也无法发挥培训者与学习者强共生关系下的互利互惠作用。

（4）在线学习方式未发挥应有作用。信息化时代在线学习方式的引入，为各类培训提供了极大便利，灵活性大大提升。在线教师发展平台内容广泛齐全，不同发展阶段的教师均可以找到需要的资料。但是大量在线资源发挥的作用却比较有限。究其原因，一是贪多求量，质量良莠不齐，而人的注意力资源有限，导致好的资料被埋没在一堆普通资料之中，筛选困难且不易查找。二是培训考核的方式以完成一定量在线学习时长为主，一旦成为任务，完成时长成了第一需要，常常遗忘了其帮助教师拓宽知识提升能力的出发点和根本目的。教师应付学习的情况屡见不鲜，效果大打折扣。三是在线学习

对学习者的主动性要求更高,需要更好的自律意识和时间管理能力,如果缺少导师指导和交流互动,产生的效果也非常有限。

3. 教师各自为战,缺乏团队力量支持

社会经济急速发展,人才需求日趋灵活多样,适应经济社会发展的高职教育人才培养也处在复杂变化的情境中,教学内容难度加深,教学手段日益现代化。高职教师只有接纳和顺应变化,及时更新教育理念,树立专业发展意识,学习教育理论,探索新的教学实践方法,才能把握专业前沿,迭代专业知识技能,在专业领域做好学生的引路人。研究发现,教师之间过于信奉个人能力、缺乏合作、相互隔离的"深井"状态对教师的专业发展非常不利。而在一个成长型的团队中,互相学习、借鉴,即使面对不断变化的教育情境,也会在不知不觉中成长。只有搭建交流协作平台,鼓励团队合作,发挥老教师教学经验优势和新教师创新发展优势,才能相互促进协同发展,带动处在不同阶段的教师专业成长,营造整体专业发展氛围。

第二节

杭职院骨干教师专业发展实践

教师在成长过程中,要经历两次成长,一是新手教师成长为合格的熟手教师,二是熟手教师成长为骨干教师。第一个阶段是在新教师培养窗口期,在学校教师资格证培训、青年教师助讲培养、新教师培训等政策平台上,通过师带徒结对、教研室集体备课等方式获得成长,处在强吸收的"海绵"阶段。第二个阶段则是在步入熟手阶段后,处在教育教学和事业的高原期,这个阶段没有明显的起点和终点,较为隐蔽,一旦无法突破,找不到自己的方向和特长,就很容易进入职业倦怠期。研究发现,教龄在5~15年教师的专业发展能动性水平显著偏低,尤其是10~15年阶段,这可能与10~15年教龄的教师工作投入水平降低有一定关系。而这正是教师成长为骨干教师的关键阶段,如能通过继续深入反思、教学研究、成果总结和提炼等方式获得突破,将成为在某一方面有所建树的骨干教师、卓越教师。

在骨干教师队伍建设中,学校着眼于给平台、给政策、压担子、促成长,形成和完善以人才强校战略为依托,结合名师沙龙、博士论坛、培训机制、赛教合一的四位一体骨干教师养成机制,在压担子中提供针对性培训,在给平台中完善配套政策,为骨干教师成长培土施肥,厚植根基。

一、以学习者为中心的培训机制

(一)"3M"培训机制(图5-1)

第一个M是Meaning,建立项目库,教师通过自主选择有意义的项目找到工作的成就感。研究发现,最快的学习和成长路径,是在工作项目中直面实际情况,分析和解决不同环节发生的问题,从而得到能力的提升和跃迁。学校突出职业教育特色,明确"深化产教融合、校企合作"建设理念,构建与产业结构、职业岗位对接的课程体系和人才培养方案,根据人才培养方案和培养目标,参与和承办各类大赛,构建校企共同体、研发中心,积极争取和申报各类国家和省市级人才项目、平台、团队和教科研项目,形成教师可选择的项目库。教师通过承担自身感兴趣、有挑战的项目,找到工作的意义与成就感。

第二个M是Menu,建立学习菜单,教师通过自主点菜式的学习获得专业知识提升与成长。在信息过载时代,琳琅满目的培训造成教师选择困难,零敲碎打的点状培训课程无法形成体系化知识。根据行为动机原理,教师自主选择的课程,其参与度和完成度与硬性分配相比大大提高。依托项目完成过程,将职业教育项目化课程设计及实施,信息化教学的设计、开发与实施,有效课堂建设与认证等形成课程包,教师自主选择所需课程,其效率达到最大化。使培训项目不再是学校的面子工程、教师负担的"锦上塑料花",而是真正符合教师需求的"雪中炭",成为教师完成项目的助力器、学校支持的加油站。

第三个M是Mentors,建立导师团队,项目完成中遇到问题由导师指点迷津、答疑解惑。学校在助讲培养导师团队基础上,遴选出有经验的教学能力大赛导师、课程建设导师、信息化教学设计导师等导师团队,为完成挑战性的项目保驾护航。项目是各项能力提升的抓手,如教学能力大赛,说课只是

比赛的外形，其内在是融合参赛教案编写、教学实施报告撰写、专业人才培养方案制订、课程标准编制、教学设计制作、精品课程开发等在内的全息展示。在参赛准备和针对问题答疑解惑的过程中，教师教学能力、课程建设整体水平得到巨大提升。教师不仅得到专业成长，更重要的是感受到人性化的关怀，体会到学校在乎教师、爱惜人才的教育生态和文化氛围。

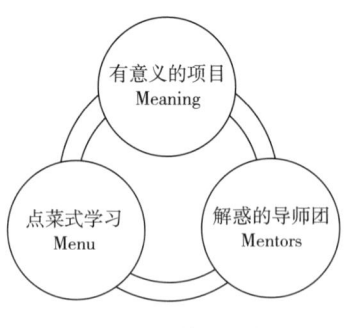

图 5-1　3M 培训机制图

（二）学习者中心的拉动式共同学习模式

学习者既是培训的服务对象，也是培训的主动参与者，只有充分挖掘其需求，引发其好奇，才能实施由内向外的拉动式学习，达到良好的培训效果。在培训方式的选择上坚持学习与实践相统一，紧扣职业院校教师教学能力发展的需要，系统开展专题讲座、案例分享、名师示范课、作业辅导、课程设计汇报、课堂教学实战点评、分组研讨及汇报等多种学习活动；在线学习过程中，坚持线上线下相统一，线上学习与线下讨论相结合。调查显示，开展讨论式共同学习的效果比单纯线上学习更显著，如选择同一课程的教师，形成学习型小组，在同一地点观看学习软件并开展研讨，比单纯的个人线上学习效果更显著。

二、互惠互利的"学习共同体"

物理学家费曼创立了"费曼学习法"，其核心要义是以"输出"倒逼"输入"。输入是被动的学习过程，教授者教什么，书上说什么，学习者学什么。而输出是根据原有的知识版图，对所学的知识深入理解，经过逻辑体系重新梳理，用自己的语言进行组织和演绎，同时在教授过程中检查和反思知识体系欠缺，这完全是一种有意识的主动学习。

一方面，成熟期的教师经历过青年教师阶段的磨炼和成长，对职业教育的内涵要义、理实一体的教学特色有切身体会，在教育教学研究和实践、科学研究和服务等方面已有一定建树，其经验分享对于年轻教师有重大的参考价值。另一方面，由于科学技术的普及，教师整体素质提高，在信息技术使用、创新意识和打破常规思维等方面，年轻教师往往走在资深教师前面。要改变过去单向输出知识的培养培训思路，转化为倡导协同意识，形成相互学习、共同成长和彼此成就的学习共同体，建立教师个体到群体专业发展的框架，是师资队伍内自主成长、实现可持续发展的重要途径。

（一）开展名师沙龙，促进教师总结提炼

骨干教师阶段的培养，通识性知识大量输入的效果并不理想，以赋能聚力为特色，通过沙龙分享等输出方式，引导教师对自己擅长的领域进行总结提炼，深入思考并开展交流，在灵活多样的交流氛围中找到新的研究角度和增长点。以特色工坊形式集中高效进行输出的压力下实现知识、技能更新迭代，建立名师、骨干教师、新教师三位一体的传承桥梁。

杭职院自2013年起举办名师沙龙活动，已遴选支持了300余位教师开办沙龙，通过沙龙活动，储备了一批学校教育教学中坚力量，涌现了一批省市级各类人才。活动采取教师自行申报、分院遴选主题的方式，主题丰富、内容多样，涉及专业领域知识分享、教学教法心得体会、项目申报和科学研究经验分享、国外访学申请要点分析、专业领域与教学工作结合的思考等。教师在任何一方面深入研究取得成果，甚至只是有想法、心得和领悟时，都可以申请举办名师沙龙。通过输出分享倒逼思考、提炼、总结和检验，在双向交流中进一步深化领悟、提升认知，同时也给参与的教师带来思考和启发，形成触动和行动。

（二）推出博士论坛，鼓励教师交叉创新

随着博士扩招、人才学历层次上移，受产业结构升级带来的对高层次研发人才需求加大，高水平高职院校向本科层次升维等因素共同影响，高职院校尤其"双高建设"院校引进博士数量大幅度上升，大量博士研究生进入职

业院校，引进规模日渐扩大。

职业院校以技术技能型人才培养为特色，与博士研究属性存在天然错位。面对职业院校学术资源不足和博士研究型人才定位之间的矛盾，以及博士聚焦学术和职业院校聚焦"双师型"要求之间的矛盾，如何从政策和平台层面采取有效措施，使博士在以技术技能培养为核心，以产教融合、科教融汇为特色的高职教学研究土壤上立足，取得更好的个人发展，发挥更有效的作用，是一个摆在高职师资队伍建设面前绕不过去的课题。

发挥和拓展优势，开展博士论坛交流。博士论坛秉持跨学科、跨专业、开放性、学术性理念，促进自由交流，鼓励来自不同学科视角的思维碰撞，探索新的学术领域、研究方向和协作创新，旨在促进高层次人才学术交流，营造崇尚创新的学术文化和科研氛围，加强跨学科沟通，传递新兴的前沿热点和行业资讯。

自2022年下半年以来，杭职院每月开展1~2期博士论坛交流，以营造科研氛围、加强学科沟通、传递最新资讯、打造个人IP为目标，采用"定向邀请+自主报名"的形式，通过"选题确认、IP打造、课件准备、圆桌研讨、头脑风暴、微课制作、推广宣传"七步法，激发博士学术钻研热情，打造跨学科学术团队，促进多专业交叉与融合，培育新的专业和科技增长点。

博士论坛交流主题新颖、形式多样，推动科教融汇制度化、常态化，帮助高层次人才丰富知识储备，加强科研成果交流，拓宽学术视野。讲授的博士立足本专业和研究领域，梳理和介绍自身及团队在专业领域的研究历程和取得成果，参加的博士和其他教师参与讨论，了解和学习职业教育内涵、产业发展态势，探讨科教融汇具体定位、专业教学和科学研究的具体结合点等。更为重要的是，博士们在自身研究领域的深入研究和成果交流带来交叉学科的创新氛围，促进博士之间跨学科、跨界的团队合作，孕育交叉融合创新的团队文化。

三、强师赋能的"成事平台"

(一) 在多元赛道取向下，学校实施配套人才引进政策

有针对性地引进职业教育研究型教师、指导大赛专长型教师等各类专家

型人才，营造浓郁的职业教育研究、教学技能参赛氛围。专长型教师作为教练参与到帮助骨干教师完成项目的过程中，根据项目进程提供适时的教练型指导和培训。确保有经验的长者在项目进程中实时答疑，同时向教师传递更重要的信息：学校在乎你们，学校支持你们。

（二）在项目进程中，学校提供以学习者为中心的培训

依托大赛准备过程，给予教师需要的培训，如详细解读教师教学能力比赛相关文件精神，全面梳理比赛流程、成绩分布、比赛要求、考查标准、比赛材料等；分析参赛作品情况、参赛教师情况、参赛作品内容特点等；展示往届大赛优秀获奖作品片段，供青年教师参考和学习。对于准备参赛的教师，这样的培训满足受众的兴趣，真正做到以学习者为中心，将由外向内的推动式学习转向由内向外的拉动式学习，结合参赛项目适时提供指导培训，教师自始至终处于主动学习的状态。

（三）在配套评价政策中，实施重大标志性成果取向

制订《杭州职业技术学院专业技术职务评聘业绩成果清单》，以破"五唯"为导向，建立二大类四层次业绩成果清单，围绕12个一级指标、109个二级指标，推行代表性成果评价，突出质量贡献绩效。建立鼓励创新的零突破业绩清单，完善"直通车"评价机制，进一步明确直聘类型和申报评聘流程。根据学校的事业发展进一步优化直聘业绩标准，将对学校发展有重大贡献的零突破业绩纳入直聘业绩条件。教师完成突破性直聘成果业绩要求，可以不受职称、任职年限等的限制直接破格晋升高一级职称。

学校在多元赛道取向下，实施配套人才引进政策、以学习者为中心的培训体系、重大标志性成果评价政策组合拳，以赛促教、强师赋能。例如，历经近一年的努力，2023年学校杨然团队《中西融合礼服设计与立裁》作品脱颖而出，获得全国职业院校教学能力比赛一等奖。团队经遴选，接受中国教育电视台（CETV）采访并录制精品课堂视频。这是职业教育教学能力比赛的最高奖项，也是学校在三教改革中获得的新突破。

四、合作共赢的产教融合培养模式

服务区域产业发展，是职业教育增强适应性的深厚土壤，杭职院以走出

去、引进来的方式开展校企合作，共同培养、合作共赢。

一是走出去。开展和鼓励博士进企服务，发挥区位优势，落实"企业出题、高校解题、政府助题"三题模式，搭建博士服务地方产业平台。以博士入企形式与学校所在地企业开展产学合作，企业为博士提供工作和研究条件，博士为企业研发项目开展针对性指导，促进科技成果转化。深化产教融合，将高职院校博士与企业需求精准对接，助力企业解决技术难题，提升学校知识溢出与科技成果转化效率。同时，帮助博士学习企业一线的相关岗位知识，了解岗位需求，反哺教育教学。多方协同，合作共赢，助力浙江推进高质量共同富裕示范区建设。

二是引进来。依托政校行企四方联合建立产业学院、企业研究院，以教助产、以产助教，以科教融汇推动产教融合、校企合作迭代升级。实现混合所有制办学，赋能区域产业提升和高质量发展，助力区域经济转型发展，为学校博士等高层次人才提供直接对接服务产业和地方经济的平台。

三是联合培养。依托杭职院工程研究中心和企业博士后科研平台，融合升级两大研发与创新平台优势。教师在开展技术研发、工艺改进和规模化应用过程中，发表相关论文和专利并实现成果转化。培养并拓宽学生专业技术能力，为相关企业输送高素质技能人才提供通道，使其毕业后能高效服务相关生产、检测和应用，助力企业发展和产业升级。

第三节

高职院校教师职业生涯规划

成为一名职业教育教师，仅仅是职业的起点，开展科学的职业生涯规划，根据教师发展阶段推进和管理职业生涯规划是教师发展的助推器，也是建设高质量成长型高职教师队伍的重要途径。

一、职业生涯规划相关概念

职业，指一个人一生中的职业经历或历程。职业生涯是个体职业经历中与工作相关的态度、需求、行为等过程的总和。高职教师是以高等职业教育教学及管理为职业的群体，本节围绕高职教师的职业生涯规划开展研究。

职业生涯规划也称职业生涯设计，指对职业生涯的内、外部条件（包括职业环境、自身兴趣爱好、能力特点等）权衡和分析的前提下，结合个人发展阶段与组织支持条件，根据自身特点和职业倾向确定职业目标和具体发展路径。从组织角度看是个人和组织双方规划有机结合协调发展，从个人角度看是追求职业理想，获得自身发展和成长，从而实现理想的职业目标。

美国学者斯德菲（Steffy，1989）依据人文心理学派的自我实现理论，提出教师职业发展的五阶段论：预备生涯阶段、专家生涯阶段、退缩生涯阶段、更新生涯阶段、退出生涯阶段。

休伯曼（Huberman，1993）在对160名瑞士教师专业成长生活阶段的研究成果基础上，依据教师教职生涯不同阶段的发展主题，提出了教师专业发展阶段论，即"生存和探索阶段—稳定阶段—试验和多样化阶段（新生、再评价）—平静从容阶段—保守阶段—不投入阶段"的理论。

根据休伯曼（Huberman）教师职业生命周期理论，教师的职业生涯分为五个时期：入职期（教学的1~3年）、稳定期（教学的4~6年）、实验和重估期（教学的7~25年）、平静和保守期（教学的26~33年）、退休期（教学的34~40年）。职业生涯规划在入职期和实验重估期发挥的作用是最为重要的，由于新教师处在对教育教学整体认知建构和自身教育擅长的摸索中，入职期的职业生涯规划一般缺乏个性化特色和个体适切性。

而到了实验和重估期，不同于新教师时期通识性知识大量欠缺的情况，经过前期培养，经历对一切都感到好奇新鲜的求知阶段，熟手教师已具备完成教育教学任务的基础性知识、专业知识、教育教学知识等的储备，来到职业生涯的第二个阶段，即明确职业生涯的发展方向和目标，进行个性化、精准化定位，将是教师职业生涯的第二个突破期。如果对职业生涯规划没有清晰的认识和精准的定位，教师将陷入繁重的教学任务中，失去知识和技能更新的动力和需求。为此，杭职院推出基于人职匹配的职业生涯规划精准深化

工作，组织开展学校、二级分院、专业组三层次讨论，引导教师对自身的教育教学整体框架、自身特长进行深入思考，从而明确职业生涯第二阶段深化方向，集中力量发展重点突破领域。

二、高职院校教师职业生涯规划现状

高职院校教师职业生涯规划是指高职院校引导教师根据学校发展目标，结合自身的特点和专业特长，确立自己的职业生涯发展目标及教育、培训计划等，并有计划、有步骤地采取必要的行动实施职业生涯目标的过程。职业生涯规划制定的过程是学校与教师对话的过程，对学校来说，明确学校发展框架和目标，探讨政策可行性边界；对教师来说，则是思考自身优势和特长，分析自身发展高度和台阶。在分析和调整职业生涯规划过程中，使学校和教师目标差异、现实可行性差距逐渐缩小，从而达到协同发展。

职业生涯规划理论在企业人力资源管理中得到很好的应用，但在高职教育领域起步较晚，高职教师职业生涯规划存在以下问题与障碍。

（一）教师自我认知意识偏弱，对职业生涯规划重视程度不足

一项针对高职教师的研究显示，70%以上高职教师未开展职业生涯规划，其中近30%教师从未想过职业生涯规划。职业生涯规划是职业发展的指南针，但部分教师却将进入教师队伍当作规划的终点，因而认为其作用不大，重视程度不足。

职业生涯规划的目的是寻找自身特长与兴趣的结合匹配点，当新教师进入职业教育教师队伍，对兴趣爱好的关注度高，而随着教龄增长，教师对自身特点的了解和认知逐步提高，与之相对应，对兴趣爱好的关注度逐渐降低。因而，职业生涯规划应遍及职业生涯的不同阶段全生命周期。

自我认知是人一生中最重要的事，需要不断学习和实践才能更好地完成，而职业生涯规划是促进自我认知清晰化的重要途径，自我认知达到一定程度是进行良好职业生涯规划的前提，两者相辅相成。

（二）自我认知方法不科学，学校缺乏专业化指导

无论学校或教师个人，都倾向于认为自我认知是个人行为而非组织行为。

教师往往依靠自我反思、向师长同事问询，很少求助专业咨询机构，或使用人格测试、职业能力倾向测试等科学的测量方法，缺乏相应专门知识。

职业生涯规划是专业水平要求较高的复杂性工作，需要全方位针对性指导。由于认识不足、管理制约机制欠缺，职业生涯规划工作投入不足，缺少专业指导与管理，从管理机构建立到实施，并无专门的部门或人员负责。大量学校将职业生涯规划作为培训内容的陪衬，成为一次性的工作，只有制定的过程，而无长期追踪管理和深入细化，同时在制定过程、实施管理和反馈调整中缺少专业化指导与管理，实施效果大打折扣。

（三）学校目标与教师目标未融合

职业生涯规划是兴趣与特长匹配，也是学校目标与教师目标融合的产物。借由良好的职业生涯规划，将组织目标分解为个人目标，两者融合将使学校和教师产生共赢。教师在学校支持的赛道上取得进步，易于产生被认可的价值，实现教师个人职业发展目标。学校引导和帮助教师做好生涯规划，并据此提供配套政策，做到政策适切、有的放矢，带来教师发展可视化前景，从而留住人才，实现学校发展目标。当两者目标不匹配时将产生矛盾和摩擦，如学校将政策落脚点置于学校发展而忽略教师个人长期发展，易引发教师离职跳槽，同时学校资源浪费损失巨大。

我国职业生涯规划起步晚，与职规关系最为密切的激励和约束制度不健全。缺乏配套培训，如培训制度较多关注教学需要而较少关注教师专业发展。考核偏重于绩效而忽视能力，配套政策关注"横切面"而非"纵剖面"，即考虑当下时点群体平衡，而较少关注职业生涯全生命周期个体成长影响。教师与学校之间较难形成基于成长关系的长期、稳定心理契约。

三、职业生涯规划流程和方法

（一）职业生涯规划流程

1. 开展自我认知与评估，认清自身特点

开展自我认知与评估，认清"我是谁"。职业生涯规划流程始于充分的自我暴露与深度分析，包括兴趣爱好、性格特点、职业和个人能力，挖掘自身资源，看到职业生涯的起点（图5-2）。尤其是与职业定位相关的能力和特点，深入地自我剖析，帮助分析自己适合做什么，了解自己擅长做什么，最终明晰想要做什么，自我认知与评估是进行职业生涯规划的前提。可以运用各类评估测量工具，如人格测试、智力测试、职业倾向和能力测试等，科学的测试工具可以很好地辅助教师深入了解和评价自己，从而明确怎样的岗位才是适合自己的。

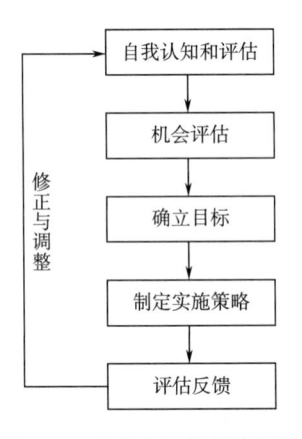

```
         ┌──→ 自我认知和评估
         │         ↓
         │       机会评估
    修正与│         ↓
    调整  │       确立目标
         │         ↓
         │      制定实施策略
         │         ↓
         └─────  评估反馈
```

图5-2　职业生涯规划流程图

2. 进行机会评估，明确职业平台

明确职业平台，了解"我在何处"。根据费斯勒（Fessler）的教师生涯循环论，教师职业生涯发展轨迹是一种可循环、可重生的发展系统，教师的发展是个人环境、组织环境和生涯环境相互影响和作用的结果。分析组织内外环境，首先是职业大环境特点，如职业发展现状、行业变化趋势、专业就业前景等。其次是周围环境特点，包括组织发展战略、组织文化、人才资源需求特点，平台发展和机会等。最后是个人与环境关系，包括社会经济、行业、学校和同事等从大到小、由远及近的关系。"人的本质不是单个人所固有的抽象物，在其现实性上，它是一切社会关系的总和"，所有环境因素作用于人，而人以其劳动实践作用于环境产生变化和发展。只有充分理解环境与人的关系，才能明确自身所处的职业平台，即职业活动现实作业面，认清"我在何处"。

3. 进行目标分析，确立职业目标

确立职业目标，看到"要去何方"。目标是职业选择和发展的关键，洛克（E. A. Locke）在研究中发现，目标本身具有激励作用，能把人的需要转变为动机，使人们的行为朝着一定的方向努力，并将自己的行为结果与既定的目标相对照，及时进行调整和修正，从而实现目标。奖励、监督等外来的刺激都是通过目标来影响动机从而产生作用的。职业目标是漫长的职业生涯中照亮前行之路的灯塔，本身具有激励作用。可以根据职业发展阶段，确立长期、中期、短期目标，只有确立明晰的职业目标，才能有的放矢。

4. 制定实施策略，明确具体路径

制定实施策略，解决"怎么去"的路径问题。职业生涯策略是为实现职业生涯目标而采取的行动方案和具体措施，如参加专业学习和各类针对性培训，掌握新的知识技能，促进业务能力提升；通过岗位轮岗，充分了解不同岗位的具体能力要求，锻炼多岗位综合能力和岗位迁移能力；参加跟岗实践学习前辈实战经验；参加企业实践项目了解行业企业发展现状，参与同行交流拓宽专业视野等。

5. 进行评估反馈，调整规划流程

及时反馈，根据实施情况与目标差距的评估结果，对规划流程和阶段目标进行修正调整，从而进一步完善职业生涯规划，提升规划科学性、适切性。

（二）职业生涯规划方法

利用SWOT分析法进行分析。S是Strengths，指优势和特长，如兴趣爱好、性格特点、学科专业基础、教育教学知识和实践。W是Weaknesses，指劣势和不足，如目标岗位要求的性格特点、经验技能、专业等哪些是自己不具备的；哪些岗位需要的条件可以在短期内学习改善，而哪些是不可改变的，不可改变的这些现状是否影响核心目标。O是Opportunities，指机会和平台，包括相关行业企业前景、岗位需求量和发展前景、学校发展平台、了解相关领域机会和资讯。T是Threats，指威胁和挑战，如主要竞争者、兄弟院校情况、相关行业未来变化趋势、职业发展上限等（图5-3）。

```
优势和特长              劣势和不足
Strengths              Weaknesses


机会和平台              威胁和挑战
Opportunities          Threats
```

图 5-3 职业生涯规划 SWOT 分析图

四、基于"人职匹配"的高职教师职业生涯规划实践

（一）激发梦想的力量

梦想是职业生涯的动力。黄炎培职业观认为，职业要求"才性相近，才能使事得人，使人得事"。基于"人职匹配"的高职教师职业生涯规划，起点是价值观引导下的人生目的和梦想，即以价值观为导向的目标系统。作为一名职教教师，其价值观如果是"崇尚教育"，基于此产生的梦想或设定的目的就是"用职业教育推动世界进步""为了学生体面就业"。围绕这个梦想或目的教师可以设定一系列具体的目标，如"设计一堂优质课""引导和提升职教学生学习兴趣""参与一项应用技术研发并取得专利""指导学生参与一项国家级比赛"等。围绕每一个具体目标，进一步制订出近期、中期、长期实施方案细则。

梦想并不是自然而然产生的，大部分教师对于梦想只有一个大致的印象，或认为是年少时期不成熟的幻想，在成年后社会迅速变化的压力下，个体的主导力量非常微弱乃至主动放弃，只是在形势面前被推着走，认为谈梦想已经不合时宜。其实不然，所有人类行为的背后，都由某种价值观主导，只要有价值观，必然有梦想，一切的行动方略都围绕梦想延伸出来。若教师意识到在做一件能让世界变得更美好的事、一件解决社会痛点的事、一件造福后人的事、一件帮助别人成人成事的事，这将对其产生巨大的激励作用。职业是实现梦想和人生价值的途径，只有围绕职教教师择业初心，引导其直面分析自身价值观，激发其梦想清晰化、具体化，设定具体目标和实施步骤，才能帮助教师制定出人职匹配的职业生涯规划。

（二）内外部资源融合

除了激发梦想，还要给教师创造发展平台和成事环境。一方面，要重视外部环境。高职教育作为"离社会，无教育"的教育类型，以造就适合社会职业生活的各行各业人才为宗旨，其专业设置、课程建设、招生人数、培养规格都要适应行业企业人才新需求，密切联系产业行业，依托政校企融合重构人才方案，开放校园建立产生研究中心，引入企业真实业态建立校企共同体，紧跟产业行业发展趋势，对接岗位新生态新要求，创造融入企业合作的教师发展平台。

另一方面，要创造利于职业生涯规划的内部环境。首先，确立学校近期、中期、长期发展目标，指引教师职业生涯规划方向。建立职业生涯专门管理机构或将该职责划归人事或教师发展部门，结合教师培训档案袋、教师画像，建立职业生涯规划从指导制定、跟踪管理、阶段考核、深入细化到反馈修正全周期管理，并提供全流程专业化一对一指导。其次，转变培训工作理念，着眼于职业生涯规划每一阶段需要，运用"3M"留才法开展一系列教师培训，帮助教师了解职业生涯制定相关知识、行业企业信息、学校发展战略目标和专业发展规划，并围绕实现教师职业生涯规划阶段性目标提供切实有效的个性化培训课程，使培训工作真正成为教师实现职业生涯规划目标的助力。最后，建立良性反馈与激励制度。帮助教师实现职业生涯规划目标是伴随教师职业生涯全程的长期过程，因而要给予阶段性的反馈和激励，重视其增值部分，帮助其调整不足部分。在学校激励政策的制定中，不仅要考虑不同教师群体平衡，更要关注职业生涯全生命周期不同阶段教师特点，形成利于个体成长的长期激励政策。

（三）"融"文化建设

学校文化是在学校长期的教育实践过程中，由一代代教师、学生共同建立和创造出来，并为成员所认同和遵循的价值观、精神、行为准则及其规章制度、行为方式、物质设施等的总合形成的积淀、整合和结晶。校园文化建设是承认当下文化不足，追求更先进文化的不断深化和改造过程。在校园文化建设中，共同构建愿景、提炼文化内涵，可以凝聚教师、学生的精神力量，激发教育理想，坚定教育信念。

杭职院自1960年办学历经六校合并，于2002年建院，提炼出了学校办学价值取向：学校融入区域发展，专业融入产业发展，教师融入学校发展，学生融入专业发展。围绕价值取向，确立了学校两大办学目的：为了学生体面就业，为了教师幸福生活。"融惟职道、善举业德"是杭职院建校二十余年来总结和追求的关键词，也是校企共同体发展的重要根基。"融惟职道"对学校来说，融入区域、产业的深度和广度决定其发展的高度，对教师和学生来说，融入一个团队、融入一种制度、融入一种文化的融合度越高，其职业生涯发展将会越好。"善举业德"，以"善"为终极目标，即"善校""善师""善生"，取自"上善若水，水善利万物而不争"，"善"是中国传统文化的至高境界。"善"的核心即融天地之精华，育上善学者，让每位学生都有人生出彩的机会。"善"强调目标追求，"融"强调手段、途径、方法。"融""善"文化在学校发展中起到了引领性的作用。

学校根据新的发展态势，秉持和发展"校企合作、工学结合、文化育人"的办学理念，坚持"立足钱塘区、服务杭州市、助力长三角"的办学定位。学校积极培育优良校风，弘扬大学精神，在全国首创"校企共同体"办学模式，积极推进产教融合、校企合作，走出了一条基于科教融汇的高职教育"校企共同体"发展之路。学校明确"数智杭职·工匠摇篮"的发展目标，锚定争创职业本科大学战略目标，致力于培养区域经济社会发展需要的高素质技术技能人才、能工巧匠、大国工匠。

第六章

高职院校专业带头人和领军人才队伍建设

第一节
高职院校专业带头人队伍建设

一、专业带头人概念界定

"专业带头人"这一概念来源于研究型院校"学术带头人"或"学科带头人",最早出现在1991年,陈斌龙首次使用时含义更接近"学科带头人",直到2003年才有专门对"专业带头人"队伍建设开展的研究,并将其与"学科带头人"区分开来。与研究型高校基于思想体系和研究方向设立学科体系不同,高职院校主要面向企业实践岗位或岗位群设置不同专业。专业是高职教育人才培养、科学研究和服务社会的基本单元,专业发展是提升高职院校办学实力,实现高质量发展的抓手,专业发展水平是高职院校人才培养质量、办学水平和综合实力的体现。而专业带头人是专业建设的领导者和中坚力量,处于联结学校发展导向、企业岗位专业需求和专业设置乃至师资配置的中心点,是决定着专业发展方向、职业教育转型升级和内涵式发展的关键性力量。

随着高职教育发展壮大,专业建设职责基层化、专业建设日常管理事务归集化过程中,专业带头人队伍得到长足发展。"专业带头人"在不同的高职院校名称并未统一,包括"专业负责人""专业带头人""专业主任""教研室主任"等不同称谓,部分高职院校至今仍沿用了"学科带头人"的名称,本书从其承担职责定义,指专业建设的组织领导者、本专业人才培养方案的制定者、课程教学改革研究的带领者和专业师资队伍培养者,负责管理和指导专业相关工作。专业带头人不仅仅需要具备丰富的专业知识和技能,还需具备良好的团队管理和沟通能力以及解决问题和推动创新的能力,是高职院校专业建设、教育教学工作的中坚力量和领军人物。

二、专业带头人队伍建设现状

专业带头人是高职院校专业建设、教育教学工作的中坚力量,是实现高职院校转型升级的重要力量和关键所在。专业带头人队伍建设是高职院校提质培优、走内涵提升之路的重要抓手，在高职院校专业发展中起着越来越重要的作用。但由于专业带头人既非行政领导职务又非专业技术职务，角色的不明确带来一系列问题。

（一）缺乏专业带头人任职和素养标准

专业带头人任职和素养标准的提炼和界定对专业带头人培养工作成效起着关键性作用。它是专业带头人培养的目标和方向所在。调查发现，目前大部分高职院校缺乏专业带头人任职和素养标准。

（二）缺乏培养培训机制

现有的专业带头人培养缺乏培养机制，往往以骨干教师培养来替代或覆盖。大部分学校将教师培养重心放在新教师培训上，原因是抓住新教师培养窗口期往往能取得事半功倍的效果，有一定的合理性。而对于成熟期的骨干教师尤其是专业带头人培训，由于其普适性课程需求少，对课程设置个性化需求程度高，对培训师资力量提出更高要求。同时专业带头人行政事务繁忙，实施难度大，种种原因的存在导致专业带头人培训受到很大程度的忽略。调查中发现，大量高职院校缺少或从未对专业带头人组织针对性培训。

孙鹏佳对上海2015—2021年间10期针对专业带头人培训的研究发现，当前专业带头人培训存在的问题有：培训目标侧重理念提升，重"宏观抽象"轻"微观实用"，缺乏针对性、指向性，对专业带头人实际操作指导和帮助作用不大；培训机会和覆盖面较小，无法满足转型发展期专业带头人日益增加的培训量需求；按大类开展的培训内容存在同质性、重复性，缺乏特色性，尤其缺乏行业企业技术前沿动态发展情况，和在此基础上对本专业人才培养要求等内容的培训。培训方式以单向授课为主，缺乏面向问题解决方案的专家指导、同行讨论和互动。

（三）缺乏激励和保障政策

专业带头人既非行政领导职务，又非专业技术职务，其承担的职责却涵盖了行政领导和专业建设指导两方面。责权利边界划分的模糊化，带来权利与责任的不对等。一方面，负责本专业发展规划、师资队伍建设，却缺乏统一的人、财、物调配权。另一方面，专业带头人承担着三重工作任务，包括

专业建设、人才队伍建设规划等指导性工作，以及专业建设成果和人才培养状况等统计事务性工作，同时还要承担课程标准开发、课程建设和专业授课等教学工作。但在其考核津贴和奖励性绩效分配中，以上工作任务却没有得到充分考虑。

三、专业带头人队伍培养路径

推进与产业、职业岗位对接的专业布局改革，以专业带头人为核心，重构跨专业教学团队，围绕建立任职和素养标准、实施配套激励政策、系统设计能力提升专项计划以及赋能授权激发内生动力等方面开展专业带头人队伍建设，打造一支高水平专业带头人队伍。

（一）建立专业带头人任职和素养标准

1. 师德师风标准

贯彻党的教育方针，热爱职业教育事业，具有职业理想、敬业精神和奉献精神，为人师表，遵守教师职业道德规范，完成相应的教学工作量，近3年年度考核均为合格及以上。

2. 专业技术职务及双师能力标准

在教学、科研第一线工作，具有职业院校教师资格，具有副高级及以上专业技术职务或杭州市高层次E类及以上人才称号，同时具备与所任教专业相关的非教师系列中级以上专业技术职称或三级以上职业资格证书，或中级执业资格证书。

教学工作业绩突出。从事职业教育本专业教学工作3年以上；近3年，承担本专业2门以上核心课程教学、实习实训指导；获教学技能竞赛省赛二等奖或国赛三等奖以上，或指导学生获得全国职业院校技能大赛三等奖以上奖项，或省级职业院校技能大赛二等奖以上。

具备较强的技术开发与社会服务能力。掌握本专业最新发展动态、研究成果和相关行业现状趋势，近5年到企业实践不少于6个月，具有专业领域新知识、新技术、新工艺、新材料、新设备、新标准的应用和推广能力。完成企业实践相关要求，撰写高水平的相应专业实践报告，承担行业企业培训任务3次以上。

有较高的教科研能力和教改水平。近 5 年有主持市级以上职业教育教学研究课题，担任省级以上职业教育改革试点（含专业规范化建设改革、现代学徒制人才培养试点、服务产业特色专业群建设、面向区域产业专业改革）、实训基地建设、精品在线开放课程等方面的核心成员。

3. 学历学位及专业建设能力标准

具备硕士及以上学位（技术技能型人才可放宽），同时具备下列 3 项及以上专业建设成果：担任国家级或省级重点专业（群）、省级优势专业、特色专业带头人，或国家级教改试点、专业教学资源库研发等专业建设核心成员（前 3 名）；获国家级教学成果二等奖以上（核心成员前 5 名），或省级教学成果二等奖以上核心成员；任现职以来，在 CN 类刊物公开发表 2 篇本专业论文，或出版专业专著 1 部，或主编并公开出版专业课程教材 2 本；获得国家发明专利 1 项及以上，或实用新型专利、软件著作权 5 项及以上；任现职以来，主持市厅级及以上教科研项目，并通过结题验收；近 5 年，承担企业技术研发项目或技术服务项目 1 项及以上，并取得一定成果和经济效益（累计到校经费不低于 5 万元）。

4. 引领带动和业务指导能力标准

能把握本专业的前沿动态及人才需求，对本专业的建设和教学研究工作有创见性的构想，对本专业的教学和改革有明确的目标和思路。有较强的示范引领和业务指导能力。具有指导本专业建设，组织开展本专业教学、科研、应用开发的能力。能起辐射带动作用，并指导青年教师在教学、教科研、技能大赛、优质课评比、论文等方面获得奖项。

（二）实施配套激励政策

建立责权对等的专业带头人管理体系，实现赋权增能。只有责任与权利对等，才能有效激发专业带头人的积极性，进而更好地开展专业建设工作。从推进专业现代化机制建设、强化专业带头人责任和使命的角度，制定专业带头人管理办法。管理办法从专业带头人设置、任职条件、选聘程序完善聘任过程，进一步明确工作职责，实施二级学院、教学工作委员会两级考核办法，从定性与定量两个层面规范管理与考核，建立责权对等的专业带头人管理体系，充分发挥专业带头人在专业现代化建设中的重要作用。

在学校评价体系和薪酬制度中，对专业带头人实施配套倾斜政策。一是在岗位设置中，同等情况下对任专业带头人的教师晋升时给予优先，符合基本条件可直接聘至副教授或讲师的最高等级。二是在职称晋升中，在任职期内担任专业带头人（教研室主任）3年以上且考核合格，视作满足育人工作要求。三是在奖励性绩效政策中，给予发放专业带头人专项津贴，同时给予课时量减免，专业带头人（含方向负责人）基本教学工作量基数按课内教学工作量70%、课外教学工作量50%计算。

充分发挥间接薪酬作用，为专业带头人提供更多个人成长机会。在学校或上级组织的培养培训中，专业带头人可优先参加进修、访学、培训和相关学术活动；在各级人才项目选拔工作中，对贡献突出的专业带头人优先给予推荐。在政治待遇方面，专业带头人可参加分院党政联席会议，对分院专业和相关行政事务具有充分议事权；根据需要可参加学校教学工作例会，全面了解学校教学政策和工作进程，参与学校教学事务和各项管理工作，帮助提升其专业建设工作大局观。

（三）系统设计专业带头人能力提升专项计划

系统设计和实施专业带头人能力提升专项培训计划，并将其纳入教师职业能力提升全周期管理工程，作为师资队伍建设重要工作任务。

1. 建立国培、省培、校培三级培训支持平台

在国培、省培项目中强化专业带头人队伍培训，从时间、经费、课程等方面提供支持，组织专业带头人参加培训；校本培训中，将专业带头人培养从骨干教师培养中单列，组织专项培训。

2. 提升培训内容针对性、系统性

在信息爆炸的今天，单一的知识点浩繁如星，散沙式点状知识造成信息检索负担的同时，也无法提供系统化解决问题的方案，因此要聚沙成塔，需要钢梁结构支撑形成体系架构。专业带头人面对的工作琐碎繁多，只有提供针对性、系统化的问题解决方案，才能使培训工作在不造成负担同时带来真正有用的帮助。

3. 设计和实施基于问题解决方案的一体化培训全流程

培训前重视培训工作研究，提升产品开发意识，做好培训需求分析和方

案制订，摸清专业带头人工作痛点，并以此作为培训工作突破点，形成以"问题解决方案"为主导的课程包，开展一体化课程设计。培训中注重课程单元整体性和衔接性，围绕问题多角度剖析寻找解决方案，为专业带头人提供不同层面、不同视角的分析，调动其思考和参与研究积极性。培训最大的魅力不在于知识点的丰富，而在于激发人们思考的深度，只有参加者深入研究与思考过的内容才会带来更大的收益。培训后注重后续"维护"工程，给予专业带头人相关指导，帮助其更好地将"问题解决方案"在工作实践中应用出来。

4. 运用四维度培训方式，注重培训方式适切性

针对专业带头人自身知识结构和培训需求特点，采用"知识型授课+专业建设实践指导+同行交流+企业对接"四维度培训方式。专业带头人处在专业建设领导者的位置，所需的通识性知识要求相对较少，而对于战略性专业化认知的需求更为紧迫。因而，专业带头人培训应侧重行业产业发展态势、职业教育发展现状、人才需求情况预测、专业发展环境与背景，以及由此对专业发展与课程体系顶层规划提出的现实需求。在知识型授课中，培训者要聚焦问题，以引领、促进、指导替代知识灌输和直接传授，运用沉浸式体验授课和工作坊培训模式，提升培训方式适切性。

专业建设实践指导除了典型工作任务分解、实践教学环境设计、信息化教学资源开发、课程体系组织开发和调整优化以及课程开发技术等专业知识外，更应注重问题诊断与运行监控等实践技能，只有采用参与式、实操式和体验式培训手段，将理论知识与案例教学相结合，才能更有效地传导实践工作技能。

同行之间头脑风暴式的讨论往往会碰撞出思想的火花，同行丰富的实践摸索和经验分享更会带来精神的盛宴。榜样示范、情境再现、伙伴协作、同行互助这些团队合作的培训方式，常常能为专业带头人这一资深的专业性群体带来意想不到的干货。院校实地调研方式将带来专业带头人对专业建设工作"他人视角"的理解，进一步丰富培训理论知识的实践应用案例，更为客观理性对待专业建设实践中遇到的实际问题，找到新的解决方案和途径。

5. 加强行业企业一线学习

高职院校每年安排专任教师下企业，一般要求 5 年不少于 6 个月，有些

学校甚至要求达到1年。通过参与省级、校级访问工程师项目，到大型企业进行项目化合作，解决生产实践具体问题的同时反哺课堂教学。由于专业带头人专业事务较繁重，一般实行坐班制而无法安排下企业，往往采用参观、会议、座谈的方式获取企业相关信息，其效果大打折扣。

研究发现，专业带头人企业一线学习作用与普通教师下企业有所不同，其不同并不在于作用大小，而是发挥作用的方式。王亚南（2018）对高职院校专业带头人能力及其各个维度的发展现状进行了调查分析，发现具有企业工作经历对专业发展前瞻能力、专业课程开发能力等专业带头人核心能力具有显著影响。专业发展的生命力在于适应经济社会发展和产业转型升级要求，只有融入行业企业，才能及时捕捉产业和经济社会发展态势信息，带领和指导专业联通企业岗位需求，做出一系列专业、课程、教学内容的调整。

应将企业实践锻炼作为专业带头人培训体系重要组成部分，提升对其重视程度。一方面，减少其行政工作时间和事务性工作所占用的精力，通过安排兼职专业秘书或结合青年教师助讲培养工作，分担其一部分事务性工作量。新引进教师第一年实行坐班制，由所在分院安排校内导师指导其熟悉专业人才培养计划，帮助制定任教课程标准、实施教育教学方案和指导授课等，可安排专业带头人作为新引进教师校内导师开展助讲培养指导，由新教师承担一部分专业事务性工作，尽快融入专业和学院工作。同时，青年助讲培养的另一名导师来自企业，在共同指导新教师过程中，形成的校内外师徒组合也能增加校企双方交流机会，拓展专业带头人企业信息来源渠道。

另一方面，可建立企业实践工作站和技师校内工作站，实现校企双向交流机制。建立专业企业实践工作站，通过专业带头人和专业教师去企业实践锻炼，深入企业一线，开展项目化实践研究，了解行业企业前沿信息与技术发展，明晰专业建设方向；设立技师校内工作站，建立企业常驻学校技师制度，通过企业技师来校指导、参与课程设计、课程标准开发和兼职授课等形式，直接指导和融入专业建设、教育教学工作，增进校企交流协作，共享前沿技术，实现师资双向流动、校企共同参与职业教育课程改革实践。通过"走出去"与"请进来"的方式拓宽专业带头人企业一线交流学习的渠道，反哺高职院校专业建设管理实践，使高职院校专业建设工作做在企业一线、行业前沿。

（四）赋能授权，激发专业带头人能力提升的内生动力

专业带头人队伍建设首先要解决的问题在于专业带头人定位问题，即将专业带头人视作专业发展引领者还是仅仅作为专业建设执行者。各类培训方案和激励方式皆是外因，只有通过内因发挥作用。专业带头人内部影响因素，即专业带头人身份认同、成就动机决定了其对自身工作的热爱，对获得相关专业知识的渴求程度，从而极大程度地影响培养培训和激励措施作用发挥的有效性。

在学校这个知识型组织中，固然需要管理人才，同样也需要"专业人才"来担任专业事务的负责人和决策者，专业带头人是专业的引领者，对专业发展方向起着决定性作用。但由于专业管理行政事务日益细分，多线程运作成为必然趋势，专业执行者角色占用的精力增加而造成角色冲突，无法形成稳定角色认同。同时，专业管理者和引领者角色具有隐性化特征，而执行者角色因其显性化易于产生即时后果，专业带头人常常因此陷入战术性忙碌中而影响战略性、关键性工作任务的完成。要解决这一问题，须从以下三个方面进行赋能。

一是思想赋能。只有站在职业教育专业发展管理者的立场上才能引领专业，将专业教师打造成一个发展共同体。应从上到下形成专业负责人角色共识，帮助专业负责人从执行者的角色中脱离出来，进一步明晰角色认同。

二是政策赋能。给予专业带头人充分的政策支持，包括专业内人、财、物的调配权。首先，组建专业建设队伍的师资任免权，如专任教师引进、外聘教师聘任、实训教师调配等，应由专业带头人作为第一责任人拥有充分话语权和决定权。其次，专业管理政策制定和执行权，如专业建设规划、教师课程标准制定、专业和实训课程安排以及考核实施细则等的制定，专业带头人对此应有决定权。

三是技术赋能。当前大量的数据报送、材料收集、基础信息维护等增加了专业带头人的事务性工作量，借助信息化手段，引入大数据平台对接全校信息中心，增加平面化管理手段，减少管理层级，减轻数据报送和采集工作负担。

充分的授权将激发专业带头人能力提升的内生动力，带领专业团队形成合力，全面推进适应产业发展的专业管理和建设工作。

第二节

专业群带头人和专业群领军人才成长之路

高水平专业群是高等职业教育服务产业转型升级的载体。2019年3月，《教育部、财政部关于实施中国特色高水平高职学校和专业建设计划的意见》（教职成〔2019〕5号）出台，正式实施中国特色高水平高职学校和专业建设计划（以下简称"双高计划"），文件提出"培育引进一批行业有权威、国际有影响的专业群建设带头人"。专业群带头人是引领高职院校教师队伍成长的重要示范，也是推动高水平专业群高质量发展的关键人物。如何更好地培育专业群建设带头人成为"双高计划"建设的重要发展任务之一。

一、专业群带头人概念界定

专业群：专业群是为了适应专业动态调整和转型升级的现实需要，对接国家战略性产业链，匹配岗位群，以产业群的内在关系和职业岗位为依托，以重点专业为核心，将课程基础交叉、就业岗位相近、资源共享度高的两个以上专业进行资源整合而形成，其目的是降低专业建设成本，提高专业建设成效和专业适应性，服务产业升级，拓展专业服务面，提升高职教育专业对接和服务产业发展能力。

专业群带头人：在高职专业群组织中，专业群带头人承担专业群发展规划制定，带领、组建不同领域和专业教师团队，重新建构深化融合课程设置，整合相关专业资源，实现专业群发展目标的带头人。高水平专业群对接产业链或岗位集群，适应不断变化的产业链或岗位集群发展态势，与专业相比，其复杂性更高。同时，专业群形成逻辑、建设路径和人才培养模式具有示范和辐射带动作用，是高水平高职院校建设成功的关键。与此相对应，高水平专业群带头人作为高水平专业群的掌舵者和引领者，负责服务产业特色的专业群建设、面向区域产业专业群改革、现代学徒制人才培养试点、配套实训基地建设等，是高水平专业群建设的核心力量，其承担的责任更为重大。

专业群领军人才：专业群领军人才指在专业群建设中取得突出成就，在专业群所属行业或高职教育界有一定影响力，对某一区域（如国家、省）其他专业群建设有着示范引领作用的专业群带头人。

二、专业群带头人队伍建设现状

高水平专业群是匹配新业态发展对劳动力需求结构升维，对接国家重点发展产业链和岗位群发展的产物，也是高职教育专业内部融合发展，适应产业转型升级需求的产物，是产业链与教育链的双向奔赴。专业群带头人的产生，是产业发展带动岗位群发展，岗位群发展引发专业集群需求过程中的选择，是与专业群带头人自身成长的不期而遇。

专业群的进一步发展，对专业群带头人的成长提出更高要求，对其培养的体系化、正规化有着迫切的现实需要。当前专业群带头人培养机制存在以下方面的突出困境。

一是培养计划主体性缺失。"双高计划"文件提出，要培育引进有权威、有影响力的专业群建设带头人，并将其纳入高水平高职院校建设重要的政策措施中，但其主体并未落实，对于专业群带头人队伍培育工作的实施有着先天条件上的不足。政策文件缺失，行业企业动力不足，高职院校作为专业群建设主力，培育压力倍增。

二是缺乏清晰、全面的专业群带头人标准。当今新技术、新业态层出不穷，产业发展新格局对岗位迭代、技能提升和专业变革提出新的发展要求。专业群带头人需要有引领专业群发展的强大跨界能力，但在其素养标准和职能标准上，并无新的研究和发展，往往沿用专业带头人标准，缺乏反映引领专业群发展方向的行业权威指标。

三是管理制度缺失。专业群具有跨界性，通常包括两个或多个专业，甚至跨分院组建形成，其在高职院校原有层级关系中，是一个新生的层级，既不在行政体系内，也不在学术体系或项目体系中，完全按科层制度设置其管理权限并不合理。以管理制度为抓手，厘清专业群带头人与分院院长、书记

等的管理权限和级别关系，才能更好地落实领导责任，发挥各自能动性。

四是考核激励机制缺失。专业群作为高职院校顺应产业链迭代升级专业创新发展的新生事物，尚在生长过程中，其考核和激励机制基本处于空白。在大部分高职院校中，其专业群带头人与专业带头人重合，并未设置专业群带头人津贴，也未在奖励性绩效中给予专项津贴，在经济性薪酬、非经济性薪酬等方面对专业群带头人的激励作用都非常有限。

三、专业群带头人和领军人才培养路径

(一) 提炼专业群带头人标准

1. 素养标准

专业群带头人在专业带头人培养和发展基础上成长，除了须具备专业带头人素养标准，还应具有以下方面的优势和特长。

一是产业、专业群发展前瞻能力和发展趋势把握能力。在经济社会转型升级过程中，产业群分化聚合，变化速度急剧加快，为应对产业集群化变革和前沿重点领域突破发展的需要，专业群应运而生，其产生、发展无疑都建立在产业链革新、产业发展趋势变化基础上。只有把握重点领域和区域经济产业发展趋势，才能提升专业群发展灵活性和适配性。另外，处在"双高计划"建设这一动态调整的职业教育发展格局中，只有在顺应发展趋势的前提下找到个性化切入点，才能保持专业群特色和优势，从竞争中脱颖而出。

二是专业群管理能力和资源整合能力。专业群基于产业链、岗位群由相近或跨界专业整合产生，其资源涉及政府、学校、行业、企业等多元主体，有效的资源整合是使资源能够产生更多、更好成果的重要手段。相较于专业带头人，专业群带头人的管理权限更大，如领导专业群建设方向的确立和调整，决定专业群内师资调配，规划专业群资源运用和分配。

与办好一个专业相比，专业群带头人承担着破局与重建的重大职能转变，在这个过程中，专业群带头人的资源整合能力显得尤为重要。首先，打破原有专业壁垒、技术深井和平台隔阂；其次，确立专业群目标定位和人才培养模式；再次，进行资源的重新盘点，在此基础上整合人才队伍、技术和平台支持；最后，重建专业群课程体系和教学设计，实施人才培养方案。

三是选贤用能、打造优秀团队能力。专业群集合了专业共同体、学术共同体和利益共同体三位一体，专业群人才多样化、差异化更为明显。要将不同专业教师群体拆解并重新融合，专业群带头人须具有强大个人魅力，具备重视人才、选贤用能的人才观，发扬民主、广纳意见的决策观。为骨干教师提供新的发展平台和成长机会，引导教师从专业到专业群的专业规划和人才培养意识转变，全面调动专业群教师团队对接产业群和岗位群发展新态势，形成凝聚智慧、优势互补、梯度合理的专业群教师团队。

四是自我革新、不断成长的能力。专业到专业群的变化，外在是适应新产业格局的专业群破局与重建，内在则是专业群带头人自身对经济社会发展、产业链和岗位链新态势的接纳和积极应对。专业群的发展和专业群带头人的成长，两者相辅相成、互相成就，只有具备自我革新和不断成长的内在力量，才能引领专业群建设和发展。

2. 职能标准

要将专业群带头人从专业带头人队伍中区别开来，须建立专业群带头人职能标准，突出其专业群引领和建设职能。

一是方向把握和统筹规划职能。专业群带头人应具有坚实而系统的基础理论、专业知识和专业实践能力，对专业群内各专业有深入研究；熟悉行业、专业群发展前沿理论，准确把握产业链、岗位群和专业群发展方向；全面了解和把握本专业群现状和发展趋势，负责本专业群的发展规划与建设，制订专业群人才培养方案、职业技能培养方案和专业群建设方案，并组织本专业群各专业人才培养方案的调研、制订和修订工作。

二是资源整合和实施建设职能。专业群带头人跨专业、学科领域组织本专业群建设，在专业群建设、课程体系建设中发挥核心作用。组织实施专业群建设方案、专业群建设项目申报、专业群建设质量保障、专业群建设经费分配等工作。负责组织开展本专业群的资源库建设、课程建设、教材建设等工作和开展本专业群相关的技能竞赛等活动。负责做好本专业群实训室以及实习实训基地的建设工作。

三是赋能人才引领团队职能。组建专业群内专业教学团队，积极整合资源，协调团队力量，开展专业群建设及教学改革、科学研究工作，最大限度

地引领和激发团队的教研、科研成果产出。负责本专业群师资队伍和人才梯队的规划和培养工作，开展专业群内教师培养培训工作，提高本专业群教师队伍的整体素质。帮助青年教师做好职业生涯规划，指导参与技能大赛和指导学生比赛等，以赛促教，以赛促成长。带领团队组建教学创新团队，在团队建设过程中发挥专业带头人和骨干教师传帮带作用。根据专业群发展，完成年度专业质量分析报告。举办本专业群领域的学术讲座或交流活动，在交流中促进专业群建设经验的提炼。

3. 专业群领军人才素养

一是道德素质过硬。能够弘扬追求真理、实事求是的科学精神，具有良好的学术道德和学术风气，杜绝学术腐败。

二是专业贡献重大。能够用扎实的专业知识和宽广的视野，开展本学科、本领域的前沿研究和实践，在"三教"改革中取得省级以上重要成果或作出较大贡献。

三是团队效应突出。具有较强的领导、协调和组织管理能力，建设并带领优秀的省级、国家级团队，通过创造性的劳动实现自身和团队的可持续发展。

四是引领作用显著。具有战略眼光，能够紧跟国际学科和技术发展趋势，在促进经济发展、科技进步文化繁荣和社会和谐中发挥引领作用。

五是发展潜力较大。具有创新的思维，熟悉本学科、本领域最新研究动态，有带领团队向国内国际研究前沿冲击的潜质。

（二）专业群领军人才能力提升策略

1. 建立政行企校共育机制，提升前瞻性和趋势把握能力

建立学校为培育主体、教育主管部门为制度依托、行业企业为平台支持三位一体的专业群带头人共育机制。教育主管部门层面出台专业群领军人才相关政策并给予资金支持。行业企业参与专业群负责人培养机制建立和培育全过程。

学校作为建设主体，提供资源安排、政策保障和师资支持。一方面，协同教育主管部门、行业企业、科研院所共同明确专业群内涵，拟定专业群带头人培养方案。高职教育是实践先行的教育，专业群秉持了高职教育实践先

行而理论滞后特色，及时进行内涵提炼和制度建设有助于稳固根基持续发展。另一方面，协同多方力量，共同提炼专业群内涵，制定发展目标规划和具体发展举措，有助于提升核心竞争力。同时，依托校企合作，以校企共建项目为纽带推动交流合作，专业群带头人直面行业企业真实项目，融入生产一线现实场景，提升其对行业企业发展前景的切实感知力。

2. 深化产教融合，提升资源整合能力

职业教育面向行业企业技术技能岗位一线，产业链新发展态势最直观地体现在出口端——行业企业一线对口岗位群用人需求变化。深化产教融合，校企合作是实现专业群转型发展的平台依托和资源整合协作方式。

一是技术技能型人才培养目标融合，对接行业企业人才现实和潜在需求，精准了解行业企业发展现状下本专业群定位，校企协同制定切实可行的人才培养目标，围绕目标共同形成专业群建设方案。

二是校企互聘师资队伍融合。专业群师资队伍整合是打破专业壁垒、重新洗牌的重要环节。引入企业兼职技能教师，依托教师企业工作站和技能大师校内工作站，建立技能大师常驻学校制度，融入企业新理念、新技术、新流程，实现校企互聘师资共享。从而为专业群带头人、专业带头人和专业群教师转变思想、创造性构建新的专业群布局提供有效实现路径。

3. 理顺学校管理体制机制，提升引领管理能力

健全高职院校现代化治理体系是职业教育高质量发展的内在需要，也是专业群跨专业、跨界融合乃至"以群建院"模式升级的必然要求。

经济和产业转型升级，高职教育内涵式发展对专业群带头人的管理能力提升提出了更高的要求。首先，建立利于专业群带头人引领作用发挥的管理机制。理顺行政等级与学术层次关系，使专业群带头人的责任和权利落到实处。尤其要理顺专业群带头人、分院行政领导之间的责任界定和权限划分，一方面降低专业群负责人行政事务消耗频率，另一方面减少行政领导对专业群事务干涉，减少责、权模糊地带的责任真空，减轻权限交叉现象造成的摩擦与消耗。同时，分院的工作应在专业群协同发展框架下开展，而专业群发展也离不开分院各项政策、资源、平台支持。实行行政领导与专业群负责人协作机制，以专业群建设任务和转型升级发展为核心，充分调动学校、学院、

专业群、专业各层面力量，辐射带动学校整体高质量内涵建设。

其次，通过国培、省培、校培的三级培育体系进行针对性培养。在国培、省培等培训中增加专业群带头人能力培养类课程体系。建立院、校两级师资培育体系，做好基于教师职业生涯全周期成长的师资培养规划，为专业群带头人和教师提供适应专业群发展需要的培训和学习机会。

最后，在专业群带头人领导团队的实践中锻炼。面向未来的新兴岗位群和产业链，对技术技能人才复合型知识能力素质提出了新要求，教师个人"单打独斗"式专业发展亟须向"团队作战"式专业群协同发展转变。专业群要打破原有专业壁垒，重构专业联结和课程体系，建立一支强有力的跨界型教师团队是实现转型发展的必然要求。

（三）完善评价制度，提升激励有效性

根据期望理论，当人们预期的行为能给个人带来有吸引力的结果时，人们才会投入这一行为。专业群负责人工作复杂程度高，需要付出极大的努力。但当前大部分专业负责人与其他角色重合，并未给予设置专业负责人津贴。这一做法分散了专业负责人精力，减少了其投入和工作绩效。

要提升专业群负责人激励有效性，应从体系化完善分层分类的评价制度入手。在评价制度中重视专业群带头人对专业群建设所作贡献，引入合作行业企业、科研院所、专业群教师等第三方评价。将基于个人成果的评价和基于团队业绩的评价相结合，专业群带头人个人业绩成果的提升固然重要，更重要的是对团队成员的引领和对团队业绩的带动。将量化与质性评价相结合，既评价专业群建设任务完成度和专业群取得各项成果的数量，还要更多地评价专业群带头人在专业群开拓性工作、团队建设指导、专业群教师成长引领等方面发挥的作用，促进专业群教师队伍整体发展。

设立专业群带头人特聘岗位津贴，实施专业群团队薪酬。团队薪酬的实施有利于调动专业群教师投身专业建设、课程建设等非个人工作的积极性，具有明确的导向性和更好的灵活性。

担任专业群带头人的教师往往在某一专业或专业群领域深耕数年，取得一定成绩，依据马斯洛五层次需求理论划分，其自我价值实现、成就需要，以及获得社会认可的需求更强，比单纯的物质激励更具吸引力。应注重对其校内专业群建设话语权的重视，维护其专业群建设专家的地位，同时提供国内外同行、行业企业等重要会议和平台交流学习机会。

第三节

杭职院专业群领军人才培养工程实践

一、专业群领军人才培养工程背景

"双高计划"明确提出"以'四有'标准打造数量充足、专兼结合、结构合理的高水平双师队伍。培育引进一批行业有权威、国际有影响力的专业群带头人"。杭州职业技术学院作为"双高计划"高水平学校建设单位（B档），紧跟国家职业教育发展和改革动向，高度重视师资队伍建设，每年作为学校重点工作进行专题研讨，常抓不懈。依托校企共同体，努力探索政企校三方合作加强师资队伍建设的新思路，优化机制，灵活手段，丰富方法，共享资源，优势互补，搭建"校企互通、人才共享"平台，扎实推进高水平教师队伍建设，取得了显著成效。但也存在高层次人才偏少、人才队伍结构不够合理、人才互聘互用融合机制不够完善等亟待解决的问题，需要我们积极主动探索、先行先试改革创新。

二、培养目标与实施举措

（一）培养目标

实施"人才强校"战略，按照"弘扬师德、分类施策、专兼职教师两手抓"的建设思路，围绕专业群布局调整，重构专业群教学团队；重点提升教改和研发能力，打造两大教师发展平台；聚焦教师素养提升，细化专兼职教师标准，引领教师发展；指导教师开展职业生涯规划，建立全员参与、点面结合、分类组织的校本培训体系；瞄准领军人才培养，实施"5315"人才高地计划，全面推进高水平双师队伍建设。

构建专业群教学团队，实施以群建院；建立新教师、兼职教师专业标准。

教师教学发展中心及信息平台运行良好，建成省级示范性教师教学发展中心和国家级双师培育基地。引培5名专业群领军人才、30名专业带头人、100名杭职名师名匠，建成50个优秀创新团队，形成人才高地。教师国际化水平不断提升，具有3个月以上海外研修经历教师比例达15%。建成一支数量充足、专兼结合、结构合理的"身份互认、角色互换"高水平双师队伍。

（二）实施举措

学校聚焦人才强校战略，坚持党管人才原则，统领人才建设、规划人才发展、激发人才活力，着力为高质量推进中国特色高水平学校和专业建设计划提供强有力的智力支持和人才支撑。具体举措可归纳为"1234"，即树立"人才是强校的第一资源"理念，实施"固本""借智"两大策略，完善"引才、用才和留才"三大机制，探索"立体化、标准化、全员化、靶向化"四化并举路径（图6-1）。

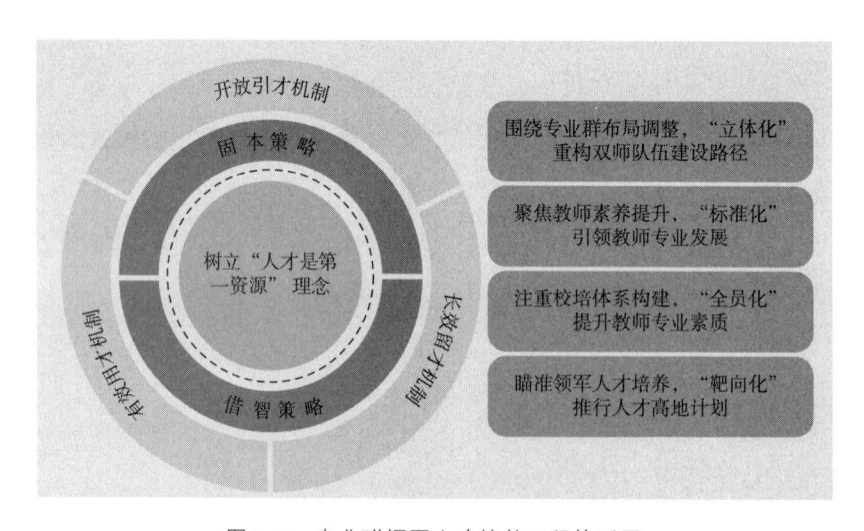

图6-1 专业群领军人才培养工程体系图

1. 树立"人才是第一资源"的理念

学校成立党委人才工作领导小组，由书记、校长担任"双组长"，每学期专题研究人才工作，对全校人才工作进行统筹谋划。设立党委人才办，与人事处合署，人事处处长兼组织部副部长。建立校院两级领导班子服务高层次人才联系制度、年底人才工作述职制度和人才工作目标责任考核制度，召开年度高层次人才中秋茶话会，从组织领导、政治引领、沟通联系等方面全方位做好对人才的关心关爱。

2. 实施"内培""外引"两大策略

实施"固本"和"借智"双轮驱动，内培为主，外引并重，着力打造"高层次人才培养工程"。在内培方面，依托教师教学发展中心和企业双师培育基地，以教学科研能力为重点进行提质培优和拔尖培养。

3. 完善引才、用才、留才三大机制

一是建立开放引才机制。用好用足杭州市"人才生态37条"等高含金量的政策举措，敞开怀抱吸引招揽全球优秀人才来校，修订《高层次人才引进管理办法》，实行一事一议、一人一策。二是探索有效用才机制。出台教学、科研创新团队建设与管理办法，以专业群领军人才为核心，以标志性成果为导向，整合校内外人才资源，组建科研创新、教学创新团队，其中1支团队入选首批国家级职业教育教学创新团队。实施专业群领军人才能力提升计划，通过职业生涯规划、校本培训工程、企业经历工程、海外研修工程，助推专业群领军人才加速成长。三是完善长效留才机制。修订绩效工资方案，突出价值导向、业绩导向，建立以业绩考核为核心的分配激励机制，实现多劳多得、优绩优酬。在职称评审中，细化分类评价，推进标志性成果直聘制度，完善论文课题与业绩成果的可替代制度。落实高层次人才相关待遇，协助办理高层次人才认定，帮助申请购房补贴、生活补贴和租房补贴等，持续激发教师内生动力。

4. 探索四化并举路径

一是围绕专业群布局调整，"立体化"重构双师队伍建设路径。推进与产业、职业岗位群对接的专业布局改革，以专业群带头人为核心，重构跨专业教学团队。依托校企共同体，整合企业资源，实施校企人才共引共享，共建教学科研团队，校企共建以培养教师实践能力与研发能力为核心，以教师服务企业、反哺教学为目标、产教研合一的师资培育基地。

二是聚焦教师素养提升，"标准化"引领教师专业发展。坚持"四有"好教师标准，完善基于教学、课程开发、技术研发等多元教师评价体系。制定专兼职教师任职和素养标准，重建"双师型"教师标准，修订兼职教师准

入标准，为人才引进、校本培训等工作提供指导。

三是注重校培体系构建，"全员化"提升教师专业素质。依托教学发展中心线上平台，推进教师职业生涯规划，建立教师个人发展档案，教师教学发展中心被认定为省级示范性单位。持续实施教师企业经历工程和学生工作经历工程，2020年共有329位教师参加企业经历工程，青年教师学生工作参与率达100%，举办"校本培训之名师沙龙"7期，惠及教师200余人。充分发挥双师培育基地功能，以项目为抓手，要求专业教师5年中连续6个月、每年至少1个月在企业开展技术研发和科技攻关。

四是瞄准领军人才培养，"靶向化"推行人才高地计划。依托"双高计划"，实施"5315"人才高地计划。"5"即培育行业有权威、国际有影响的专业群领军人才5名；"3"即培育行业内有一定影响力的专业带头人和专业群带头人后备人才30名；"1"即培育具有教育教学能力或技术研发能力突出的名师名匠共100名；"5"即培育教育教学、技术服务等能力突出的教师团队50支。

三、主要成果与实施成效

（一）主要成果

1. 围绕专业群布局，重构跨专业教学团队

以专业群建设为起点，调整专业归属，推进与产业、职业岗位群对接的专业布局改革，实施以群建院，重构跨专业教学团队。推出科研、教学创新团队培育项目，电子商务专业团队入选首批国家职业教育教学创新团队。

2. 关注教师素养提升，建立部分教师专业标准

围绕落实"立德树人"，培养"德技并修"有用人才要求，出台十大教师标准，分别为《杭州职业技术学院新教师任职和素养标准》《杭州职业技术学院骨干教师任职和素养标准（试行）》《杭州职业技术学院专业带头人任职和素养标准（试行）》《杭州职业技术学院专业群带头人任职和素养标准（试行）》《杭州职业技术学院领军人才任职和素养标准（试行）》《杭州职业技术学院双师认定标准（试行）》《杭州职业技术学院兼职教师标准（试行）》《杭州职业技术学院教学名师（名师）认定标准（试行）》《杭州职

业技术学院技术能手（名匠）认定标准（试行）》《杭州职业技术学院教师教学能力评价标准（试行）》等。

3. 聚焦教改和研发能力，打造两大教师发展平台

遴选建设服装设计与工艺、电梯工程技术等六大双师培育基地，其中服装设计与工艺基地被教育部认定为国家级职业教育"双师型"教师培养培训基地；电梯工程技术、绿色制药技术与健康安全、智能制造等三个基地被授予首批杭州市职业技能等级认定试点社会培训评价组织。打造集教学培训、交流咨询、教改研究等功能于一体的教师发展中心，其被认定为"浙江省高校教师教学发展示范中心"（图6-2）。重点构建全员参与、点面结合、分类培训的双师型队伍校本培训体系。

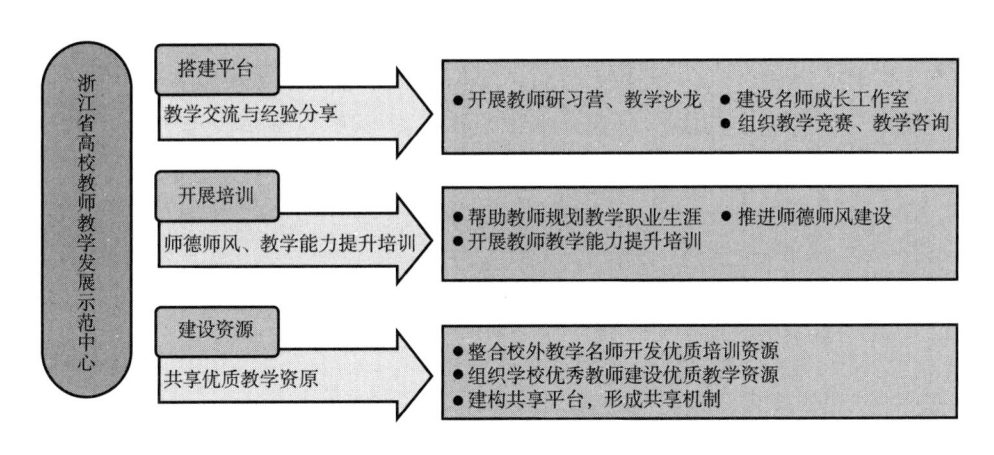

浙江省高校教师教学发展示范中心	搭建平台 教学交流与经验分享	● 开展教师研习营、教学沙龙　● 建设名师成长工作室 ● 组织教学竞赛、教学咨询
	开展培训 师德师风、教学能力提升培训	● 帮助教师规划教学职业生涯　● 推进师德师风建设 ● 开展教师教学能力提升培训
	建设资源 共享优质教学资源	● 整合校外教学名师开发优质培训资源 ● 组织学校优秀教师建设优质教学资源 ● 建构共享平台，形成共享机制

图6-2　教师教学发展中心功能体系图

4. 实施"5315"计划，培育一批领军人才

实施"5315"人才高地计划，遴选领军人才培育对象，开展个性化培养，取得国家级人才的突破：2019年以来，培养全国优秀教师1人、国家高层次人才特殊支持计划教学名师2人、科技创新领军人才1人、享受国务院政府特殊津贴专家2人、全国技术能手1人、"五一劳动奖章"获得者1人。此外，浙江省有突出贡献中青年专家2人，浙江省高层次人才特殊支持计划教学名师3人。

（二）条件保障

1. 加强组织领导，健全工作机制

为保障项目的顺利推进，成立双师队伍项目团队，由人事处牵头，各教

学单位和相关职能部门共同参与，人事处处长作为主要负责人，层层分解任务，做到责任到人、工作到位。同时，项目组将各子项目进行细化，将指标分解到各教学单位和职能部门，定期召开专题会议，总结工作、拟定计划、研讨问题。在人事处的统一协调下，相关职能部门与各教学单位密切配合、相互支持，全校教职员工全员参与，形成了目标明确、机制健全、责任到人、分工细致、执行有力的工作体系，不断推进双师队伍建设。

2. 加强政策保障，构建全覆盖的制度体系

为确保双师队伍项目建设工作科学、有序、高效开展，制定和修订了系列师资队伍建设管理制度，出台《绩效工资分配实施方案》，突出价值导向、业绩导向，建立以业绩考核为核心的分配激励机制，实现多劳多得、优绩优酬。修订《专业技术职务评聘方案》，细化分类评价，推进标志性成果直聘制度，完善论文课题与业绩成果的可替代制度。修订、规范教师进修培训管理，出台《人才项目管理办法》《人才引进工作实施办法》《外聘专家管理办法》《博士学历学位提升工程管理办法》《教师出国（境）进修培训管理办法》等文件，切实加强各类人才培养及项目管理，实施人才强校战略，推进教师队伍能力提升。

（三）经验与成效

1. 构建了双师队伍建设体系

完善人才引进工作实施办法，规范人才引进工作；修订新教师助讲制度，推进以老带新的帮扶机制；推进教职工职业生涯规划，完善校本培训、进修培训、博士工程、海外研修制度，推进教师培训，促进教师能力提升；完善教师企业经历工程、教师学生工作经历工程，促进双师建设；推进教学、科研创新团队、名师名匠、专业带头人、专业群领军人才建设，促进教师阶梯式成长；改革职评、绩效工资方案，突出业绩导向，提高教师积极性；构建"助讲—青年教师—骨干教师—带头人—教学名师"的双师队伍建设体系。

2. 提升了教师队伍整体水平

通过立体化建构双师队伍建设体系、实施"5315"人才高地计划，提升了教师队伍的整体水平。2021年，学校培育了2名行业内有一定影响力的专业群领军人才；同时培养了11名教育教学能力突出、课程开发能力过硬、专

业建设能力较强、科研能力出色的专业带头人，进步发展专业群建设能力，提升行业影响力，成为专业群带头人后备力量；遴选杭职名师、名匠 100 名，教学、科研、人生导师等创新团队 50 余支；聘任 7 名行业企业专家担任学校的杭州市"钱江特聘专家"；新增省级及以上高层次人才 4 人。在外引方面，根据以群建院规划和专业布局，针对数字经济、智能制造等产业，加大高层次人才引进力度，优化教师队伍结构，提升师资整体水平。

第七章

高职院校兼职教师队伍建设

兼职教师是高水平双师型师资队伍的重要组成部分。越来越多的职业院校聘任来自企业一线的骨干技术人员、管理人员和能工巧匠担任专、兼职教师，进一步优化师资队伍结构，深化产教融合。杭职院结合实际，制定并颁布了《杭州职业技术学院外聘教师管理办法》，详尽地阐明了兼职教师从聘任、管理、培养到评价的整个过程，进一步规范兼职教师队伍管理。随着兼职教师人数的扩充、结构的变化，如何适应职业教育内涵式高质量发展的需要，科学、高效地建设一支高水平兼职教师队伍成为新的课题。下文将沿着兼职教师队伍发展轨迹，依次从选聘、培养、激励三个阶段，分析职业教育兼职教师管理实践中存在的问题，根据我校的实践历程，提出新时代职业教育兼职教师队伍发展策略。

第一节

高职院校兼职教师库建设

一、兼职教师准入标准

聘请兼职教师能够有效弥补实践型教师资源短缺的问题，也能拓宽教学资源，使学生更直接地接触到行业前沿知识和实际操作技能，促使职业院校更好地与企业和行业保持联系，实现理论与实践的有机结合。在明确兼职教师的重要性的同时，为了确保兼职教师质量和教学水平，对其准入标准进行明确而全面的界定尤为重要。准入标准的设定是选聘兼职教师的前提和依据，也为更好地制订培训计划、建立激励机制奠定坚实基础。

准入标准的设定涉及对兼职教师个体素质、专业能力、教学经验等多方面的综合考量。第一，兼职教师应该具有良好的职业道德。应进行兼职教师职业道德和职业素养评估，包括对学生的负责态度、团队协作精神、与学校教育理念的契合度等方面的评估。第二，兼职教师的学历和专业资质是其重要的准入标准之一。兼职教师一般应具备相关领域的本科及以上学历，并在其专业领域拥有相应的资质证书或通过专业认证。第三，兼职教师库的搭建需要充分考虑其在实际职业领域中的工作经验。通过对实践经历的考察，可以确保兼职教师不仅仅具备理论知识，还能够将其运用于实际工作场景。第四，充分的教学经验能力是成为兼职教师的必备条件。可以通过考察其是否担任过类似教学或培训职务、是否有师带徒经验、是否有实践指导经历等方面进行评估。

通过上述准入标准的明确界定，职业院校能够建立起一个规范、严密的兼职教师库，为学生提供优质的教育资源。不仅有助于提高理实一体化教育教学质量，更能够促使兼职教师与专任教师优势互补、形成合力。

二、兼职教师库建设现状

当前职业院校兼职教师选聘中呈现出一些积极的现象，但也面临政策刚性约束不强、教学效果不佳以及师资结构不完善等一系列挑战。

（一）政策刚性约束不强

1. 选聘渠道单一，兼职教师水平有待提升

目前职业院校对于兼职教师的选聘方式及流程缺乏政策指引，兼职教师聘用管理中存在部分无章可循、无规可依的情况。例如，从招聘方式上看，招聘渠道比较单一，主要是通过学校教师推荐介绍、在合作企业寻找兼职教师的方式，招聘信息的传播范围比较局限。从招聘流程上看，职业院校在聘请兼职教师时，往往缺少正规的面试、试讲和资格审核环节，选聘程序不严谨、招聘过程不规范、招聘标准不清晰，没有做到公平竞争、择优录取；或由合作企业推荐部分工作人员作为实习指导教师，由于缺乏标准往往存在较大随意性。

2. 企业支持力度不足，兼职教师队伍稳定性差

由于没有相关法律明确规定企业在参与职业院校师资队伍建设时的权利与义务，因此兼职教师的绩效、考核、薪酬等方面的管理相对松散，缺少科学的执行依据。从个体层面看，一名合格的兼职教师，需要做好教学设计、作业布置与批改、课后辅导，甚至出卷阅卷或实训指导等各项工作，还需参加必要的学习培训，在本职工作与兼职教学中避免不了精力的分散与重心的取舍，而企业技术骨干通常不愿意企业发现自己的兼职行为，如果发生冲突，兼职教师往往会选择放弃教学行为。从企业层面看，企业出于自身经济效益

的考虑，担心兼职教师工作影响员工的本职工作，因此对员工的兼职教学行为的支持力度不足。在企业支持不足的情况下，职业院校很难聘请到"稳定"的兼职教师，高职院校不得不花费更多的时间与精力寻找新的兼职教师。

3. 学校监管不严，兼职教师队伍管理不规范

由于缺乏明确的管理规范以及兼职教师的非全职性质，学校对其教学活动的监督相对较弱，而学校对兼职教师的课堂监控不够，便无法全面认识学生的学习状态，也无法因材施教。此外，由于监督不足，一些兼职教师可能在课程设置、教学内容安排等方面存在较大的自由度，碎片化的教学方式不利于学生进行系统学习。

（二）教学效果不佳

兼职教师来源广泛，其优势是能提供多维度、更全面的知识架构，但也易产生教学质量参差不齐的问题。这一问题涉及兼职教师的专业能力、教学经验、教育理念等多方面原因，若处理不当会对教学体系的衔接性和完整性产生影响，直接关系学生的学习效果和整体教育水平。

1. 师资素质良莠不齐，教学效果欠佳

由于兼职教师具有不同的行业背景，在各自领域的专业水平差异较大，统一的衡量标准较难建立。这就导致了在同一个学科中，不同兼职教师的教学水平参差不齐，无法保证学生在不同课程中都能接触到相近水平的专业知识，学生的学科学习难以有机衔接。兼职教师同时从事其他职业，其时间和精力无法完全投入教学准备中，因此在课程设计、教学材料准备等方面存在不足，导致授课内容不够丰富、深入，难以引导学生深度思考和独立学习，教学效果不佳。

2. 缺乏高职教育理论等基础学科的系统学习，教学经验不足

兼职教师通常拥有高级专业技能以及丰富的实操经验，同时熟知企业的经营运作模式，因此在课堂上能够游刃有余地传授专业技术知识。但其教育背景较弱，没有系统地学习过职业教育理论、教育学、教育心理学等基础性学科，不能全面掌握教学规律以及学生学情；同时，由于缺乏充足的教学经验，在传授知识的过程中不能灵活使用有效的教学方法，无法满足不同学生全面进步的需要。

3. 信息化管理水平不足，师资资源配置不完善

在兼职教师库建设中，信息化管理不足是一项显著且紧迫的问题。有效的信息管理不仅仅关系到兼职教师的素质提升，也会间接影响学校的教学质量及教育成果。传统的管理方式往往依赖于手工记录或简单的电子表格，存在数据更新不及时、信息不准确的问题。兼职教师的个人背景、教学经验、专业特长等信息可能因为记录不及时而失真，同时学校难以及时了解兼职教师的任课情况、工作状态、培训需求等信息，这会影响对兼职教师的合理安排和有针对性的支持，不利于灵活地调配和管理兼职教师，从而降低教学组织的灵活性和效率。

（三）重专业轻实践，兼职教师队伍师资结构不完善

职业院校在聘任兼职教师的过程中，由于专业建设需要，时常会选择聘任业界知名专家、学者进行理论授课，这种情况的花费往往比较高，为综合平衡兼职教师的经费开支，会减少聘用实践性兼职教师的经费。这种重专业轻实践的聘任模式显然有悖于职业院校培养在生产、设计、服务一线所紧缺的高技能实用人才的办学宗旨。因此，需要改善这种重理论轻实践的现状，完善兼职教师队伍结构，回归职业院校聘任兼职教师的主要目的和初衷，积极选聘和培养实践型兼职教师，弥补实践指导环节的薄弱之处。

三、兼职教师库建设路径

（一）依托完备的制度建设，支持兼职教师常规管理工作

为进一步规范兼职教师的聘任流程以及管理办法，有效发挥兼职教师在师资队伍建设中"后备主力军"作用，提升教学效果，高职院校在结合本校实际的基础上，可以出台相关的兼职教师管理文件。明确聘任范围和原则、选聘人员应满足的基本条件、兼职教师岗位分类、日常管理规范、考核办法、酬金标准等。杭职院出台相关文件规范了聘任程序，二级分院根据专业设置规划、课程安排现状，依照学校聘任程序开展外聘教师选聘。各专业组负责对本部门新应聘教师的资格初审，填写《兼职兼课教师聘用审批表》，对兼职兼课教师相关情况，包括对学历、职称等资格证明进行严谨的考察。二级分

院教科办具体组织安排外聘教师试讲，通过资格审查、面试、试讲或相应技能测试后正式聘用，同时双方签订《杭州职业技术学院兼职教师聘任协议书》。教科办将各专业组拟聘用的兼职兼课教师名单汇总造册，逐一核查兼职兼课教师身份信息及教学任务，确认没有出入之后将相关信息录入兼职教师资源库，同时及时上报学校的人事处以及教务处进行备案。

与此同时，由于各二级分院专业特色、建设重点不同，对技能型人才的需求也不同，在学校相关政策文件的指导下，可以细化具体的操作规则，形成适用于分院的兼职教师管理办法、兼职教师考核办法、兼职教师课时计算及酬金发放办法等一系列配套管理制度，并依此认真执行。做到压实专业组教学任务，落实责任，严格管控外聘教师聘请工作流程，在数量和质量监控上狠下功夫；做到压实教科办教学常态监控责任，把外聘教师与专任教师放在同一高度下依据不同标准和侧重点进行日常管理，勤于提醒和沟通，严防教学事故的发生。

（二）搭建区域性兼职教师联盟，畅通校企人才交流渠道

地方主管部门可以全局统筹协调，帮助职业院校打造集共享资源、畅通信息、增强能力于一体的具有区域性质的兼职教师联盟。首先，兼职教师联盟致力于加强政行企校合作，整合多方资源，优化教学内容，创新教学模式和工作机制，形成各联盟成员之间资源共享、优势互补的良好局面，进而有助于实现政行企校四方共赢的发展目标。其次，兼职教师联盟作为独立组织，可吸纳区域内的职业院校、行业企业和个人进入，建立兼职教师双向选择平台，改善兼职教师流动频繁的状况。通过兼职教师联盟聘用兼职教师，从过去学校对兼职教师单一管理转变为政行企校共同管理，使兼职教师增强归属感，发挥优势，更好地投入职业教育事业中。

杭职院在探索发展过程中，逐步实施"企业主体、学校主导"的模式，日益凸显企业在师资队伍建设中的重要作用：企业深度参与培养目标设置、课程体系建设、学生顶岗实习、教学内容选择等多个环节，双方在为实习企业培养高质量技能人才的最终目标共同发力。目前已经先后成立了友嘉智能制造学院、商贸旅游学院、达利女装学院、生态健康学院、信息工程学院、吉利汽车学院、杭州动漫游戏学院、彩虹鱼康复护理学院、特种设备学院九

个校企共建的二级学院。企业和学校共同组建理事会，校企合作成员共同参与学校人才培养和企业生产全过程。学校充分利用校企共同体的优势，积极选聘来自企业的技术人员、管理人员作为兼职教师。校企协作办学的模式已经逐渐成熟，有效助力师资队伍建设。

（三）依托专业建设和教学实际，动态管理兼职教师资源库

职业院校应当在本校专业建设方案和教学实际的基础上，完善建立、扩充、动态管理兼职教师资源库的全流程，大力支持通过产教融合、校企合作渠道聘任精英人才作为兼职教师。在掌握优质储备人才的信息后，根据专业建设和教学实际，建立兼职教师库并实行动态管理。鼓励通过产教融合、校企合作聘请优质兼职教师，吸收兼职教师参加教学研究、专业建设和团队建设，支持兼职教师与专任教师联合开展企业技术攻关等工作。同时根据地方经济社会发展需求和学生学习需求，定期更新和维护兼职教师资源库，加强兼职教师资源库建设，实行动态管理实时更新，以保证信息准确，确保充分发挥人才共享效益，真正建立一支数量充足、业务精湛、结构合理、特色鲜明、适应职业教育发展需要的兼职教师队伍。

杭职院依据职业教育专业设置和人才培养方案，广泛招才纳贤，整合区域内职业院校兼职教师招聘信息，进行分类管理，以便提高匹配的精准度。提出对兼职教师的遴选条件，遴选有经验、水平高的人才到职业院校兼职任教，不断收集有意向成为兼职教师的企业员工个人信息，扩充兼职教师信息库，储备优秀的兼职教师资源。根据实际的情况分别将兼职教师聘任到适配的岗位上，如聘任到客座讲师或是名誉教授等不同岗位等级。同时动态更新现有的兼职教师所参与的教育教学、实践项目、科技转化等工作的信息，兼职教师资源库日益成熟完善，兼职教师队伍的稳定性逐渐提高。

第二节

高职院校兼职教师双主体培育体系

职业院校作为培养高素质技能人才的摇篮，其教育质量和教学水平直接

关系到技能人才培养质量。在知识日新月异、技能人才需求日益多元、办学环境日趋复杂的情况下，职业教育内涵式高质量发展成为必然要求与使命所在。相对于全职教师，兼职教师在学科知识更新、教学方法创新以及与学校的深度融合等方面面临着一系列挑战。培训不仅是对兼职教师技能的提升，更是对他们在教学实践中角色的深化和认知的引导。培训的国际化趋势为我们提供了广阔的视野，信息全球化共享模式带来了丰富的教育资源，欧美等国家已经形成了一套较为完善的职业教育兼职教师培训体系，这为我国职业院校兼职教师培训提供了有益的经验借鉴。

一、兼职教师培训体系现状

（一）聘任程序不严谨，岗前培训力度不足

兼职教师大多是企业中的高级技术专家或者领导，实践能力强，经验丰富，但是缺乏教学技能，只有通过职前培训，学习教育学基本理论和教学技巧，提高教学技能，才能真正做好一名兼职教师。不可否认的是，当前兼职教师的聘任存在一些问题：一方面，由于招聘信息不完全流通、招聘渠道单一化，部分兼职教师借助社会资源优势被聘任为兼职教师。兼职教师对他们而言属于临时性的工作，到岗前并未参与相关教育教学培训，而队伍稳定性欠缺带来高成本低产出，高职院校也没有将其纳入本校的机构，到岗后也并未开展全面的教育教学培训。另一方面，由于各二级分院对专业人才的需求存在差异化，在选聘人员时具有极大的自主权，往往通过成立相应工作小组，制定选聘的具体条件和要求、选聘流程来确定拟聘人选。这种聘任权力的分散、各教学单位技能要求的差异化，导致传统岗前培训无法覆盖多样化的需求，难以全面提高不同类型人才的执教能力。

（二）日常管理不到位，在岗培训体系不健全

在当前高职院校中，专职教师的培训体系相对健全。大部分专职教师到岗前会参与岗前培训，进行相关知识的学习和了解，尤其在教学内容准备过程中针对性学习效果非常突出，同时学校一般会安排专门的联络人对接指导工作。入职后的培训方式与培训内容更是多种多样，从培训方式上依托教师

发展平台开展线上培训，同时邀请专家开展系列讲座，从培训内容上针对新入职教师欠缺的电子信息技术、教学方法应用、课题撰写申报等多个方面开展培训，从培养时间上一般安排"助教期"或不授课的学习适应期，力求从不同维度补齐教学能力不足的短板。因此，专职教师在进行实际教学工作时已经有了一定的心理预期与实践准备，能够较为自然地由"社会人"角色过渡到"教师"角色，站好杭职讲台。然而如此多样化的培训大多针对在职专任教师开展，并不对兼职教师展开。通过选拔聘任为学院的兼职教师后，个人会与学校签订兼职教师相关协议，二者形成契约关系，与此同时个体依旧维系着与企业的雇佣关系，有限的精力与劳动报酬的较大差异导致个体往往忽视教师身份，重点维护企业职工的身份。因此，从个人以及学校两个层面来看，学校对兼职教师的日常管理有所疏忽，许多高职院校将师资建设的重心放在专任教师队伍建设上，忽略了对兼职教师的培养与管理。

二、兼职教师培训需求与培训目标

（一）培训需求分析

职业院校兼职教师的培训需求分析是构建培训体系的第一步，它关乎培训的深入与实效。通过全面了解兼职教师的特点、学科领域需求和职业发展期望，可以更有针对性地制订培训计划，满足兼职教师的实际需求。

首先满足不同学科领域对于兼职教师的差异化需求。例如，工科领域可能更加注重实际操作技能的培养，而文科领域则更加注重学科知识的深度和广度。应该依据不同的学科领域特点来制定不同的培训计划，做到因材施教。其次帮助兼职教师在思想和行为上融入职业教育体系。兼职教师需要了解并适应教育行业多元化、个性化趋势，培训需求分析要关注现代教育技术、在线教育方法等方面的知识。培训计划应该设立相应课程，通过学科前沿的介绍和实际案例分享，使兼职教师能够及时了解职业教育行业的发展现状、学科前沿动态、最新技术信息等。了解和遵守教育法规、职业伦理是每名教育工作者的基本素养，在提供行业前沿相关内容前提下帮助其规范自己的行为。最后应该注重教学为本，整体增强兼职教师的教学水平。由于缺乏对职教学生学情的全面掌握，教学实践经验不足，执教能力是兼职教师的短板。培训

需满足兼职教师对于多元化教学方法的需求,包括但不限于案例分析、小组讨论、实践操作等。同时考虑到兼职教师通常在业余时间从事教学工作,培训需提供灵活的时间安排,包括线上课程、周末工作坊等形式,以确保兼职教师可以方便地参与培训。

(二) 培训目标分析

在建立职业院校兼职教师培训体系时,制定明确的培训目标至关重要。首先,要提高兼职教师的学科知识水平。培训的首要目标是提高兼职教师在各自专业领域的学科知识水平。这包括但不限于对于专业领域的最新研究动态、行业前沿知识的了解,以及与实际职业实践相结合的学科知识的学习。鼓励兼职教师结合本职、兼职专业领域开展教育创新实践,包括设计创新的教学方法、参与教育项目研究与实施等,推动学校教育事业创新发展。其次,要多手段多渠道不断提升兼职教师的教学水平。兼职教师在教学方法和教育理论方面相对薄弱,因此培训的重要目标之一是提升其教学技能。包括灵活运用多样化的教学方法、提高课堂管理能力、提升学生参与感和培养创造性思维等方面。另外,随着信息技术的迅速发展,兼职教师在在线教育与教育技术应用方面的能力也应与时俱进,具体包括提高运用各类教育科技工具、设计在线教学内容、进行远程教育等方面的能力。最后促进兼职教师提升职业认同感,实现"由企到校"的角色认知转变。通过了解学校的教育理念、学科建设方向,以及积极参与学校的教研和活动,促使兼职教师更好地融入学校的教育体系。强调学科合作与团队协作,使兼职教师能够更好地在团队中发挥其专业优势,共同推动学科建设,树立兼职教师对职业教育的认同感和责任感。

明确这些培训目标,可以更有针对性地设计培训内容和方案,确保培训的精准实施。这样的培训体系既能够提高兼职教师的教学能力,也能够为学校提供更为优质的实践教学资源。

三、兼职教师双主体培训体系建设路径

兼职教师作为学科领域的专业人士,掌握着最新的行业动态,其实践经验对于学生职业素养的培养具有不可替代的作用。然而,仅有丰富的实践经

验是远远不够的，系统性、专业性的培训将有助于将这些实践经验更好地转化为高效的教学策略。杭职院从以下几个角度探索兼职教师培训体系。

（一）创新培训方式，提升培训质效

依托"互联网+"分级分类教发平台，有序开展线上线下特色培训。通过组织集体听评课、专兼职教师集体教研活动等，提升兼职教师的教学能力。在推进教育数字化转型的过程中，持续探索数字化赋能教学方式变革，科学规划兼职教师数字素养提升路径。学校把数字理念和技术运用到兼职教师培养培训的全过程，开启线上、线下相结合的混合式教研模式：以职业院校的教师发展中心为平台，对兼职教师进行线上培训，线上课程包括学科知识更新、教学法律法规、在线教育技术应用等方面的内容；同时定期组织线下工作坊和研讨会，提供面对面的交流与互动机会，帮助他们分享教学心得、交流专业经验，从而更好地融入学校教学团队。

（二）校企通力合作，推动建立双主体培训机制

构建紧密型校企合作环境，助力兼职教师成长。校企共建实体产业学院或企业学院，在人才培养、学科专业设置、教材建设、教学资源开发、师资培训和企业员工培训等领域探索构建深层次、宽领域、多形式的校企合作格局。充分发挥各自的优势，取长补短，这样既可推动现代职业教育高质量发展、为学生提供更多的就业机会，同时又能促进企业实现人力资本增值，提高企业选拔和推荐员工担任兼职教师的积极性。通过构建"厂中校、校中厂"模式，充分发挥校企联动优势。

"校中厂"的办学模式是指由职业院校与行业企业双方合作，职业院校提供场地，企业提供技术人员与专业设备支持，在既满足企业科研需要又满足学校实训教学需要的基础上，双方进行物质资源以及人力资源的整合，建立集生产、教学功能于一体的"校中厂"。"校中厂"模式有助于实现校企岗位的融通互聘，组建成立校企团队，随着合作加速，企业员工与学校教师有效实现"身份互认、角色互通"，企业员工帮助专任教师快速提升实践能力，专任教师对企业员工进行教学方法培训。杭职院与友嘉实业集团通过校企合作的方式打造了友嘉智能制造学院，学院依托杭州高端装备制造产业，大力推进基于校企共同体的人才培养模式改革，建成了核心竞争力较强的制造类专

业群。学院多渠道引进兼职教师，让他们长期驻扎学校参与实际教学，同时友嘉集团也派遣企业职工进入学院，深入课程设置、教材开发工作，指导学生的实训学习，成为常驻学校技师。友嘉集团逐渐将其数控机床培训中心和数控机床维修中心两大中心整体迁移至学院，作为专任教师下企业锻炼场所和学生实习实训基地，实现校企深度融合。

"厂中校"合作模式指在企业建设教室和学生宿舍，在企业中设置完善的教学条件，双方共享企业先进设备资源，形成校企双方合作培养、共同考评的校外实训实习管理机制。2009年杭职院与达利（中国）有限公司共建达利女装学院，后期为进一步响应校企共同体内涵建设，在达利（中国）有限公司附近共同出资建设达利（中国）有限公司产学研中心。有效推进了产教融合，促进企业专家深度参与专业群的人才培养方案的制订，同时利于企业和学校双方以项目对接为抓手，整合专业群的资源组建团队，提高教师的业务水平和人才培养质量，以产品研发促进校企共同体的迭代升级，实现双赢。

（三）加强兼职教师岗前培训的力度

立足教师长远发展，全面提升兼职教师素质。高职院校的兼职教师大部分是来自企事业单位的一线技术人员以及专家，虽然拥有专业的实践操作能力，但是在教师职业素养方面还是有所欠缺。因此在他们承担兼职教师之前，高职院校需要对其进行岗前培训。高职院校应提高对岗前培训的重视程度，将岗前培训视作师资培养的重要环节，纳入兼职教师队伍建设计划中。具体实施时，需要有计划、有针对性地对兼职教师进行相关法律知识、教育心理学知识、教育技术知识的培训，通过岗前培训全面提高兼职教师的任教水平。培训主要课程涵盖教育管理学、教育心理学、教育教学理论等，通过系统的岗前培训，提高兼职教师对教师职业的熟悉程度、对授课对象的认知程度以及对课程实施的把握能力。

坚定职业教育理念，提高兼职教师归属感与幸福感。当前职业院校对专职教师的培训相对完善，但是对兼职教师的培训比较欠缺，往往是即聘即用，缺少岗前培训。一方面，可以通过发放宣传手册、召开讲座、成立新教职工委员会，帮助兼职教师了解学校概况，掌握学生学情，尽快融入教学团队；

另一方面，各二级教学单位可以指定联络人，帮助兼职教师参与教学团队的课程建设、教学方案设计、观摩优秀课堂，使兼职教师沉浸式体验课堂教学模式，理解教学理念，初步认识何为教学。通过落实兼职教师帮扶政策，将岗前培训落实到人，融情于教，提高兼职教师的职业认同感与幸福感，激发兼职教师的内生动力。

（四）针对兼职教师发展需要，有序推进在岗培训

首先，合理利用学校资源与社会资源，促进专、兼职教师的知识共享。组织兼职教师培训对于师资队伍建设具有重要作用，但兼职教师往往不在各级师资培训名单之列。而专职在岗教师的培训与兼职教师培训的着重点不同，针对专职教师的培训侧重于拓展教学实践能力，兼职教师的培训则侧重提高教学能力。因此可以整合专职与兼职教师资源，形成专、兼职教师互帮互助、优势互补的全新培训格局。其次，持续推进兼职教师能力提升计划，通过开展线下讲座、小组研讨、线上授课等多种培训方式，针对教学方法、课程设计、信息化素养等多个方面，开展培训活动，全面提升兼职教师素养。最后，鉴于兼职教师培养培训工作的长久性与系统性，设置专项培训基金，规范培训基金的申请使用以及报销流程，支持兼职教师利用培训基金参与合适的培训项目，全面提升教育。

第三节

高职院校兼职教师激励机制

随着我国社会经济的迅速发展，职业教育在培养多层次技能型人才中发挥越来越重要的作用。为更好地适应社会需求、提高实践教学质量，职业院校广泛引入兼职教师。这些兼职教师作为社会技术技能领域的代表，为学生提供丰富的实践经验和实用的职业技能培训。然而，相对于专职教师，职业院校兼职教师往往面临较少的激励和支持。建立一套科学合理的激励机制，能够有效提高兼职教师的工作积极性。

一、激励机制概念与类型

（一）激励机制的概念

激励即激发、鼓励，含义为通过外部诱因的刺激激发人的积极性和创造性，从而产生达成目标的动力。良好的激励机制能激发广大教师的积极性、创造性，达成高职院校教学、科研和社会服务三大目标，更好地创造社会价值。美国著名的心理学家马斯洛提出了需要层次理论，认为人的需要如金字塔结构，由低级的需要发展为高级的需要，低级的需要得到满足便会追求更高级的需要。这五种需要依次为生理需要、安全需要、社交需要、尊重需要和自我实现的需要。他指出在满足需要的基础上，才会激发实现目标的内生动力。激励理论认为人的行为是循着这样一个模式在运行：需求激发动机，动机促进行为的发生，最终达到设定的目标。

（二）激励机制的类型

激励机制分为物质激励机制与精神激励机制。对兼职教师的物质激励是指在按时按约定发放报酬基础上，将兼课课酬与考核结果挂钩，实行兼课课酬的浮动制，当教师感觉自己的投入与获得成正比，将会发挥出兼课课酬的最大激励效应。对兼职教师的精神激励是指在满足了兼职教师日常所需之后，满足其在精神层面的更高追求，如追求获得更高的荣誉感、幸福感等。注重物质激励的同时，应该更多考虑兼职教师的精神需求，因为大部分从事兼职工作的教师往往年轻时怀揣教育梦想，有着浓郁的教育情怀，内心追求更高境界的精神享受，只有充分满足其精神需求才能更好地起到激励作用，调动其内在核心力量。

二、兼职教师激励机制实施现状

（一）兼职稳定性不足，各项保障不到位

一是兼职教师自身时间精力保障不到位。一方面，兼职教师的工作具有很强的临时性；另一方面，这些兼职教师一般是业界比较知名的专家或者是企业的精英技术人员，其本职工作原本就颇为繁忙。这两方面导致企业的员

工对兼职教师这份工作并不是十分重视,时间精力保障不到位。二是学校支持与保障不到位。缺乏对兼职教师队伍稳定发展的长远考虑,配套资源和办公环境等各项工作条件支持都极为欠缺。兼职教师由于在学校的时间没有规律且不固定,学校基于兼职教师的任职特点以及学校经费的综合考虑,往往没有给兼职教师专门准备办公场所,有时还以会议室或行政办公室作为临时休息室。三是企业支持不到位。兼职教师在企业中承担着重要的本职工作,同时还要分散精力应对学校各项教学及辅助事务,容易出现企业不支持的情况。尤其在关乎企业经济效益的重要节点,一旦出现角色冲突,兼职角色往往更易被放弃和忽视。

（二）兼职意愿不强，队伍融入度较低

一是兼职教师通过多种渠道聘任至学校,拥有不同的教育背景以及工作经历,彼此之间缺少共同点及相互了解,往往难以产生较强的凝聚力。同时兼职教师在企业中担负重要的岗位职责,主职工作才是其赖以生存的谋生手段,选择成为一名兼职教师很大程度上是出于对"传道授业解惑"的奉献精神的追求,而临时的任课工作难以维系这种精神需求。二是缺乏人文关怀。学校未将兼职教师作为教师队伍重要组成部分来看待,缺乏对兼职教师个体的人文关怀;兼职教师对自身在培养学生工作中的重要作用认识不足,未将培养学生动手能力作为兼职工作的出发点和首要目标,对学生个体发展也缺乏人文关怀。学校和兼职教师间关系简化为市场化运作的雇佣关系,无法满足其归属感的心理需要。三是缺乏与其他教师沟通交流,融入度严重不足。某些兼职教师在实际开展兼课工作的过程中,并未深度参与学生工作和专业建设工作,很难产生强烈的责任意识。专任教师与兼职教师队伍间存在明确的界线和隔阂,对于教师队伍整体发展极为不利。

（三）考核标准不规范，考核机制不健全

1. 缺乏科学规范的考核标准

大部分职业院校在修订考核制度时,有时候会忽略兼职教师的专业培训和教育教学质量情况,仅对其专业契合度和课时量等进行规范,导致学校对兼职教师的教学质量评价缺乏科学、统一的标准。部分职业院校忽略兼职教师工作的特殊性,对专任教师和兼职教师采用完全一致的评估指标、评估

法和评估程序进行考核，难以确保考核结果的可信度和区分度。

2. 未形成完善有效的考核机制

由于兼职教师与高职院校是直接契约关系，约定的兼课酬金发放标准仅与职称、课时等方面挂钩，与课堂质量没有直接关系，兼课教师可能会产生投入与回报不成正比、不值得的感受，个体主动性受到打击。很多职业院校没有形成完善的考核机制，通常只是对是否完成课时量、学生评价情况进行考核，难以对兼职教师进行全面、详尽的考核，兼职教师难以获得有效的绩效反馈，考核的效果不佳。

三、兼职教师激励机制优化路径

（一）增强"个体、企业、院校"协同意愿，调动三方主体的积极性

通过多种措施提高企业选派兼职教师的积极性。注重协调统筹，吸引企业主动选派员工作为兼职教师，将派出兼职教师的质量以及人数作为评价产教融合型企业的重要指标依据。获得产教融合型企业认定的单位可以享受到抵免教育费附加和贷款扶持、人才引进和培养补贴、技术研发补贴等多种优惠措施。在教育评价政策制定方面，鼓励学校提升兼职教师队伍质量，规定将兼职教师的聘请与任教情况纳入学校教师队伍建设和办学质量考核的重要内容，明确在计算职业学校生师比时，可参照相关标准将兼职教师数折算成专任教师数。同时在考核指标制定中，应减少数量要求，增加质量和效益指标，引导兼职教师队伍走质量提升道路。在鼓励个人方面，可以通过宣传师德楷模的榜样示范作用，开展"优秀兼职教师"等荣誉选拔活动，激发兼职教师对"职教教师"身份的职业认同感和使命感，促使兼职教师从心出发，爱岗敬业。

（二）进一步完善产教融合制度体系，持续开展校企双主体育人

1. 融入课程，开展多形式教学改革

全面贯彻实施"双师合作授课""分层分类教学""项目化"教学，由企业精英技术骨干、能工巧匠和学校专任教师组建校企教学团队，实现同堂讲授，分工协作；利用学生分层、教学目标分层、教学实施分层和教学评价分

层等多种不同的方式，在分层分类基础上采用"项目化"教学法，依托企业真实项目，建立项目任务单，根据工作任务，制定活页式项目指导书。

2. 融入专业，依托合作企业共建基地

一是依托合作企业共建双师培育基地、技师研习营等，协同开展技术创新和资源开发。二是外聘教师与专任教师共同开发与产业发展动态紧密相关课程内容，接轨新标准、新工艺，优化核心课程标准，重构课程模块，开发新课程。三是融入学生工作，联合行业优势单位和重点企业单位建立行企校协同育人共同体，依托外聘教师常驻学校制度和校内技师工作站建设，通过项目化教学指导过程，开展教师学生经历工程，实现专任教师和外聘教师双主体育人。

（三）定期开展专项检查，完善兼职教师管理工作

在兼职教师队伍建设过程中，由于政策细节不完善，执行过程中往往会发现一些"漏洞"和"疑难杂症"，影响兼职教师任教的积极性，以及兼职教师队伍建设的有序性和规范性。应通过定期开展专项检查工作，规范和完善兼职教师队伍过程管理。

组织各二级教学单位开展自查，分析当前管理过程中的漏洞并提出切实可行的解决方案，形成自查报告，以此促进各分院积极主动参与到兼职教师队伍的管理中来，强化责任意识与问题意识。学校在初步掌握各二级分院的自查情况后，展开抽查工作，杜绝漏报、瞒报等不良行为。

结合巡视工作要求，进一步开展专项检查，重点检查以下问题：一是对照专项检查时发现的具体问题，核查是否已完成整改，通过整改是否达到了良好的实施效果；二是在专项检查工作之后，针对本教学单位和其他教学单位存在和发现的问题，如在外聘教师聘请流程、协议签订、教学日常管理、考核评优、课酬金发放等重点环节遇到的问题以及解决措施；三是对学校现行兼职教师聘任管理办法提出针对性修订意见和建议，并根据实施中遇到的问题进一步完善教学单位兼职教师管理办法。从而发挥专项检查工作的最大效应，为规范兼职教师队伍管理工作保驾护航。

（四）建立完善的考核机制，规范课酬金激励措施

针对兼职教师"来即授课，课后即走"的松散化状态，建立完善的考核、

激励、监督机制。一是从考核机制入手，设置多主体的评价反馈体系，分院综合学生教学质量评价、教学督导组和专业组的评价意见，对外聘教师进行学期考核。二是加强思想政治素质的审查，对存在价值观问题、违背师德师风和学术道德的外聘教师，实行一票否决，立即予以解聘。三是从激励机制入手，重视提高兼职教师的工资待遇，增强兼职薪酬的竞争力。根据分院的实际情况及不同专业特点，兼职教师的课酬按照不同职称层次、不同人员类别，结合考核结果设置差异化的发放标准，将课酬与教学质量和综合评价挂钩。四是从监督机制入手，避免兼职教师课金"挂靠"、课金发放流程混乱的问题，实施推门听课，教学单位教科办随机检查兼职教师上课情况，避免上课教师与教务系统任务承担教师不一致的情况发生。五是三方协同，落实责任，根据外聘教师所承担的教学任务及签订的兼职教师聘任协议书，由专业负责人根据教学实际，核算课酬金。并上交教科办教学秘书，根据教师教学实际，再次核算课酬金。最后交综合办结合听课、考核结果再次核算课酬金并严格按月发放。

（五）注重人文关怀，强化精神激励

重视对兼职教师的人文关怀。一是对兼职教师时常关心，了解其教学和工作中存在的困难，帮助其顺利完成教学和育人任务，加强职业认同感。二是强化兼职教师职能，不仅要注重提高兼职教师的教学水平，也要让兼职教师深度参与到学校的各项建设任务中。具体来说，推动兼职教师积极参与实训教材编写、学生职业生涯规划、课程建设等方面的工作，这会让兼职教师的参与感、责任感更强。三是加强学科建设，改善科研环境，为兼职教师参与教学和科研提供政策支持，制定兼职教师参与教科研项目研究的奖励措施和管理办法，鼓励其更多地参与产品开发、应用技术研究等项目，为产教融合下专兼结合的高职院校教师队伍建设提供有力支持。

第八章

高职院校专业教师团队建设

2019年教育部启动首批国家级职业教育教师教学创新团队遴选工作，旨在打造一批高水平职业院校教师教学创新团队，通过国家级职业院校教师教学创新团队的遴选建设，示范引领各地各校因地制宜做好省级、校级团队整体规划和建设布局，全力打造一支师德高尚、素质优良、技艺精湛、结构合理、专兼结合的高素质专业化的"双师型"教师队伍。教师创新团队建设日益受到重视。

第一节
高职院校专业教师团队建设现状

"三教"改革是职业教育改革的重要组成部分。"三教"改革即教师、教材、教法的改革，其中教师改革是关键，只有做好教师改革，解决了"谁来教"的问题，才能解决好"教什么"和"怎么教"的问题。教师是具有主观能动性和创造性的"人"，而教材和教法是教师经过加工处理之后形成的劳动成果，是教师教学能力的具体体现。"三教"改革要将教师作为教学改革的主体。教材和教法会随着外界因素的变化而变化，因而教师就需要不断调整自身来适应外在因素的变化。职业教育作为类型教育，凸显了职业性，职业岗位的技术技能要求不断变化，对应的教材和教法也需不断更新变化，教师要基于自身特点，采取不同的方式提高自己的教学水平，以适应职业教育的发展需要。"三教"改革对教师的适应性提出挑战，在职业教育高质量发展的过程中，这种挑战越来越明显。教师除了要提高自身的适应性，作为"三教"改革的主体，还要推动教材与教法的改革。

职业院校推进教师自我革新，提升教师教学能力，教师团队建设是重要的手段。例如，学校的专任教师专业知识扎实，熟悉教学组织，而行业企业技师实践能力强，熟悉技术发展和工艺流程，由学校的专任教师及行业企业兼职教师组成"双师结构"教学团队，能搭建出一支与行业企业联系紧密、规模稳定、人员双向流动，同时具有较强教育教学能力、社会实践能力、就业创业指导能力的专兼结合的"双师结构"教学团队，成员之间形成良好的合作和互动，能够实现"1+1>2"的优势互补、功能增强的协同效应。

一、教师团队发展存在的问题

2019年，"双高计划"开启了高水平高职院校和高水平专业（群）建设的新征程。该计划是职业教育持续深化改革的重大项目，涵盖加强党的建设、打造技术技能人才培养高地、打造技术技能创新服务平台、打造高水平专业群、打造高水平双师队伍等十项内涵建设的改革任务。其中教师团队建设不仅是打造高水平双师队伍的核心要义，也是影响技术技能人才培养高地打造、校企合作水平提升、服务发展水平提升等其他改革任务的核心要素。毋庸置疑，无论是示范校建设，还是当前的双高校建设，贯穿的主线都是内涵建设和质量发展，都非常重视师资队伍特别是教师团队对于人才培养质量提升的重要意义。因而，在高职教育内涵发展背景下，高职院校应该充分意识到教师团队的重要性，并将之摆在学校内涵发展更为重要的位置，着力培育与专业定位相适应的高水平教师团队，助力高职院校高水平、高质量发展。

从教育教学的角度考虑，高素质技能型人才的培养是一项系统性的教育工作，离不开教学改革、课程教材和基地平台的建设等。事实上，最根本的是离不开高水平的教师团队。当下，技术技能的交叉复合、课程的项目化和模块化教学趋势对教师的分工协作提出了更高更新的要求。而高职院校教师数量普遍不足，且面临较大的职业压力，如果单纯依靠教师个体的力量，很难实现高职院校办学水平的整体提升，迫切需要以教师团队建设为抓手，合理统筹，增强实力，为高素质技能型人才培养提供坚实保障。一方面，当前各职业院校教师团队协同发展意识不强，多以独立完成教科研工作为主，在社会服务、技术技能创新、专业发展研究等方面所起作用不明显，"单打独斗"的教师个人专业发展须向"团队作战"的专业群协同发展转变。另一方面，学校教师团队凝聚力不强，创新动力不足。教师团队往往因为专业发展的需要拼凑而成，并未有效融合教师专业能力和教学资源，团队考核以量化的教学类或科研类成果指标为主，缺少团队成长规划以及在实践教学、社会服务、专业研究、隐性劳动等方面的过程性评价。由此，学校高质量发展亟须推进创新团队的建设工作。

二、教师团队建设的必要性

（一）知识技能呈现综合化的需要

随着近几年科技水平的不断进步和人们认知素质的提升，导致科学知识的发展方向展现出两大特色：一方面，由于学科种类的多样性和分类的细化性特点，致使科学知识领域表现出固有的自主性和内涵的深奥性；另一方面，传统学科的界限被不断突破，大量的新兴交叉学科兴起，如边缘学科、横断和综合学科等。它们之间联系密切，在高度分化的基础上实现了综合化发展，表现为不同学科的概念和方法被相互移植和运用，导致对应的研究方式也发生了改变，逐渐把主要研究形式从个体、单一的专业学科研究，转变成集体、综合的专业学科研究方式。因此，在科学知识综合化的趋势下，专业教师在知识传授和学术研究等方面，都要紧密联系教学团队的合作，为实现知识的共享提供一个平台。

（二）教研室建设改革的需要

我国高职教育达到快速发展的时期。随着高职院校迅猛发展和不断扩招，在校学生人数急剧增加，导致师生比例、专业建设、教师管理和培训、教学工作量等发生了一系列的变化。原有的教研室体制工作管理难度增加，具体表现为：一是教研室业务单一。学院扩招等因素的影响，导致各系部专业教师数量不够，教学任务繁重，多数教师疲于上课，很难有时间和精力去做教学创新和科研研究，阻碍了自身素质的提升。二是看淡教学改革力度。现阶段高校职称晋升评聘的机制更多注重课题立项的多少、结题的时间，核心论文发表的数量和编写材料等方面，这都导致教师教学侧重点偏离教学改革。三是教研活动中缺乏合作精神。由于民主意识淡薄，教研室在制订活动计划时，意见征求少，成员个体目标常被忽略，部分教师"随大流"思想严重，活动计划的制订容易遭到个体的消极对待。这都导致教师在教研室工作的执行过程中缺乏配合与合作。四是学校管理措施不力。学校层面出台的管理制度仅对教研室活动遵循的原则提出要求，并未落实具体活动管理激励的配套办法和活动效果的考核办法，从而导致教研室缺乏吸引力，使系（部）对教研室管理的积极性下降。因此，教研室体制迫切需要变革，须在原有的教研室建设的基础上，组建专业教学团队，进一步合理优化教学资源。

(三) 教师自身发展的需要

以往教师在教学讲授工作中，集教材编写、学生管理等多项工作任务于一身，常常孤身作战。当今，随着科学知识综合化的发展，仅仅在一门课程中，教师个人的能力很难精通各方面的专业知识，也很难深入研究到各个方面的问题。加上现代信息技术的引入，使得教学过程也变得异常复杂，仅一人之力很难驾驭整个教学过程。在教学内容日益综合化和学生需求多元化的今天，需要根据当前变化将具有知识、技能互补性的教师整合在团队中，充分发挥每个人的专长，形成团队合力，共同创造有价值的科研成果提升整体教学质量。

(四) 高职院校专业建设的需要

专业建设是高职院校内涵建设的核心。高职教育以就业为导向，其课程体系注重专业人才的基础知识和动手能力的培养，教学内容突出职业性、实用性和针对性。专业建设一定要有超前的理念，反映专业技术领域的现状和发展趋势，从而培育市场新需求，引导和开发就业市场。要做到这一点，需要加强专业教学团队建设，因为师资队伍的水平是教育质量和办学水平的决定性因素。具体表现在以下三个方面。

一是培养模式改革的需要。高职教育人才培养模式改革的重点是积极推行"校企合作、工学结合"的人才培养模式。在该人才培养模式下，教与学的内容必然是专业知识和专业技能，承担专业教学的教学团队必然是人才培养模式改革的主要策划者和实践者，其特征和质量决定着人才培养模式改革的成败。目前，由于学校师资整体结构不合理，个体之间素质差异较大，不适应新的人才培养模式，需要加强专业教学团队建设，提高团队整体业务水平，切实进行人才培养模式改革，实现教学模式的开放性。二是课程教学改革的需要。课程教学改革是专业建设的抓手，是提高教育教学质量的重点和难点，也是提升毕业生就业竞争力的核心。要实现课程教学改革，一定加强专业教学团队建设，增进教学团队与企业的合作与联系，实现教学内容的开放性。三是实践教学的需要。高职教育课程教学改革实施"教学合一、工学交替"的教学模式和学生团队学习模式，改革课程考核方式，突出岗位能力

培养，加强岗位技能训练，需要深化实训实践教学，而实训师资不足和结构不合理是高职院校中的普遍现象。由于缺乏"双师型"实训教师，不能适应开设实训和实践课程的需要，实训实践教学的质量和效果得不到保障。因此，必须加强专业教学团队建设，提高师资队伍的"双师型"比例，提升专业实践技能，满足实践教学的需要。

三、教师团队建设路径

职业院校教师教学创新团队建设是国家职业教育改革的重要内容，但具体应如何建设的问题仍然没有得到有效的解决。

在职业院校教师团队建设中首先要确保团队结构合理，一般由行业有权威、国际有影响力、专业素养高的教师担任团队负责人。团队负责人作为创新团队建设的领导中心和黏合剂，可以说是创新团队的主心骨。因为无论是在开展团队的组建、管理等工作任务方面，还是在促进团队及其团队成员的成长上，都需要一个德才兼备的团队负责人来进行引领。因此，甄选能力强、水平高、懂管理的团队负责人既是建设高质量教师教学创新团队的第一步，也是最关键的一步。团队负责人所具备的各项能力，如教科研能力、组织协调力、领导力等在很大程度上决定了团队未来的发展方向和高度，而其自身所具备的这些能力能否胜任这一特定岗位，则直接决定了团队建设整体的绩效水平与成败。教学团队应该具备合理的年龄、学历、职称和专兼结构，形成老、中、青教师合理的梯队，实现老带新、新促老。同时，要注重团队教师能力建设，围绕教师双师能力、教学改革与科研能力、技术服务能力，重视团队内部全程伴随式培训和指导帮带，注重团队协作共同体的建设，提升团队综合能力。

第二节

杭职院教师团队建设实践

杭职院实施"人才强校"战略，按照"弘扬师德、分类施策、专兼职教师两手抓"的建设思路，围绕专业群布局调整，重构专业群教师创新团队，提升教改和研发能力。一是根据专业群的性质，对接区域行业企业岗位标准，创新人才培养方案和教学模式，适应产业转型升级与产业集群式发展趋势，培养高水平技术技能人才。二是团队形成教育教学改革的合力，推动学校与企业的深度合作，开发课程、重构教学流程，实行项目化教学、情景式教学、工作过程导向教学，打破学科教学的传统模式，推进"三教"改革。三是通过教师融入创新团队，促进教师自身专业发展，做团队的建设者，成员间相互促进自身专业发展，提升教师教科研能力。构建专业群教师创新团队，立项建设15支教师教学创新团队、15支职业技能竞赛指导团队、20支科研创新团队、10支人生导师团队，建成国家级职业教育教师教学创新团队2支、省级教师团队2支。打造高水平结构化教师创新团队，建成一支数量充足、专兼结合、结构合理的高水平双师队伍。

一、杭职院教师团队建设举措

杭职院出台《杭州职业技术学院人才强校战略三年行动计划》，以四类教师创新团队建设为载体，培育领军人才10人，专业带头人30人，名师名匠100人，创新团队50支，博士研究生100人，打造"13151"人才计划（图8-1）。出台《杭州职业技术学院教学创新团队建设与管理办法》《杭州职业技术学院科研创新团队建设与管理办法》《杭州职业技术学院学生人生导师团队建设与管理办法》，聚焦四大核心，构建绩效分配、考核评价、人才服务三大机制，投入团队建设经费1750万元，打造集专业群领军人才、专业带头人、名师名匠等高水平结构化的双师队伍。

（一）凝心聚力分类打造职业教育创新团队

1. 以"教学名师"为核心，打造职业教育教学创新团队

杭职院出台《杭州职业技术学院教学创新团队建设与管理办法》，聚焦专业建设、课堂创新、专业交叉融合等教改热点，立项了15个满足职业教育教学和培训实际需要的高水平、结构化、跨专业的，围绕平台课程教学、试点教材教法研究等不同层级开展教学改革试点的校级教学创新团队，以"双师型、结构化"为目标开展高水平教师教学创新团队建设，首期投入经费150万元支持团队开展"三教"改革（图8-2）。

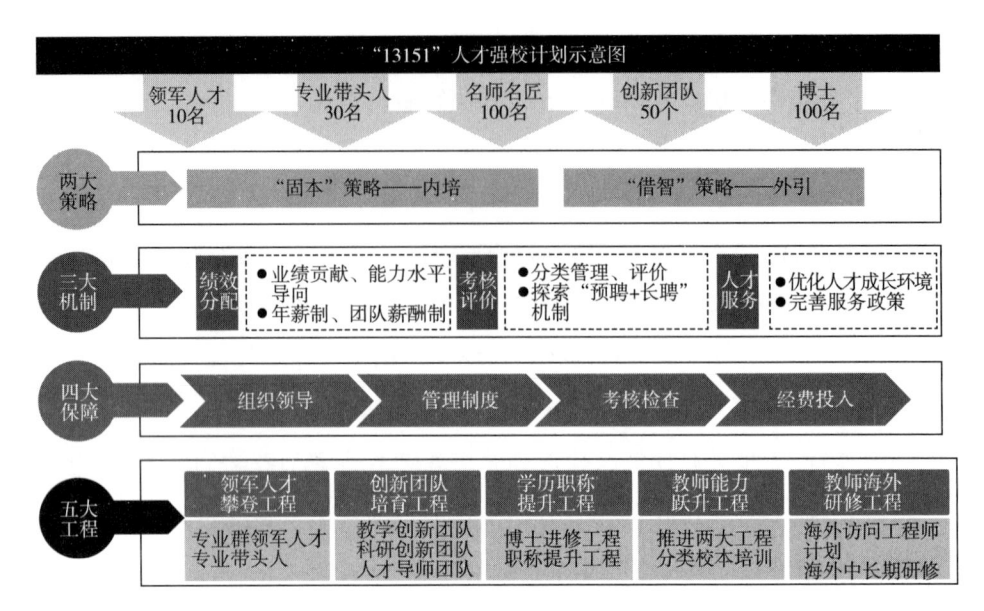

图 8-1 "13151"人才强校计划示意图

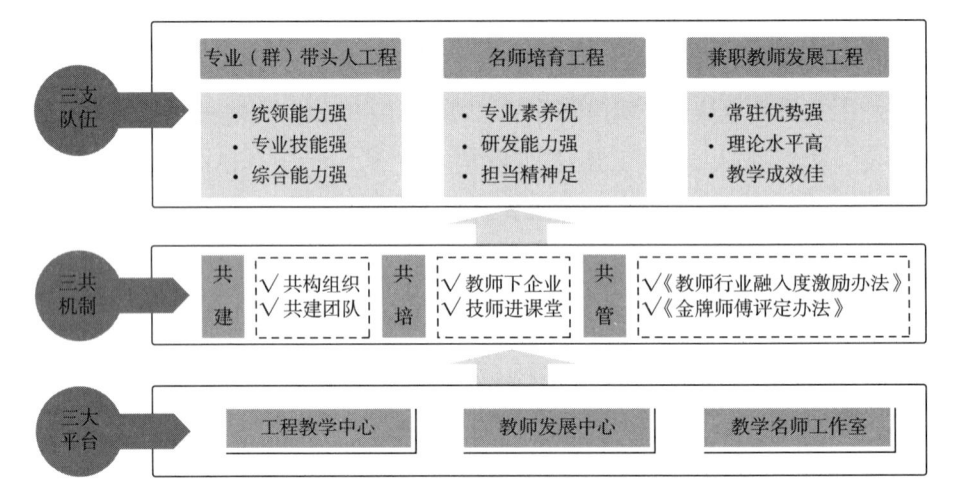

图 8-2 高水平教师教学创新团队建设框架示意图

2. 以"学术带头人"为核心，打造职业教育科研创新团队

杭职院出台《杭州职业技术学院科研创新团队建设与管理办法》，聚焦技术服务转化、科技创新、前沿领域探索等职教科研方向，立项了 20 个科研能力突出，能解决实际科研、技术难题的科研创新团队，按大学科类别，分理工和人文社科两类。首期投入经费 200 万元支持团队开展科研工作，提升学校自主创新能力和服务社会能力。

3. 以"技能大师"为核心，打造技能竞赛指导团队

杭职院出台《杭州职业技术学院技能竞赛指导团队建设与管理办法》，围绕学生技能竞赛、科技竞赛、创新创业竞赛等领域，立项了15支学生竞赛指导团队，团队中具有省赛一等奖以上各类学生竞赛指导教师不少于1名，团队主要由学校专、兼职教师和来自行业企业的人员组成，重点围绕技能竞赛、学科竞赛、创新创业竞赛等领域的高级别学生竞赛中取得突破。

4. 以"专家型辅导员"为核心，打造人生导师团队

杭职院出台《杭州职业技术学院学生人生导师团队建设与管理办法》，聚焦立德树人根本任务和学生成长成才，立项了10支学生人生导师团队（包括若干个辅导员名师工作室、班主任名师工作室），从思想引领、职业规划、就业指导、心理咨询、学习指导、生活辅导、班级管理等领域对学生进行全面教育引导，深化"三全育人"综合改革，为培养有理想信念、有奋斗精神、有奉献意识的高素质技术技能人才提供师资支撑。

（二）全面覆盖分级强化机制建设

1. 加强组织领导，健全多方位工作保障机制

建立三级组织保障机制。学校成立创新团队建设领导小组，负责项目统筹规划、组织实施和监督协调。人事处成立创新团队管理办公室，具体负责检查项目计划、进度、成本等执行情况，组织开展绩效评估和考核，提出评估意见和改进建议，组织项目验收工作。学院成立创新团队建设办公室，具体负责项目建设组织实施、日常管理，组建子项目团队，实行目标管理，负责子项目的建设工作。

2. 强化督促检查，建立多维度考核评价机制

加强监督指导，实行定期检查，确保落实到位。充分发挥二级教学单位在团队建设工作中的积极性和主动性，将团队建设落实情况列入目标责任制考核。完善校院两级管理体制和工作运行机制，确立学院在团队建设中的主导地位，切实落实团队建设工作的各项计划。学校对四类立项团队进行跟踪监督，不定期通报实施情况。在绩效考核方面探索以团队整体业绩为导向的团队激励制度。

3. 加大支持力度，健全分阶段经费管理机制

学校成立创新团队建设资金管理办公室，负责审核制定经费管理制度、

审核经费预算、监管经费支出、考核资金绩效。增加教师创新团队建设经费的投入，按1∶2的比例进行配套，用于教师培养培训、科学研究、项目申报等方面，以确保团队建设稳定有序运行，产出绩效优良。具体有：一是建立团队建设持续投入和逐年增长的机制；二是建立团队建设专项经费制度；三是足额拨付经费；四是设立团队发展专项经费；五是建立团队社会服务收入返还制度。依托创新团队建设领导小组，对各个建设项目进行中期评估、终结验收和绩效评估，确定等级。对未达到中期评估要求的项目提出整改要求。对终结评估取得良好绩效的项目组进行奖励，或对项目后续建设追加资金。

4. 实施创新育才，建设进阶式教师培养机制

构建创新团队可持续发展师资生态圈。实施领军人才"攀登工程"，培育教学科研成果突出，学术造诣深，德才兼备，能引领本专业（群）发展的专业群领军人才。加强团队梯度建设，实施"名专业带头人工程"，培育理论基础厚、创新意识强、有发展潜力和培养前途的专业带头人或后备领军人才，提升了"头雁"引领能力。稳定骨干教师队伍，通过组建工作室、下企业锻炼、实施校企师资互聘、岗位互换、教师进企服务等形式，培养"杭职名师""杭职名匠"。每年选派2~3人进行为期3个月以上的海外研修访学，参与海外合作项目，开展校际交流等，掌握国外先进技术，拓宽了骨干教师国际化视野。实施青年教师"青蓝工程"，注重学历职称提升、教师能力跃升，构建教师成长成才的进阶式发展模式，努力营造"鼓励教师干事业、支持教师干成事业、帮助教师干好事业"的良好制度环境。

二、杭职院教师团队考核验收

（一）教学创新团队考核验收

教学创新团队验收考核要求业绩成果与团队研究方向一致，团队负责人有业绩成果或是业绩成果的主要参与人，团队成员大部分参与业绩成果的申报和建设，业绩成果的负责人为团队成员。团队建设期内，团队负责人应带领团队成员制订团队建设计划，明确建设目标和任务分工，定期召开团队建设研讨会，定期组织团队成员参加与研究方向相关的校内外各类培训、讲座、会议等学术交流活动。团队负责人要注重团队建设过程中的资料、数据和照

片收集，形成团队建设的过程材料。团队负责人应根据团队建设目标与团队成员共同编制经费使用预算表，团队经费使用要合理，应重点围绕标志性成果培育和团队成员的能力提升，团队建设评价指标如表 8-1 所示，教学创新团队考核须达到 60 分以上。

表 8-1 教学创新团队考核验收评价表

类别	指标名称		分值
团队建设	团队合作度	团队合作项目或成果（成员 100%参与）	10 分/个
		团队合作项目或成果（成员 60%参与）	5 分/个
		团队合作项目或成果（成员 30%参与）	1 分/个
	标志性成果取得情况	团队取得国家级项目或成果	50 分/个
		团队取得省部级重大重点项目或省部级奖项	40 分/个
		团队取得省部级项目或市重点项目	30 分/个
	负责人引领作用	团队负责人有业绩成果（排名第一）	5 分/个
		团队负责人为业绩成果的主要参与人（前三）	2 分/个
	团队日常管理	定期召开团队建设研讨会	2 分/次
		定期组织团队成员参加校内外各类培训、讲座、会议等学术交流活动	2 分/次
		团队负责人与团队成员共同编制经费使用预算表，围绕标志性成果培育和团队成员的能力提升，经费使用绩效 100%	5 分

注 负责人引领作用至少 2 分以上；团队日常管理至少 10 分以上，上限 20 分。

（二）科研创新团队验收考核

科研创新团队验收考核要求业绩成果与团队研究方向一致，团队负责人有业绩成果或是业绩成果的主要参与人，团队成员大部分参与业绩成果的申报和建设，业绩成果的负责人为团队成员。团队建设期内，团队负责人应带领团队成员制订团队建设计划，明确建设目标和任务分工，定期召开团队建设研讨会，定期组织团队成员参加与研究方向相关的校内外各类培训、讲座、会议等学术交流活动。团队负责人要注重团队建设过程中的资料、数据和照片收集，形成团队建设的过程材料。团队负责人应根据团队建设目标与团队成员共同编制经费使用预算表，团队经费使用要合理，应重点围绕标志性成

果培育和团队成员的能力提升，团队建设评价指标如表8-2所示，科研创新团队考核须达到70分以上。

表8-2 科研创新团队考核验收评价表

类别		指标名称	分值
团队建设	团队合作度	团队合作项目或成果（成员100%参与）	10分/个
		团队合作项目或成果（成员60%参与）	5分/个
		团队合作项目或成果（成员30%参与）	1分/个
	标志性成果取得情况	团队取得国家级项目或成果	50分/个
		团队取得省部级重大重点项目或省部级奖项	40分/个
		团队取得省部级项目或市重点项目	30分/个
	负责人引领作用	团队负责人有业绩成果（排名第一）	5分/个
		团队负责人为业绩成果的主要参与人（前三）	2分/个
	团队日常管理	定期召开团队建设研讨会	2分/次
		定期组织团队成员参加校内外各类培训、讲座、会议等学术交流活动	2分/次
		团队负责人与团队成员共同编制经费使用预算表，围绕标志性成果培育和团队成员的能力提升，经费使用绩效100%	5分

注 负责人引领作用至少2分以上；团队日常管理至少10分以上，上限20分。

（三）人生导师团队验收考核

人生导师团队验收考核要求业绩成果与团队研究方向一致，团队负责人有业绩成果或是业绩成果的主要参与人，团队成员大部分参与业绩成果的申报和建设，业绩成果的负责人为团队成员。团队建设期内，团队负责人应带领团队成员制订团队建设计划，明确建设目标和任务分工，定期召开团队建设研讨会，定期组织团队成员参加与研究方向相关的校内外各类培训、讲座、会议等学术交流活动。团队负责人要注重团队建设过程中的资料、数据和照片收集，形成团队建设的过程材料。团队负责人应根据团队建设目标与团队成员共同编制经费使用预算表，团队经费使用要合理，应重点围绕标志性成果培育和团队成员的能力提升，团队建设评价指标如表8-3所示，人生导师团队考核须达到60分以上。

表 8-3　人生导师团队考核验收评价表

类别	指标名称		分值
团队建设	团队合作度	团队合作项目或成果（成员100%参与）	10分/个
		团队合作项目或成果（成员60%参与）	5分/个
		团队合作项目或成果（成员30%参与）	1分/个
	标志性成果取得情况	团队取得国家级项目或成果	50分/个
		团队取得省部级重大重点项目或省级奖项	40分/个
		团队取得省部级项目或市重点项目	30分/个
	负责人引领作用	团队负责人有业绩成果（排名第一）	5分/个
		团队负责人为业绩成果的主要参与人（前三）	2分/个
	团队日常管理	定期召开团队建设研讨会	2分/次
		定期组织团队成员参加校内外各类培训、讲座、会议等学术交流活动	2分/次
		团队负责人与团队成员共同编制经费使用预算表，围绕标志性成果培育和团队成员的能力提升，经费使用绩效100%	5分

注　负责人引领作用至少 2 分以上；团队日常管理至少 10 分以上，上限 20 分。

三、杭职院教师团队建设成效

以专业群建设为起点，打破现有教师队伍结构，消解"学科联系"，推进教师与产业、职业岗位群对接的"职业联系"能力的提升，实施专业"领军人才和专业带头人工程"，提升"头雁"引领能力，专业带头人领衔重构跨专业、跨课程教师创新团队，围绕课程、项目、研究方向组建教学创新团队、技能竞赛指导团队、科研创新团队、人生导师团队。

（一）形成了具有杭职特色的教师创新团队建设实施方案及配套制度

通过教学创新团队、技能竞赛指导团队、科研创新团队、人生导师团队四类团队建设，形成了一系列具有杭职特色的教师创新团队配套制度，为教师创新团队建设提供制度保障。此外，在绩效考核方面探索以团队整体任务结果为导向的团队激励制度。

（二）摸索了凸显"职教"特色的双师队伍能力培育路径

通过高层次创新团队的示范引领，发挥教师创新团队成员间以老带新、优势互补、资源共享的作用，全面实施教师分工协作进行模块化教学科研的模式，促进教师按照国家职业标准、国家教学标准开展教学、培训和评价，围绕专业发展方向、热点问题、交叉学科开展科学研究、立地式技术研发和技术转化，促进教师教学、科研、社会服务能力的全面提升，为全面提高复合型技术技能人才培养质量提供强有力的师资支撑。

（三）提升了教师队伍整体能力水平

开展校级创新团队培育创建工作，立项校级教学创新团队15支、职业技能竞赛指导团队15支、科研创新团队20支、人生导师团队10支。2个专业团队入选国家级职业教育教师教学创新团队，2个课程团队入选国家级课程思政教学团队，3个专业团队入选省级职业教育教师教学创新团队，1个团队入选省级黄大年式教师团队。

第九章

高职院校教师分类评价

评价，意为评定价值。评，从言从平，讲求公平原则，遵循一定的评价规则和规律，通过评价主体（多人）发表意见方式进行评定。价，从人从介，讲求价值原则，注重实绩和贡献，依据以人为本、帮助人成长的宗旨，以介入观察被评价对象工作过程和结果方式实施过程性评价，最终评定其价值。

教师评价是高职教师选聘、任用、薪酬、奖惩等人事管理的基础和依据，在高职教育综合改革中占据着举足轻重的地位。回归"评价"内涵，即遵循教育规律、注重实绩贡献、以人为本、助人成长，这样的教师评价不仅有利于高水平教师队伍建设与管理，更是推动教学质量提升、科研创新以及社会服务功能增强的关键因素。根据高职教育强调实践与应用的特点，建立多元化评价指标体系，实施分类评价，完善体现高职类型特色的教师考核评价制度，从而更好地发挥其"指挥棒"作用，是当前和今后一段时期深化高职教育综合改革的重要任务。

第一节

高职院校绩效评价与分配机制改革现状

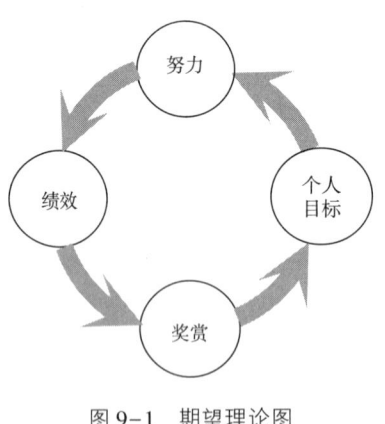

图 9-1 期望理论图

实行绩效工资的理论来源之一是期望理论（图 9-1）。V. 弗鲁姆（Victor Vroom）的期望理论认为，只有当人们预期某一行为能给个人带来有吸引力的结果时，才会采取这一行为。根据这一理论，人们对待工作的态度取决于对三种联系的判断，即努力与绩效的联系（付出多大努力才能达到某一绩效，其成功的概率有多大）、绩效与奖赏的联系（达到某一绩效后会得到何等奖赏）、奖赏与个人目标的关系（这种奖赏对个人有多大意义）。因此，通过把员工的工作绩效与其薪酬挂钩而实行的绩效工资制度能不断激励员工的工作热情并促使其提高工作效率。

一、绩效评价与分配机制改革历程

（一）启动阶段，重组规范，总量调控

2006年，第四次工资制度改革（以下简称工改）拉开帷幕，科学研究事业单位将实行岗位绩效工资制度。工改确立了"以岗定薪，岗变薪变"的薪酬原则，旨在建立与岗位职责、工作业绩、实际贡献紧密联系，体现岗位绩效和分级分类管理的收入分配制度。

本次工改采用了推倒重来、重新洗牌的方式对工资结构进行了调整，使整个工资运行制度发生了变化。高职院校作为从事公益服务的事业单位，工资分为基本工资（包含岗位工资、薪级工资）、绩效工资和津贴补贴。绩效工资主要体现工作人员的实绩和贡献，根据单位类型实行不同的管理办法。国家对绩效工资实行总量调控和政策指导，高职院校在核定的绩效总量范围内，按照规范程序要求制定分配方案自主分配。本次工改最核心的内容和目标在于适应人事制度改革，实现身份管理向岗位管理转变，建立起符合事业单位特点的岗位绩效工资制度。

（二）正式实施，限高托低，分类调控

2011年，工改第二阶段正式实施绩效工资。在科学划分事业单位类别、分类推进事业单位改革基础上，按照分类指导、分步实施、因地制宜、稳慎推进的原则实施绩效工资。

高职院校等事业单位从2010年1月起结合规范津贴补贴正式实行绩效工资。绩效工资分为基础性绩效工资和奖励性绩效工资，基础性绩效工资包括生活补贴、岗位津贴、工龄补贴，占绩效工资总量的50%~70%。奖励性绩效工资由原工资收入中部分项目归并而成，包括年终一次性奖金，地方性特殊岗位津贴以及扩大标准、范围发放部分，津贴补贴，单位自行发放的奖金、福利等。绩效工资采用限高托低方式实施分类调控。财政补助事业单位根据基准线确定，非财政补助事业单位根据收入水平、自身财力等因素，结合学校长远发展目标合理确定。

（三）深化阶段，打破限制，提高自主权

2017年，为加快实施创新驱动发展战略，激发科研人员创新创业积极性，开始实行以增加知识价值为导向的分配政策，进一步加大绩效工资分配激励力度，扩大事业单位分配自主权。部分事业单位试行"绩效工资总量+X"管理模式，"X"是指高层次人才激励、科研经费绩效奖励、科技成果转化奖励、承担横向项目劳务报酬、文化创意产业发展激励等，这些激励部分可不纳入绩效工资总量。在核定的绩效工资总量内，事业单位拥有内部分配自主权，可不受绩效工资结构比例限制。进一步完善考核办法和内部管理办法，建立与绩效考核评价联动的分配机制，重点向关键岗位、业务骨干、科研一线、成果显著的人才倾斜。保证业绩突出人员高于本单位人员平均收入水平，真正做到多劳多得、优绩优酬。

自此，高职院校绩效工资的内部分配自主权增加，一方面缩小了绩效工资内涵，符合政策规定的科研课题（项目）报酬、科技成果转化收入、获得省部级国家级表彰（含科研成果、教学成果等）的人员或团队发放的奖励、委托类考试收入等不再纳入绩效工资总量管理。另一方面扩大了收入总盘，实施创收经费奖励措施，如大部分高职院校对成人专科或专升本教育学费、社会培训收入、校企合作"双元制班"学费收入等创收经费采取按比例奖励给相应二级学院的做法。同时，进一步搞活了收入分配方式，部分单位将基础性绩效中的一部分划出与奖励性绩效合并分配。部分高职院校允许创收经费较为富余的二级学院超出核定的人均绩效工资指标发放，超出部分按照上级和学校相关规定缴纳调剂金。进一步将分配自主权下放到二级学院，真正允许有条件的二级学院先富起来。

二、绩效评价与分配机制改革成效

（一）打造成就薪酬与可变薪酬并存的薪酬体系，体现了人力资本的核心地位

我国实行的是以按劳分配为主体、生产要素按贡献参与分配的收入分配制度。根据这一分配制度，作为生产要素的资本尤其是人力资本的所有者也

应按其贡献的大小在价值分割中获得收益。作为高校类型之一的高职院校是以人力资本为核心资本的智力密集型部门，其收入分配制度必须充分考虑人力资本价值因素，实行以人力资本价值为基础的高校教师收入分配制度，即个人收入差别应考虑人力资本投资成本和再生产成本。以岗位为基础的评价与分配机制充分考虑了人力资本价值因素，其主要目的在于更好地激励教师成长，吸引和留住优秀人才。

成就薪酬与岗位直接相关，体现长期积累和价值存量。以岗位为基础的绩效评价与分配机制以教师取得的对应岗位要求的专业技术职称为依据，而专业技术职称体现了教师长期人力资本价值积累的成果，是对教师过去工作成就和业绩的永久性奖励。成就薪酬是对教师薪酬的永久性增加，会产生累积性作用，除非岗位变动。

可变薪酬与教师当年绩效直接挂钩，体现了价值增量。它是为了激励教师更有效地工作或提供更长时间的劳动和服务，是绩效工资中最"活"的部分。可变薪酬在绩效和薪酬之间建立直接的相互关系，对于教师具有很强的激励性，对于学校绩效目标的实现具有十分重要的作用。可变薪酬作为一次性收入，一般不存在累积作用。

按绩效分配的实质就是按劳分配，在收入分配中应该也必须依据工作绩效即劳动创造的价值量进行价值分割。高职院校绩效评价与分配机制改革中运用了成就薪酬与可变薪酬并存的薪酬体系构架，体现了人力资本的核心地位。

（二）规范岗位管理，实现以岗定薪、岗变薪变的绩效工资实行初衷

事业单位绩效工资制度实施的初衷是以岗位为基础、以岗位聘任管理为核心、以岗位绩效为关键确定工资收入水平。合理规范的岗位体系及岗位考核评价体系是岗位绩效工资实施的前提和基础。规范的岗位体系包括岗位总量、岗位类别、各岗位内部结构比例的设置等。高职院校实施绩效工资以来，围绕其主要职能设立岗位考核评价体系，包括以产教融合为前提的专业建设、教育教学、人才培养、科学研究应用、社会服务等方面。同时在岗位聘期考核有效模式基础上，建立起与岗位职责、工作业绩和实际贡献紧密联系的收入分配激励机制。教师根据自身条件竞聘到相应的岗位，承担相应职责，获得绩效收入。通过10余年的实施，基本实现以岗定薪、岗变薪变的绩效工资

实行初衷。

将基础性绩效工资纳入工资部分，具有稳定性和保障性特点，而岗位是工资部分最大变量，故在岗位设置过程中，易出现岗位能上不能下的问题。部分高职院校在岗位设置调整过程中，为增强学校活力，曾实行能上能下的岗位设置方案，引起较大的反响，故大部分高职院校实行调增不减的做法，将空岗拿出来按业绩竞聘。在岗位数富余的情况下，通过多轮岗位设置，基本实现分级分层。

三、现阶段绩效评价与分配机制运行存在的问题

绩效考核与评价是一种管理活动，它是指对照事先确定好的工作目标或绩效标准，选取相应的指标，采用科学的考评方法，评定教师所担负的工作完成情况、教师的工作职责履行程度和教师发展情况，并且将评定结果反馈给教师的过程。科学有效的绩效考核体系与标准是高职院校实行绩效工资的前提和保障。通过研究发现，高职院校绩效考核的前提、指标、方式和结果等方面存在着缺失。

（一）建立在岗位工资级别基础上的绩效考核，体现业绩贡献的幅度较小，缺乏体系化绩效考核和薪酬激励制度

现有的高职院校分配制度缺乏体系化绩效激励，过于依赖岗位级别，业绩津贴部分未得到应有的重视。教师对学校的价值和贡献主要体现为职位和职务价值，即教师对工作职责的承担和工作内容的完成。因而岗位价值的判断，包括岗位职责大小、工作内容复杂程度、工作难度、完成工作职责所需要具备的任职资格高低等因素是绩效评价的基础。当前职业院校教师岗位价值判断基本依赖职务任职资格，而缺乏对于岗位职责、工作内容和难度等的区分，无法形成切合实际的岗位说明书。同时现有评价机制在岗位与职称、职务相关的任职资格部分有所体现，即在不同职称、职务间有所体现，而在同一职称、职务但不同岗位的评价上无法区别和体现。

过于依赖岗位价值的做法在一定程度上混淆了岗位津贴与岗位工资，使岗位津贴制具有平均主义色彩。同时，新的岗位津贴制虽然解决了不同岗位级别教师的薪酬差异，却未体现同一岗位上不同贡献和业绩水平教师的薪酬

差异。如何在岗位津贴中体现其工作绩效，成为新的问题所在。

同时，业绩津贴作为最能体现绩效情况的部分仍未得到充分重视。部分高职院校将业绩津贴定义为教职工根据所聘岗位类别和等级完成工作职责后取得的津贴收入，等同于完成平均工作量的岗位业绩津贴，仅与岗位工资级别相关。有些高职院校规定绩效的70%左右用于体现岗位基本职责，30%左右用于衡量业绩贡献，但业绩贡献部分仍按职称等级分层；有些高职院校直接将现有职称等级作为岗位津贴等级，造成业绩津贴与教师业绩脱钩。

(二) 考核指标单一，绩效评价未体现绩效增值的幅度，对于提质增效的质量指标贡献度不大

教师的工作情况与教学效果、科研成果、育人成果密切关联，绩效工资应与学术能力、教学能力、育人能力等挂钩。教学质量、科研业绩等质量指标由于难以识别和测量形成评价黑洞，教师工作存在创造性、隐蔽性等特点，教师之间的工作差异性区分度不大，在教学能力和效果、科研水平等方面没有太大的收入差别。导致教师教学水平的高低和教学效果的好坏，在其绩效评价的结果中很难得到体现。

因此，部分高校在制订教师绩效考核方案时，有着过于单一的考核指标，没有高度重视教学、社会贡献和师德师风等重要的定性指标，而将考核重心放在著作、论文、科研项目等易量化指标上。对于基础性绩效部分的考核，大部分学校采取设置教学工作量下限的考核指标，达到基本教学工作量即给予发放。有些学校增加了质的观测点——教学业绩考核，只要不出现重大教学事故，考核也基本能达标，质量指标在教师基础性绩效评价中往往被忽视。而在奖励性绩效部分，通常的做法是设置课内教学超课时津贴的简化版操作，造成课内教学重数量轻质量、抢课时挣工分，课外教学包括学生工作等无人承担的现象。导致绩效考核和评价对于提质增效的质量指标贡献度较小。

(三) 考核形式单一，未建立科学的绩效考核机制，绩效评价结果在促进学校管理和教师队伍整体发展中发挥作用不大

由于缺乏科学的绩效考核机制，部分高校用常规考勤、年度考核等代替绩效考核，不能客观评价教职工的教学、管理工作实绩。年度考核等考评方式的弊端在于大多依赖考核主体的主观评价，仅将个人近阶段表现或对个

的整体印象作为评价依据，在考核中容易出现偏重学历资历、任职年限等问题，不能纵观个人整体工作过程，主观意识较强。另外，还缺乏各项工作的量化标准，导致考核结果出现偏差，并不能真正达到全面评价个人工作的目的，考核结果也多是走形式，缺乏科学性和公正性。

绩效评价时存在单一使用结果性评价方式情况，结果性评价的滞后性易造成教师评价物化、工具化倾向，轻视教师专业发展，弱化专业成长，出现教师评价前后成果"过山车"现象。同时没有按照教师类型、专业大类和职业生涯阶段对教师进行分类管理和评估，评价适切性不足，评价的结果无法持续在教师专业发展和成长中发挥促进作用。

有效的绩效评价与薪酬体系是实现学校战略目标的管理手段与方式，研究发现，部分高职院校的薪酬制度模式较为单一，并未与学校战略目标有机结合，形成具有学校特色的绩效评价与薪酬体系。且部分高职院校不重视教师绩效评价方案在二级学院的解读和培训，教师绩效评价管理中二级学院执行力度明显减弱，目标细化分解不到位，二级学院及教师对具体工作或责任不明确，激励功能弱化，加之缺乏引导培训，教师团队和个人绩效目标任务完成效果大多差强人意，无法形成学校特色和管理合力。

第二节

四维度绩效评价与分配机制改革实践路径

共同富裕下的高职院校绩效评价与分配机制改革，其根本目的是在学校高质量发展前提下做大蛋糕，优化内部分配和激励机制，运用分层分类的评价方式，帮助教师通过多种途径和方式发挥所长，教师幸福感、获得感提升，达到物质、精神生活共同富裕。

一、建立结构合理的薪酬激励体系

（一）合理设置岗位津贴与业绩津贴比例，平衡公平与效率关系

依据岗位价值付酬在很大程度上解决了公平问题，是大多数高职院校采

用的方式。岗位价值体现在岗位责任、岗位贡献、岗位所需知识技能等方面，是完成岗位职责的人力资源综合素养的体现。

依据能力和业绩付酬是解决效率问题的最重要手段。依据能力和业绩付酬是现代薪酬管理的发展趋势，也是知识经济时代高校必须面对的发展态势。只有将薪酬福利待遇与个人和团队业绩，以及学校发展紧密联系，激发教师积极性，使能力强、业绩好的教师获得与付出相应的待遇，才能实现教师和学校的共赢。

通过绩效工资制度实施情况的调查分析，我们发现，过高的岗位津贴比例无法起到很好的激励作用，将业绩津贴与岗位津贴混为一谈、深度捆绑的做法正是"绩效工资不绩效、假绩效"的症结所在。因而应合理设置岗位津贴与业绩津贴的比例，提高业绩津贴占比，平衡公平与效率关系。研究发现，将岗位津贴与业绩津贴总比例控制在 6：4 或 5：5 左右是目前较为合适的做法，以提高业绩津贴比例的做法来拉开同一岗位上不同贡献和业绩水平教师的薪酬差异，体现高职院校高水平人力资源价值的同时保证一定程度的激励力度。

（二）重视间接薪酬与非经济性薪酬，提高薪酬激励作用

要发挥薪酬制度的激励性，应建立体系化绩效考核和薪酬激励制度。调研发现，大部分高职院校绩效工资都以直接薪酬的方式支付，而间接薪酬、非经济性薪酬等方式在绩效激励中并未发挥作用。

间接薪酬指不直接以货币形式发放的福利与服务，包括公费进修培训、工作午餐等（图 9-2）。高职院校间接薪酬基本都以福利性质按人头发放，一方面，在人才激励中作用有限；另一方面，间接薪酬内容和支付方式老套，不能满足教师个性化需求，造成资源浪费。要提高薪酬制度激励作用，应重视间接薪酬，与时俱进增加间接薪酬内涵，提升间接薪酬激励性，将一部分教师绩效贡献以福利等间接方式进行支付。提高间接薪酬的经济效益，使间接薪酬更好地为学校人力资源管理目标和发展战略目标服务。

非经济性薪酬包括教师发展机会、心理收入、社会认同感等。教师发展机会主要包括各级人才项目、比赛机会、荣誉推荐，以及各类会议参会和展示机会等。当前大量人才项目采用教师个人申报、二级单位推荐为主，有时

推荐与否与教师在二级单位总体印象有关,而缺乏令人信服的绩效评价。应结合教师绩效评价情况有针对性地推荐,提高申报科学性和成功率,同时有效丰富绩效奖励方式。

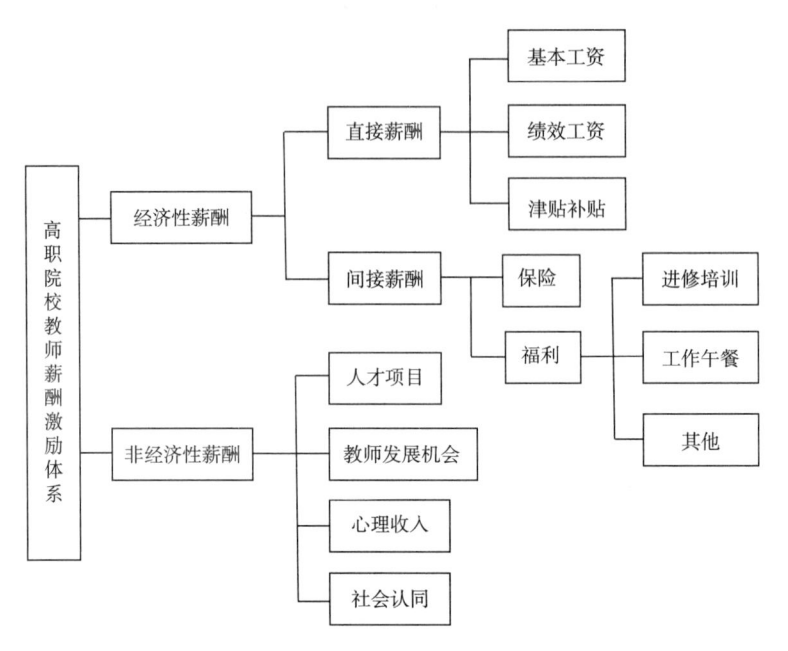

```
高职院校教师薪酬激励体系
├── 经济性薪酬
│   ├── 直接薪酬
│   │   ├── 基本工资
│   │   ├── 绩效工资
│   │   └── 津贴补贴
│   └── 间接薪酬
│       ├── 保险
│       └── 福利
│           ├── 进修培训
│           ├── 工作午餐
│           └── 其他
└── 非经济性薪酬
    ├── 人才项目
    ├── 教师发展机会
    ├── 心理收入
    └── 社会认同
```

图 9-2　高职院校教师薪酬激励体系

(三)适度运用特聘津贴、团队薪酬及年薪制,促进高质量发展

为适应高职院校教师工作长期投入特点,随着分配自主权限扩大,尤其从 2017 年试行"绩效工资总量+X"管理模式,部分高职院校尝试针对高层次人才出台年薪制、特聘津贴等市场化的激励方案,但效果并不理想。研究发现,需要进一步构建成熟的投入与产出相协调的高层次人才薪酬调控机制,合理调控薪酬上限,科学设置科研经费中人员收入比例和依据,规范年薪制有序增长,才能使激励作用进一步发挥。

团队薪酬实施的前提是完善的教师团队建设,围绕特定领域科研、教学或学生工作难题,契合地方产业发展和学校发展需求,整合跨专业资源,建设分工明确、能力互补的教师团队,从而产生"1+1>2"的合力。由于高职类型教育及科研工作的特点,单纯科研团队"拉郎配"现象较为普遍,真正形成高效科研团队的很少。而教学团队相对较为成熟,已形成优势互补的良好合作关系，可在教学团队基础上整合成为教学创新团队给予团队薪酬，可提升团队凝聚力和综合实力，有利于产生突破性业绩，实现学校、团队、个人多赢。今后在核定团队业绩总量与薪酬关系、个人业绩分配、界定跨专业团队与教学单位薪酬关系等方面还需建立配套措施，从而真正发挥团队薪酬激励作用。

二、建立符合高职特色的四维度奖励性绩效评价与分配机制

绩效评价与分配机制改革是实现共同富裕的重要一环，有效的绩效评价与考核机制是决定高职院校分配制度改革成败的关键。基于高职院校类型特点，立足教学、科研、技术与社会服务、团队和部门发展等功能，建立符合高职特色的四维度绩效评价与分配机制。将学校发展需要落实到绩效考核评价指标上，引领考核评价机制改革的方向。

（一）优化绩效工资整体结构

绩效工资分为基础性绩效工资和奖励性绩效工资两大部分。基础性绩效工资主要反映地区经济发展水平、物价水平、岗位职责等因素，体现了绩效工资的保障因素和人力资源的生产资料属性；而奖励性绩效工资主要反映工作量和业绩成果，体现了激励因素、价值增值和创新创造等。由于岗位职责因素在岗位工资中已有体现，在科学有效的绩效评价机制前提下应适当增加奖励性绩效工资比例，提高绩效工资整体激励性。

奖励性绩效工资分为基本津贴、业绩津贴、专项津贴、其他津贴，基本津贴着眼于考查教师做好本职工作，完成一定量的理论实践教学、学科专业建设、学生工作、人才项目和团队建设，即按专业技术职务或岗位责任系数发放基本津贴（图9-3）。业绩津贴立足于为学校建设发展提质增效作出贡献，主要体现工作成效和贡献的奖励性绩效工资。专项津贴是指为体现学校当前建设发展需要、提升人才队伍质量和水平、实现阶段性目标而设置的专门津贴，包括专业负责人津贴、高层次人才津贴、重大项目激励等。其他津贴包含出勤津贴、通讯补贴、部门调控（部门考核津贴）等。基本津贴、业绩津贴是奖励性绩效中最大的两部分，占比80%以上，学校根据两级管理部门自主人员经费划拨办法确定总额后下达，由二级单位自行分配，其中基本

津贴与业绩津贴的总比例控制在 6∶4 至 5∶5。

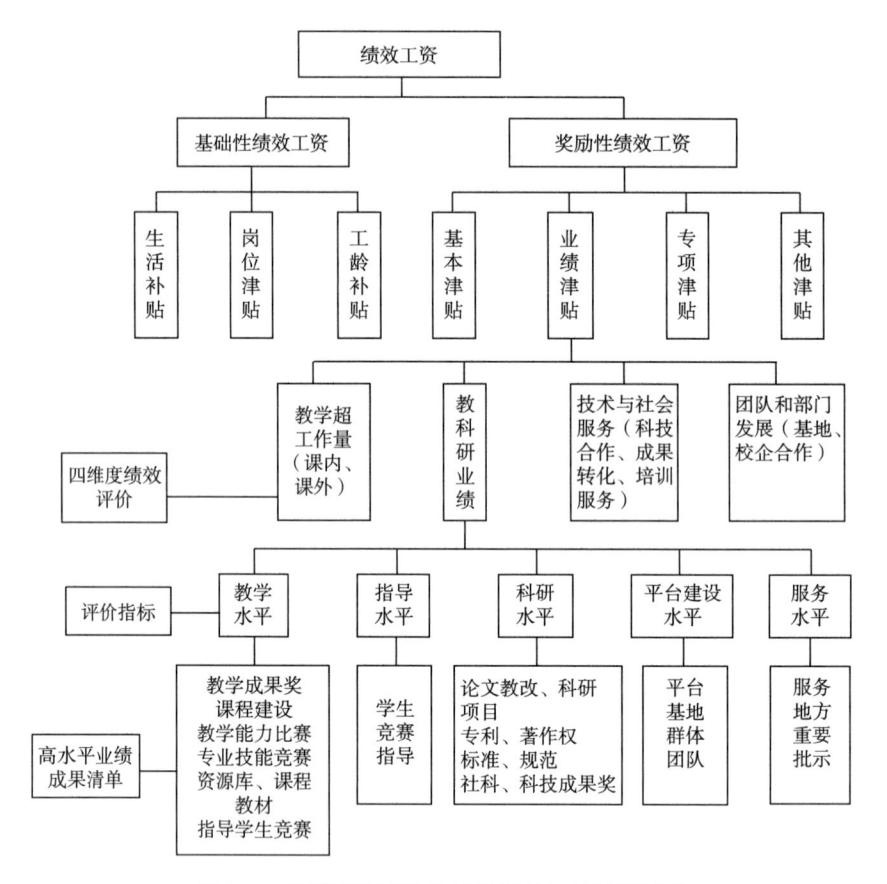

图 9-3 四维度高职院校绩效评价与分配机制图

（二）确立四维度绩效考核体系

业绩津贴是绩效评价与分配的重点，按基本工作量之外的增值业绩总分进行考核分配，将教师个人业绩赋分规则设置为四部分：一是教学超工作量业绩，二是教科研业绩，三是技术与社会服务业绩，四是团队和部门发展（校企合作等）业绩（表 9-1）。学校按自主人员经费划拨办法下达总额，由二级单位自主分配。业绩津贴体现学校业绩向优质教学、高水平教科研、高质量社会服务和部门发展的导向，根据特定时期发展导向设置不同权重。如为了倡导课内教学工作量为主，课外教学工作量为辅，同时鼓励教科研业绩，尤其是技术与社会服务业绩。

表 9-1 业绩津贴构成表

业绩津贴构成		权重
X 教学超工作量业绩	$X1$ 课内	1.0
	$X2$ 课外	≤0.2
Y 教科研业绩		≥1.2
Z 技术与社会服务业绩		≥1.4
T 团队和部门发展（校企合作等）业绩		总量≤$(X+Y+Z)×5\%$

教学超工作量业绩是指超过学校额定的基本教学工作量部分形成的业绩，包含课内、课外两部分教学工作量，课内部分包括理论教学工作量、实践教学工作量，以及其他（表9-2）。课外部分涵盖专业建设，指导比赛和活动，班主任、辅导员等学生工作以及其他教学单位安排的工作量。教学超工作量的设置适应高职教育特色，将专业建设、学生工作、指导比赛等均纳入课外教学工作，使专业建设和学生指导成为教学工作有机组成部分，从而解决了专业建设、学生指导工作量等的认定和奖励问题。教学质量评价由学校或分院教学督导委员会随机或定时测评、学生评价等共同组成。

表 9-2 课内教学工作量考核

课内教学工作量		计算
理论	教学工作量	计划学时数×人数系数×课程系数+考试工作量
实践	实训教学工作量	实训学时×实训批次系数总和
	毕业综合实践	8~12课时/生
其他	公开课、示范课	学时数×课程系数

教科研业绩指教师从事开展教学改革研究、专业建设、教材建设、科研项目研究等取得各类教学科研成果所形成的工作业绩，是教师绩效评价的核心观测点所在。根据学校发展导向，结合学校高水平成果建设奖励办法，建立涵盖教学、科研、课程建设和社会服务的菜单式"代表性成果"清单，实行分层分类赋分。

技术与社会服务业绩主要指教师开展企业横向技术服务、科技成果转化、各类培训取得财务到款形成的工作业绩（表9-3）。

表 9-3　技术与社会服务业绩考核表

一级指标	二级指标	类别	业绩分
技术与社会服务业绩	横向技术服务	每万元到款金额	7 分
	培训等社会服务	每万元到款金额	7 分
	科技成果转化	每万元到款金额	20 分

团队和部门发展业绩是指其他对部门建设有瓶颈突破或发挥促进作用的工作业绩（如重大校企合作项目引入等），可根据实际情况自行制定相应业绩分。

用好绩效调控额，学校总体绩效调控预留 10%，根据各教学单位的业绩贡献和考核情况进行分配。其目的是围绕学校中心工作，建立相关重点建设项目成果目录，同时通过绩效考核总分排名、人均绩效考核分排名，按系数赋分，计算出具体分配额由学校分配，将教职工个人业绩与二级学院整体调控额挂钩，充分调动教师的积极性与创造性，激活内生动力，扎实推进学校高质量发展。

共同富裕不是平均主义，对于高职院校来说，是在学校高质量发展前提下，教师个人多渠道畅通向上发展。应将学校发展目标与教师个人发展紧密结合，强化工作绩效理念，按照多劳多得、优绩优酬的原则进行分配。建立健全以岗位管理为基础、业绩考核为手段的分配激励机制，建立业绩成果清单，衡量教职工标志性成果取得和为学校建设发展、提质增效做出的贡献。针对不同岗位和类型的教师，实施分类管理、分类评价。通过绩效评价政策引导教师找准定位，发挥所长，深耕领域，积累成果，多样化人才发展路径，实现共同富裕。

第三节

高职院校职称评价机制运行现状及问题分析

构建符合高职特色和发展需要的职称评价机制，是高职教育人事制度改革的重要组成部分，也是加强人才资源开发管理和使用、提升高职院校内部治理能力的重要途径。职业教育具有实践先行的特征，而现有的评价研究基本依托高等教育母体开展，体现职业教育特色的教师评价研究不多。在高校教师评价指标体系的建立方面，有研究提出建立考察教学水平、科研能力以及公共服务能力的全方位指标体系，针对不同类型的高校建立差异性指标。还有研究提出要明确教学型、科研型、社会服务型教师的不同评价重点，突出评价机制鼓励性倾向。在高校现行评价制度存在的问题研究方面，有研究提出重构教学价值，扩大学术共同体；建立教学与科研等效评价机制和完善的职称评聘分离制度；实施增能式评价，破解"五唯"问题等。

综上，在职业教育评价机制改革的研究中，注重评价理念、标准内容、组织流程、模式类型等的系统化设计，大部分研究侧重宏观层面的政策分析，缺乏微观层面的实践性研究；同时当前利用信息技术发展优势，建立高效精确的教师评价系统成为评价改革重点和趋势所在。本研究从完善评价标准、创新评价机制、优化评价流程着力，探索将"绩效产出"作为评价教育质量的重要指标，建立管评结合、结果共享、具有实践性的高职特色职称评价体系。

一、高职院校职称评价机制运行现状

高职教育作为类型教育，其人才评价特色体现在两大方面：一是落实实践性技能人才培养任务，注重应用研究和技术开发实践，评价其技术创新、技术应用、成果转化、对产业发展的实际贡献；二是落实育人中心任务，注重教育教学业绩评价。为落实以上两大任务，在评价制度改革中进行了一系列配套改革。

(一) 将"双师型"作为教师评价准入条件

"双师型"教师队伍是高职教育提升人才培养质量、实现内涵式发展、加快推进职业教育现代化的根本依托，"双师型"是高职类型教育在教师素质能力上的重要特色体现，应将体现技能水平和专业教学能力的双师素质纳入教师考核评价体系。而"双师型"企业经历成果作为"双师型"教师内涵的应有之义，宜采用"双师资格"+企业工作或经历时长+企业经历成果的评价方式，使高职教师评价与"双师型"教师发展同向同行，以评促建，进一步保持高职教师队伍"双师型"特色。

（二）探索破除唯论文、唯课题的评价指标体系

破除唯论文、唯课题的评价标准成为高职院校职称制度改革的重要方向。为此，部分高职院校采用业绩当量替代的做法，即教师可申请使用本专业一定级别学术专著、国家教学成果奖、发明专利、国家标准等相应业绩替代论文或课题，由学术委员会等考查其成果的学术价值和应用价值，根据成果质量审定是否同意替代。成果替代拓宽了评价标准的边界，增加了多样性，从而打破了论文、课题的唯一性地位，这是对突破五唯评价指标体系建立的有益尝试。但一方面替代方案仍以论文或课题为主体，从理念上并未撼动论文课题的核心地位。另一方面由于替代业绩的存在，模糊了教学类、科研类成果界线，教师类型区分不明晰，类型特色不明显。

（三）实施分类评价

为了科学分类评价专业技术人才能力素质，部分高职院校将教师分为教学为主、教学科研、科研为主等类型，针对不同类型教师特点，实施分类管理、分类评价。教学为主型指较长时间从事教学工作，特别是从事基础课、公共课教学的教师，其承担的教学工作量在学校同类教师平均水平以上，注重教学改革与研究，并取得一定成效的教师。教学科研型指长期从事教学与科研一线工作的教师，其教学工作量处于学校同类教师平均水平，在教学改革与研究和科学研究方面同时具有较强能力的教师。科研服务型指在完成基本的教学任务外，有较为稳定的研究方向和领域，科研能力水平较高，科研业绩突出的教师。之后，部分学校将社会服务型从科研服务型中单列出来，指在完成基本的教学任务外，主要承担技术咨询与推广、公共政策支持、社会服务等工作，社会效益、经济效益突出，具有较强的创新能力的教师。分类评价拓宽教师晋升渠道，进一步促进教师专业特长的发挥，增强教师队伍的多样性和活力，为教师的职业发展和晋升提供了更加公平、公正、多元化的机会和平台。

二、高职院校职称评价体系存在的问题

高职教育是培养应用型人才的专业院校，而目前的评价体系直接沿用自普通高校，并未体现高职教师"理论+实践"的双师型特点，与高职院校

"双师型"教师实践教学水平与重技能导向高职教育评价目的不契合。

(一)评价指标仍缺乏高职特色,分类评价类型特色不鲜明

由于指标体系中教学类、科研类指标界定并未明晰,无法对教师依据明确的业绩成果分类进行评价。按从事教学时长、教学量、科研项目量等的"时长""数量"要求来设立分类评价条件,如从事教学时长较长,承担教学工作量达到平均水平以上的设置为"教学为主型"。主要从投入时长而非研究成果侧重点来区分,同时业绩成果替代政策建立在"论文、课题"主体地位的基础上,且替代政策影响了业绩数量计量的准确性,无法体现高职院校"双师型"教师实践教学水平与重技能导向评价特色。造成教学为主型、教学科研型、科研为主型等的类型区分度并不大,尤其是教学为主型、科研为主型缺乏鲜明的类型特色,选择的教师比例很少,也在一定程度上表明分类评价未落实到位。

(二)教学质量难以评价,教学重要性被忽视

在人才培养中,教学发挥着最重要作用。但由于教学质量指标的难以观测性形成评价黑洞,同时在数据驱动的时代,存在高估数字的作用,而低估柔性的、难以衡量的因素的情况,一位教师教学水平的高低和教学效果的好坏,与其职称评价的结果(从技术到理念)都很难直接挂钩。大部分学校采取设置教学工作量下限,看量不看质。即便有些学校增加了质的观测点——教学业绩考核,只要不出现重大教学事故,考核也基本能达标,教学质量在职称评价中往往被忽视。

(三)教师发展与评价分离,教师管理与评价出现"两张皮"现象

管理学大师彼得·德鲁克(Peter F. Drucker)说:管理就是最大限度地激发人的善意和潜能。有效的教师评价可以持续激发教师活力、促进教师发展、提升学校整体实力。现有的教师评价以结果性评价为主要方式,一评定终身,结果性评价的滞后性造成教师评价物化、工具化倾向,轻视教师专业发展,弱化专业成长,出现教师评职前后成果"过山车"现象。评价的结果基本用于教师奖惩、晋升、聘用,无法持续在教师专业发展和成长中发挥促进作用。

教师评价工作是学校评定教师绩效和成果的重要抓手,是学校教师管理工

作的重心。关于石匠的故事也给我们以启发:有人问3个石匠在做什么,第一个答,"我在谋生";第二个说,"我在做全国最好的雕刻工作";第三个说,"我在建造一座教堂"。我们鼓励教师具有精益求精的工匠精神,投身教学、科研工作,其精湛的技艺必须和学校的发展方向密切联系,才能形成合力。

学术导向的评审模式脱离了高职教育发展方向和人才培养目标,评价体系与学校整体目标契合度不高,严重影响高职教育高质量发展。

(四)信息化水平低,数据孤岛造成效率低下

评价工作是涉及多部门工作职责的综合性工作,信息化建设的滞后性以及行政壁垒的存在导致评价效率低下。一方面,信息化水平低,重复填表增加了教师无谓的负担,同样的成果,在各类评价(包括绩效评价、教科研成果评价、人才项目申报、职称晋升、岗位晋升)中多次填报,重复工作的增加对创造性工作存在挤出效应,势必剥夺教师在创造性工作中投入的时间和精力。另一方面,数据隔离、平台不一,大量数据只在满足本部门工作需要的孤岛上流通。数据不流通、信息化水平低势必需要增加人力核对环节来弥补,"数据不跑路,则人要多跑路",从而造成沟通环节增加、沟通成本提高,评价工作费时费力,效率低下。

(五)评价体系缺乏及时反馈,评价指导力弱化

现有评价体系缺少及时的反馈机制,"违背了评价内在规律与逻辑,弱化了评价指导力"。职称评聘是历经四五年甚至十余年的长周期综合性评价,教师发展更是贯穿整个职业生涯的终身发展,在这个过程中无法得到阶段性目标指引,容易迷失方向,失去动力。教师无法准确感知期望绩效水平和实际绩效水平之间的差异,影响教师采取缩小差距向目标接近的行为,也限制了评价效率和评价功能的发挥。

第四节

管评一体的高职教师评价机制改革路径

卡弗(Carver C. S.)和舍尔(Scheier M. F.)将控制理论应用于人类的

自我调节系统研究，指出人们会将当前绩效水平与目标标准进行比较，当感知到期望绩效水平和实际绩效水平之间的差异时，会为了消除绩效差异而作出行为改变。根据这一理论，应融合学校和教师发展目标，设定符合高职特色的目标绩效（评价标准），确立合理的目标绩效水平，恰当地实施评价流程，给予及时反馈，实现进展可视化，帮助教师纠正执行过程中出现的偏差，这在高职院校教师评价与管理中至关重要。

一、建立代表性成果清单，深化分类评价

提炼学校发展需要的高水平业绩成果，从人才培养根本要求出发，建立符合高职类型特色的两大类四层次菜单式"代表性成果"清单，深化分类评价。代表性成果是指与学校专业发展、人才培养目标密切相关，且教师个人可通过努力达到的代表自身关键性业绩的成果，是学校和教师个人核心竞争力的体现。涵盖教学、科研两大类四个层次，根据学校发展导向，结合学校高水平成果建设奖励办法，将在教学、科研中取得的高水平业绩提炼为十一小类评价指标。成果清单打破科研、论文、帽子等在职业教育教师评价中的门槛地位，突出高职教育对教师专业实践能力和实践教学水平的评价重点，引导教师专业实践能力和实践教学水平的提升。

教学一级指标细分为教学成果奖类，专业、平台、团队类，课程、项目、教材类，学生学科（技能）竞赛指导类，教师竞赛类等五个二级指标。将教学"慢变量、软变量"的工作做扎实，将教学实际工作，如编写教材案例、研发数字教育资源等纳入成果清单。科研一级指标分为成果获奖类，专利、标准、应用性研究成果类，论文、专著类，平台、基地和团队类，科技（社科）计划项目类，科技合作项目、科技成果转化、服务地方等六个二级指标。重点考查科研成果应用性和贡献度。

通过分类建立指标体系，有效平衡教学、科研、服务之间协调发展关系。同时坚持评价指标将来进行时，突出成果前瞻性，将目前不易达到，而对于高职院校发展又很重要的成果提炼为高水平成果。着眼引领改革和支撑发展，激励产出高层次、高水平成果。

建立在指标分类基础上的教师分类评价更具合理性。不同教师类型特色更

为鲜明。菜单式成果清单的建立使评价指标多元化，囊括了教学、科研、育人、社会服务的方方面面，尤其丰富了教学水平、社会服务水平业绩范畴，教师可以根据自己的领域和特长进行专项投入，定制化成果组合。选择教学为主型、教学科研型、科研为主型、社会服务型四个不同申报类型，聚焦类型、积累业绩、深耕成果。建立在指标分类基础上的教师绩效评价，类型特色更为鲜明，评价指标更具合理性，进一步拓宽了教师的选择面，有利于教师多元化发展。

二、落实教学学术理念，突出教学能力和业绩评价

加强教学质量评价，落实教学学术理念，提高教学业绩和教学研究在职称评价中的权重。

（一）强化教学质量要求

加强教学质量评价，除了基本教学工作量、教学业绩考核之外，将教学督导听课作为基础性要求，结合信息化课程建设任务，将在线课程纳入教学工作要求。提高教学业绩及教学研究权重。对教学为主和教学科研型设置教学类成果下限要求。引导和鼓励教师潜心教学，在课程和教材建设、参加和指导大赛方面围绕学校的发展导向产出高水平成果。

（二）落实教学学术理念

1990年，博耶重新定义了学术概念的内涵，提出学术包括探究的学术、整合的学术、应用知识的学术和传播知识的学术（教学学术）。这一理念提升了教学研究的学术地位，尤其适应职业院校育人方式的需要。针对职业教育理论研究较薄弱的现状，倡导教学学术理念，引导教师开展高等职业教育政策理论、教育教学改革方面的研究，优化课程教学设计，同时在评价中强化教学研究、课程建设成果和教学成果运用，将卓越教学奖、教学能力比赛获奖等纳入直聘业绩。从而将教学学术理念落到实处，重视教师教学本体性功能的回归，促进教学与科研两者融合发展。

三、管评结合，实现进展可视化

（一）建立管评一体化职称评价体系

考核评价是管理的手段，教师评价体系涵盖育人、科研和社会服务三大

主要职能，同时与教师的薪酬、晋升和奖惩有直接的联系，是高职院校进行教师管理、实现管理目标的重要手段。具有引导和激励作用的评价体系是教师专业发展的指挥棒，促进评价由考核手段向管理方式转变，由注重教师管理转向注重教师发展，由对教师的外部激励内化为教师寻求自身发展的内在动力，才能最大限度地发挥作用。管理是评价的根本目的，通过评价方式的改进实现管理体系优化。将学校管理和发展目标化解为评价目标，理顺内部管理体系，促进教师队伍和学校发展质量提升、实现管理体制机制变革。

教师发展是管理的根本目标，学校教师管理的重要目标是让教师个人充分发挥特长、担负责任，凝聚共同的愿景，形成发展合力，建立团队合作和集体协作，从而调和教师个人发展和学校发展目标，实现教师群体共同利益。而教师评价正是实现这一目标的最重要途径。一方面，将教师评价与教师发展有机结合，围绕高职院校发展目标，产出高水平业绩成果，形成学校核心竞争力。另一方面，将学校目标分解为个人绩效目标，以严格、精确和有效的内部控制和激励取代外部控制与驱动，教师的动机不再是被动的命令和说服，而是自身的理性决定和内在要求。

2014年，职称评审自主权下放，意味着高校治理手段从过程性精细化管理逐步转变为结果性粗放型监督。职称评价制度改革主体转移至学校，成为学校体现发展方向和办学导向、实现用人机制变革和内部综合治理体系改革的指挥棒。以理顺内部管理体系、促进教师队伍和学校质量提升、实现管理体制机制变革为目标，通过管评一体化职称评价体系，有机结合教学管理评价及教学质量监控体系，将学校发展导向分解为教师业绩成果要求，从而使学校发展目标与教师个人发展目标相结合。

斯塔弗尔比姆（Daniel L. Stufflebeam）对拉尔夫·泰勒（Ralph W. Tyler）以目标为评价出发点和最终归宿的行为目标评价模式提出异议，指出"评价最重要的意图不是为了证明，而是为了改进"。将评价日常化，管评结合，从教师专业发展角度提升教师评价结果应用成效，以保障高职教育"双师型"师资队伍的建设。

将结果性评价变为日常评价，一方面是评价体系本身的改进，既注重评价体系的评核性，更重视评价体系的发展性，评价体系本身的发展是管理制

度优化的重要内容。从日常评价中发现教师成长、人才遴选和培养的周期规律，促进教师队伍良性发展。另一方面是帮助教师改进工作，实施发展性教师评价，既评价最终结果，也考核努力程度及发展进步。将每年的评价结果纳入教师职业发展评价的过程之中，关心教师业绩增值情况，关注教师成长历程。以评价体系为载体，引领教师专业发展方向，帮助教师制定发展纵向上的时间表和横向上的施工图，推动教师和学校共同发展。

（二）实现进展可视化

由于高职教师劳动的复杂性、多维性和度量黑洞的存在，衡量个人贡献越来越难，可通过评价过程日常化、实时化，从而实现进展可视化、贡献可度量化。

在评价日常化前提下，实时反馈教师专业发展的进程，以及评价目标达到的程度。通过实时反馈，不仅关注教师发展进程和取得的阶段性成果，更重要的是为后续发展提供指引，帮助教师明晰与目标间的差距，推动教师不断改进计划和策略。一切评价指标和评价政策只有在内化为教师自身评价之后才真正起作用。在实时反馈的指引下，促进教师开展自我评价，由他评变为自评，提升教师自我评价、自我发展能力，达到自我实现目标。

进展可视化着眼教师发展，进行实时评价与反馈，关注教师取得的进步和增量，而非最终结果，从而实施教师增值评价。以每一次日常评价搭建教师发展的阶梯，使教师发展和进步成为习惯。同时在实时评价中发现教师擅长的特质，给予一定的资源倾斜、针对性引导和个性化支持，实现人力资本潜力挖掘和培育。

古德哈特定律（Goodhart's law）认为：当一项措施成为目标时，它就不再是一项好措施。教师评价本身不是目的，评价和度量只有在引导和促进教师发展并辅助学校发展大局时才有积极作用，它不应成为目的本身让教师疲于奔命，而应成为促进教师发展的体系、精益求精的过程，始终朝向最终目标不断发展。

四、建立共享业绩库，有效提升评价效率

数字化转型是利用新一代信息技术构建数据的采集、传输、存储、处理

和反馈的闭环，打通不同层级与不同行业间的数据壁垒，提高行业整体的运行效率，构建全新的数字经济体系。

对于高校职称评价体系来说，就是整合和打通教师职称评聘、年度考核、评优评先、聘期考核、人才项目申报等一系列评价过程，建立教师业绩数据采集、传输、存储、应用和反馈的闭环，实现人事信息与教学科研成果信息的衔接和数据共享，提高教师评价、人事管理和学校内部管理运行效率，构建全新的高校人事数字化管理体系。

教师评价类的工作，从条线上看，有分院的工作量考核，教务部门教学业绩考核，督导部门教学质量评价，科研部门科研业绩考核，人事部门职称评聘、年度考核、评优评先、聘期考核、人才项目申报考核等，分属不同条线，纷繁复杂。但从评价对象来看，都是围绕教师发展的不同角度；从评价内容来看，各类综合考核尤其是职称评聘、聘期考核、人才项目申报考核等均包含了教学业绩考核、教学质量评价、科研业绩考核等内容。在这个前提下，利用信息化手段建立共享业绩库，教师向业绩库中添加业绩，经职能部门定期审核后固化，评价时根据评价角度设置提取框架，教师再根据需要进行提取，完成评价材料形成过程。

共享业绩库将教师评价过程日常化、实时化，实现了与教学质量监测评估平台、科研平台等的多元评价数据贯通。如将教研室教学业绩评价、学生听评课结果、教学督导测评、专家有效课堂认证等数据直接抓取到评价体系中，形成教学质量综合评价。通过日常业绩数据收集，简化评价流程，多元化应用评价结果，实现数字化转型。通过表单自动生成大大减少材料重复填报、审核流程，将教师和工作人员从复杂的填表事务中解放出来，将更多时间、精力投入创造性、发展性工作，实现核心素养提升和价值增值。

五、高职院校教师评价制度改革发展方向

进入高质量发展阶段，我国高职教师评价制度从基于计算的量化评价转向具有人文关怀的高质量评价，是一个顺应时代要求、促进教育公平与质量提升的重要改革方向。这一转变旨在更全面、更科学地评估教师的教学能力、职业素养及对学生成长的贡献。今后评价改革应突出质量导向，坚持分类评

价，推行代表性成果评价，探索长周期评价，对取得重大理论创新成果、前沿技术突破、解决重大工程技术难题的教师开启绿色通道。回归"教书育人"初心，从强调成果数量到重视质量，从单一评价到多元评价，立足教师和学生发展，以创新性成果为经济社会高质量发展提供支撑。

评价指标是学校设计并向教师传达的管理理念的集合，倡导创新的理念导向必然离不开鼓励创新的评价指标设计和评价方式。教育评价将会成为未来一个时期教育教学改革与发展的重点、难点和新的事业发展点。关注教师发展，实施专业评价、精准评价、减少数量、提升质量；转变评价功能定位——从甄别、施压到改进、发展，评价与发展结合，让教师评价工作着眼于教师管理的改进、教师个人的提升发展。在教师评价机制改革中，倡导创新与突破，赋能教师，提炼利于创新的评价指标，鼓励教师在擅长的领域开展长期深入的研究，取得突破性的进展，给予突破性成果认定和绩效特别奖励，开通职务晋升的绿色通道，建立倡导创新的评价体系和评价方式。

在未来的研究中，高职院校评价制度改革要建立鼓励创新的文化氛围，向优秀的创新企业学习，尊重"721规则"，鼓励创新。例如，谷歌公司倡导员工将70%的时间用于核心业务，20%的时间用于与核心业务相关的项目，10%的时间用于与核心业务无关的项目。再如，明尼苏达矿业及机器制造公司（3M公司）也有一个非正式的15%规则，即工程师和科学家可以"花高达15%的时间从事自己的项目，自由地寻找意想不到的机会，进行突破性创新"。在高职院校，教学和科研都离不开长期耕耘和不断探索，要鼓励教师们走出舒适区，尝试新的教育教学法，开展跨专业教学研究、科学研究和实践，开拓新的产教融合方式。在这些尝试过程中难免会有失败和错误，只有提供容错空间，允许探索并给予支持，才能创造重视发展、弘扬创新的学校文化，为职业院校的教师评价营造更为适恰的改革环境。

参考文献

[1] 叶澜, 白益民, 王枬, 等. 教师角色与教师发展新探 [M]. 北京：教育科学出版社, 2001.

[2] 金波, 郑永进. "双师型"教师队伍校企协同培养的探索与实践——以杭州职业技术学院为例 [J]. 中国职业技术教育, 2022（31）：93-96.

[3] 林崇德. 构建中国特色高质量教师教育体系 [J]. 教育研究, 2023, 44（10）：108-114.

[4] 张洪华, 刘新钰, 郑辰. 职业学校师德师风建设：内涵、问题与对策 [J]. 职教论坛, 2021, 37（11）：94-100.

[5] 周可欣, 任茹丽, 南海. 高职院校新教师入职教育的困境与出路——基于教师教育一体化视角分析 [J]. 职教发展研究, 2021（2）：95-102.

[6] 王清蕾. 青年教师导师制的现实、困境及解决路径研究——基于高职高专运行问题的思考 [J]. 湖北开放职业学院学报, 2019, 32（2）：44-46.

[7] 林惠琼. 高等职业院校教师专业发展标准研究综述 [J]. 文教资料, 2017（10）：140-143.

[8] 庄西真. 职业院校教师的专业发展：内涵特征、阶段划分与实现路径 [J]. 中国高教研究, 2022, 38（4）：92-102.

[9] 周应中. 高职专业负责人质量文化领导：本真、现状与行为框架 [J]. 中国职业技术教育, 2021（27）：12-17, 23.

[10] 尉迟文珠. 我国职业教育兼职教师政策分析与发展策略研究 [J]. 教育与职业, 2023（21）：72-77.

[11] 曹文军, 石阳, 王威威, 等. 高等院校绩效工资调整机制建设的多维思考 [J]. 中国高等教育, 2014（18）：45-48.

[12] 操太圣. "五唯"问题：高校教师评价的后果、根源及解困路向 [J].

大学教育科学，2019，10（1）：27-32.

［13］彭谦.高职院校教师职称评审改革审视与路径探析［J］.中国职业技术教育，2022（13）：38-42.

［14］匡瑛.高质量发展阶段职业教育评价改革：逻辑与方向［J］.职业技术教育，2022，43（1）：1.

［15］王亚南.高职院校专业带头人能力模型构建及发展研究［D］.上海：华东师范大学，2018.

［16］吴丹.A高职学院教师绩效考核存在问题及对策研究［D］.广州：华南理工大学，2017.

附 录

附录1　杭州职业技术学院人才强校战略三年行动计划（2021—2023）

一、指导思想

坚持党管人才原则，统筹人才队伍建设，科学规划人才发展，着力激发人才活力，持续深化"人才强校战略"。聚焦"双高"建设目标和职教本科要求，坚持引育并举，通过搭建平台、创新政策、创优环境等措施，打造人才"蓄水池"，为高质量推进国家"双高计划"建设、实现"数智杭职·工匠摇篮"战略目标，加快建设国内一流、国际上有较大影响力的"高职名校"提供强有力的智力支持和人才支撑。

二、总体目标

通过三年建设，建成一支数量充足、专兼结合、结构合理的高水平教师队伍。引培10名行业内有重要影响力的专业群领军人才，引领学校专业（群）发展；30名能够活跃在专业领域内德才兼备的专业带头人；培养100名综合素质高、业务能力强、各具特长的杭职名师名匠。建成50个优秀教学、科研创新团队，使之成为实施高水平教学和科研的中坚力量。到2023年，力争使教授（正高职称）占比达到10%，副教授占比达到30%，具有博士学位的教师总数达到100名以上，为学校升本创大提供人才支撑。

三、基本原则

（一）坚持党管人才的原则

学校人才工作始终坚持"党管人才"的原则，强化学校党委对人才工作的领导，健全各部门人才工作的职责和合力，形成职能部门和教学单位各司其职、密切配合，全校上下广泛参与的人才工作格局。学校党委在人才工作

中坚持管宏观、管方向、管协调、管服务，重大问题由学校党委会研究决定，保证人才工作各项方案的顺利实施。

（二）坚持以人为本的原则

学校牢固树立人才资源是第一资源的理念，坚持以教师为本，把人才作为学校发展的第一推动力。在人才评价中，把"德"放在首位，对违法违纪、学术造假等品行不端行为实行"一票否决"。建立校院两级领导班子服务高层次人才联系制度，从组织领导、政治引领、沟通联系等全方位做好对人才的关心关爱。充分调动各类人才的积极性和创造性，努力形成尊重劳动、尊重知识、尊重人才、尊重创造的良好氛围。

（三）坚持引育结合的原则

实施"固本"和"借智"双轮驱动，内培为主，外引并重，着力打造数量充足、结构合理的人才梯队。在内培方面，以教学科研能力为重点进行提质培优和拔尖培养，通过职业生涯规划、校本培训工程、企业经历工程、海外研修工程，着力培养教育教学能力突出、课程开发能力过硬、专业建设能力较强、科研能力出色的专业带头人和骨干教师。在外引方面，根据以群建院规划和专业布局，针对数字经济、智能制造等产业，加大高层次人才引进力度，优化队伍结构，提升队伍水平。

四、具体任务

（一）加大人才培养力度

1. 实施领军人才攀登工程

紧紧围绕"双高"建设目标与职教本科要求，按照瞄准一流、强化培养、提高层次、占领高地的思路，选拔培养10名左右在国内有一定影响力的专业群领军人才，教学科研成果达到国内先进水平，学术造诣深，德才兼备，引领本专业（群）进入国内先进水平行列。选拔培养30名左右理论基础雄厚，创新意识强，能够承担培养高层次专门人才和从事较高水平科学研究工作，有发展潜力和培养前途，通过培养扶持，成为省内有一定影响力的专业带头人或后备领军人才，带领本专业进入省内先进水平行列。通过培育专业群领军人物和专业带头人，不断提升学校的教学科研水平，为学校的可持续发展奠定坚实基础。

2. 实施创新团队培育工程

整合校内外人才资源，紧密围绕学校重点发展的专业方向和研究领域，打造15个左右满足职业教育教学和培训实际需要的高水平、结构化、跨专业的平台课程教学、试点教材教法研究等不同层级的教学创新团队；打造15支左右学生竞赛金牌指导团队，力争在国家级技能竞赛、学科竞赛、创新创业竞赛等领域的高级别学生竞赛中取得突破；建设20支科研能力突出，能解决实际科研、技术难题的创新团队，提升学校自主创新能力和服务社会能力。

3. 实施学历职称提升工程

实施博士学位提升工程，鼓励教职工在职攻读博士学位，给予最多1.5年可脱产学术休假或4个学期工作量减免50%，按期取得博士学位的，给予最高20万元奖励，力争三年内鼓励30名教师攻读博士学位。实施教师职称提升工程，完善职称评聘方案，构建以促进人才开发使用为目的，以职业分类为基础，以科学评价为核心，适合学校发展的职称制度，使学校的教师队伍结构得到进一步优化，提高教职工队伍整体水平。

4. 实施教师能力跃升工程

推进教师职业生涯规划，以教师发展标准与学校愿景为依据，依托教师教学发展中心线上平台，建立教师个人发展档案，实施教师职业生涯规划。项目制推进两大工程，修订《教师企业经历工程管理办法》，以项目为抓手，要求专业教师每五年至少6个月、每年至少1个月在企业开展技术研发和攻关，并将研发成果反馈到教学中。推进"教师学生工作经历工程"，提升育人能力，促进教学工作与学生工作紧密结合，确保青年教师的学生工作参与度达100%。优化校本培训，线下培训与线上资源库相结合，形成全员校本培训体系。定期开展师德师风专项学习，持续开展教学能力专项培训，面向兼职教师开展"师徒传承项目"，继续开设名师沙龙，为教师可持续发展提供支持和保障。

5. 实施教师海外研修工程

推行"海外访问工程师"计划，选拔优秀教师赴海外企业实践锻炼，三年内选派80名教师赴海外研修，重点推进以课程组为单位的3~6个月教学法研修和6~12个月专业访学，拓展教师国际化视野，具有3个月以上海外中长

期研修经历的教师比例达 20%。

（二）积极引进优秀人才

1. 加大层次人才引进力度

安排足额的引才计划，未来三年每年安排不少于 60 个指标，缓解师资队伍数量紧张压力。完善高层次人才引进待遇标准，落实"人才新政"，用好安家费、住房补贴、科研启动费等政策，提升对高层次人才吸引力；加强宣传，主动出击，扩展高层次人才引进渠道；加强考核，落实高层次人才引进责任，提升引才效果。未来三年，引进各专业博士及各层次人才不少于 50 人，优化师资队伍结构，提升师资队伍整体水平。

2. 创新高层次人才引进方式

完善柔性引进人才机制，通过特聘、联合聘用、合作研究、项目委托、短期服务等引进方式，聘用知名专家、学者和高层次技术人员，集聚一批引领教育教学改革和技术发展的高层次领军人才。实施正式引进与柔性引进相结合，设置"固定+流动"教师岗位，创新高层次人才引进方式。根据学校专业（群）布局，设置"固定+流动"岗的专业（群）带头人岗位，引进具有行业影响力的专业（群）带头人、具有丰富实践经验的技术技能专家和大师以及企业领军人才。探索团队引进、团队聘用、团队考核管理办法。

（三）创新人才激励机制

1. 优化绩效工资分配综合改革

优化二级单位人员经费拨款机制，发挥二级单位分配的自主性，激发人才创新活力。完善绩效工资分配制度，以教师分类管理为前提，以业绩贡献和能力水平为导向，优化重实绩、重贡献的薪酬体系，更多体现以岗定薪，充分体现多劳多得、优劳优酬。结合高层次人才引进及名师培育计划，探索实施年薪制改革，设立特聘岗位，按能力水平定底薪，按岗位要求定津贴，按业绩成果定奖励，实现多劳多得、优绩优酬。

2. 完善教师考核评价

破除"五唯"弊病，建立以贡献、能力与实绩为导向的多元教师评价标准。完善由年度考核、岗位聘任、职称评聘三种综合评价及单项能力不定期考核构成的教师考核评价体系。完善教师职称评聘改革，深化教师评价改革，撬动学校体制机制改革创新，探索以"代表性成果"和实际贡献为主要内容的评价方式，将具有创新性和显示度的成果作为评价教师科研业绩的重要依据，建立分层分类的岗位业绩评价标准，实行专业技术岗位动态聘任，形成"岗位能上能下、人员能进能出、待遇能高能低"的灵活用人机制。

3. 探索教师分类管理改革

深化学校人事管理制度改革，根据不同类型教师的岗位特点和工作导向，制定不同的考核评价标准，建立适应学校教师岗位设置的分类管理、分类实施和分类评价管理办法，鼓励教师结合工作岗位，发挥自身特长，从根本上杜绝用一把尺子评价所有教师。探索优秀人才岗位特聘机制，设置一定比例的特聘岗位，探索建立"预聘+长聘"机制。

（四）提高人才工作水平

1. 优化人才服务环境

建立学校领导对接联系高层次人才制度，为高层次人才提供"一站式"人才服务，落实相关待遇和保障，让人才政策红利真正惠及各类人才。加大高层次人才先进事迹的宣传，充分发挥其标杆、引领和示范作用，营造尊重人才、尊重技能的良好氛围，吸引更多高层次人才来学校工作。

2. 完善人才服务政策机制

高层次人才工作是一个系统工程，加强与上级主管部门的沟通，探索构建集安家补贴、科研启动、子女就学于一体的高层次人才支持政策。修订完善高层次人才引进后的培养、管理、考核相关政策和机制，破除限制高层次人才发挥作用的各种障碍，激发人才干事创业的积极性和主动性。构建基于"业绩、能力、贡献、潜能"四位一体的高层次人才评价指标体系。

五、保障措施

（一）加强组织领导

学校完善人才工作领导小组，党委书记、校长任组长，分管人事、教学和科研工作的校领导任副组长；组织部、人事处、教务处、科研处、财务处等相关职能部门主要负责人为成员。领导小组下设办公室，挂靠人事处。学校人才工作领导小组加强对人才强校工作的组织领导和统筹协调。领导小组办公室牵头制定具体实施方案，及时研究解决实施中的困难和问题。二级学

院结合专业发展需要，做好人才队伍建设规划，做好高层次人才的考核、管理、培育工作。全校形成党委统一领导、行政为主实施，主要领导亲自抓、分管领导具体抓的工作格局，切实做到组织落实、制度落实、任务落实。

（二）完善管理制度

健全人才培养、引进、使用等相关制度，努力营造"鼓励教师干事业、支持教师干成事业、帮助教师干好事业"的良好制度环境。完善《高层次人才引进管理办法》《专业技术职务评聘申报条件》《绩效工资分配实施方案》；修订《兼职教师队伍管理办法》《青年教师助讲培养办法》等。完善教师管理制度，充分调动广大教师的积极性、主动性，不断增强师资队伍的生机和活力。

（三）强化督促检查

建立考核机制，加强监督指导，实行定期检查，确保落实到位。充分发挥二级教学单位在人才强校工作中的积极性和主动性，将人才强校工作落实情况列入目标责任制考核。完善校院两级管理体制和工作运行机制，确立学院在人才队伍建设中的主体地位，切实落实人才强校工作的各项计划。学校对五大工程及引才进度进行跟踪监督，不定期对实施情况进行通报。

（四）确保经费投入

增加人才队伍建设经费的投入，为实施人才强校工作提供足够的经费支持。未来三年学校人才队伍建设的经费投入逐年递增，主要用于高层次人才的引进与培养、教师培养培训、人才项目等方面，确保经费足额投入、产出绩效优良。

附录2　杭州职业技术学院教师企业经历工程暨"访问工程师"项目实施办法（修订）

第一章　总则

第一条　为贯彻《国家职业教育改革实施方案》提出要"多措并举打造'双师型'教师队伍"和浙江省教育厅实施高等学校"国内访学访工"计划的文件精神，推进学校与企业的合作交流，实现产学研一体化，加快"双师型"教师培养，促进"校企一体化"理念下的专业现代化建设，加强"访问工程师"项目的实施与管理，形成教师企业经历工程的长效机制，结合学校实际，特制订本实施办法。

第二条　实施"访问工程师"项目（以下简称"访工"项目）是落实教师企业经历工程的重要抓手，使专业教师通过参加企业项目实践进一步了解和熟悉企业一线新技术、新工艺、新设备、新规范，不断增强专业实践能力和创新才干，用于技术技能创新人才的培养并提高培养质量。

第三条　实施范围为全体专任教师（含实训教师）。

第二章　实施原则

第四条　全体专任专业课教师至少每年连续1个月带课题或项目任务到企业或共建实训基地（双师培育基地）进行企业实践研修或技术技能实训；专任非专业课教师（实训教师）每年至少有15天时间带项目到相关行业、企业挂职锻炼或社会实践。高校毕业新引进的教师须在三年内完成连续不少于6个月的脱产企业实践锻炼经历。

第五条　新教师以顶岗实践项目为主；骨干教师以校企合作项目、技术开发项目为主；公共课教师和基础课教师以社会实践项目为主。

第六条　除社会实践项目外，其他项目原则上须配备企业导师。企业导师要求具有高级职称或技师等级的技术专家或担任中高层管理的干部。

第七条　鼓励有专长的教师到校企共同体（或紧密型合作企业）共建教

师企业工作站（学校另行制定支持政策），作为学校"双师"培养培训点，共同培养教师的实践能力。

第三章 管理要求

第八条 开展教师企业经历工程实践原则上由教学单位负责具体安排并落实，另外可发挥教师的积极性，根据专业对口、企业就近的原则落实。接受"访工"项目的企业一般应是本行业龙头企业或较有影响力的企业，在科技创新、人才队伍建设、仪器设备等方面优势明显，能为教师提供较好的学习和工作条件。

第九条 专业教师进行"访工"项目，有效推进教师企业经历工程，是提升实践能力的重要抓手，是学校落实双师型教师建设的重要举措，各教学单位要统筹计划，积极推动、认真落实。要根据专业设置、课程改革及教材建设的要求，帮助进行"访工"项目的教师选好项目或课题，明确教师下企业进行项目实践的目标任务和计划安排，并负责组织实施。

第十条 各教学单位应根据本单位实际制定部门教师企业经历工程的实施计划，年底进行总结。学校对各教学单位的教师企业经历工程执行情况进行年度考核。

第四章 项目实施

第十一条 开展"访工"项目实践，一般可采取三种方式：一是积极争取企业资助项目，并承担技术性工作；二是进行校企合作项目，为企业生产、经营、技术研发等服务；三是开展调查研究类实践项目，自主设立贴近生产、经营、技术研发的实践项目。

第十二条 项目申报

（一）教师企业经历工程采用备案制。教师本人提出申请，各教学单位负责审核、汇总，报人事处备案。

（二）"访工"项目实施申请选拔制。教师本人提出申请，各教学单位进行指导审核，报学校人事处进行遴选，择优推荐省级"访工"项目，其他一般立项校级"访工"项目。

（三）列入"访工"项目的时间原则上不少于1年。

第十三条 过程管理与考核

（一）教师企业经历工程由各二级单位实行全过程跟踪管理，教师须按时上交月工作安排表和工作日志，各二级单位汇总后报人事处，不定期对教师企业经历工程实践情况进行抽查，发现不在岗或弄虚作假的情况按相关规定处理。

（二）"访工"项目应按照申请表的实施进度开展研究，如遇计划调整，及时报备，确保项目按时验收；如特殊原因无法按期完成项目的，须到人事处办理延期手续；非因不可抗力因素造成不按时结题或验收不通过、中止或撤销的项目，由项目负责人退回经费，教师企业经历工程考核做不合格处理。

（三）教师企业经历工程和"访工"项目结束后，企业和导师要对教师的表现、从事的主要工作、取得的主要成果和收获等情况，做出客观公正的考核评价；同时接受校院联合检查组的考评，必要时可在企业召开座谈会或进行访谈，征求企业考评意见。对教师企业经历工程考评合格的教师，每年正式发文公布名单一次。

第五章 政策支持

第十四条 经费资助

（一）学校按照省级"访工"项目10000元，校级"访工"项目1000元的标准进行资助，经费使用参照《杭州职业技术学院人才项目管理办法》之规定。

（二）学校鼓励教师积极参加省级访问工程师实践，列入省级"访工"工程的，学校给予5000元资助经费开展企业"访工"实践，经费使用参照《杭州职业技术学院人才项目管理办法》之规定。

第十五条 讲师及以上职务的专业教师，省级"访工"项目通过验收符合规定的，成果可用作申报高一级专业技术职务学术水平和技术能力评议的条件项目。

第六章 附则

第十六条 本办法与上级相关文件精神有冲突的，以上级文件为准；原

《杭州职业技术学院教师企业经历工程实施与考核办法》（杭职院〔2009〕4号）、《杭州职业技术学院教师企业经历工程实施与考核办法补充意见》（杭职院〔2010〕40号）、《杭州职业技术学院教师企业经历工程项目制实施意见》（杭职院〔2014〕116号）同时作废。

  第十七条　本办法由人事处负责解释。

  第十八条　本办法自发布之日起实施。

附录3　杭州职业技术学院青年教师
助讲培养办法（试行）

根据《浙江省教育厅关于在全省高等学校全面实施青年教师助讲培养制度的指导意见》（浙教高教〔2012〕160号）的指导精神，为加强我校青年教师队伍的建设，提升青年教师的教学水平，特制定本管理办法。

一、指导思想

青年教师助讲培养旨在提升青年教师的职业道德、教育理论和教学技能。为新入职高校青年教师提供集中培养和培训，旨在提高其教学水平和能力，使其快速适应教学岗位，确保并提升学校的教育教学质量。

二、培养对象及要求

（一）培养对象

具有下列情况之一者，应列入青年教师助讲培养对象：在高校从事教学工作（包括理论教学和实践教学）的新任教师，已经就职在岗；在高校执教年限少于3年，年龄在35岁及以下，并且尚未接受过助讲培养培训的青年教师；未接受过助讲培养培训的在岗教师，2014年之后首次晋升教授的博士或晋升副教授的硕士；学校认为有必要安排参加青年教师助讲培养的中青年教师。

（二）培养要求

第一，青年教师应当树立正确的三观，秉持先进的教育理念，对教育事业保持忠诚，严格遵守教师行为规范，并认真履行教育职责。

第二，青年教师应该虚心向指导教师学习，尽快掌握教学各个环节的基本要求和方法，了解学校的教学管理和规章制度，明确人才培养的目标和规格要求，以及学校的办学定位，掌握教学计划的基本结构和课程构成等。

第三，青年教师应该完成指导教师指定的学习任务，随堂听取指导教师的课程，并参与答疑、作业批改、实验指导和其他教学研究工作。

第四，青年教师应该虚心向指导教师和其他教师学习，在指导教师的指导下承担一门课程的部分教学任务。他们应该按照课程要求认真备课、撰写教案和制作多媒体课件，课前与指导教师沟通试教内容、要点和主要教学方法，课后征求指导教师和学生的意见，及时改进教学中的不足。同时，他们还应该按照要求开展相关教学研究。

第五，青年教师应该及时填写《杭州职业技术学院青年教师培养手册》，记录学习过程。培养期限通常为一学年，如果中期考核特别优秀，经青年教师申请和指导教师推荐，人事处、专业建设指导处（教务处）审核后可以缩短为半年。

第六，青年教师应该获得教学上岗资格证书和高校教师资格证，这是他们参加职称评聘和相关职务晋升的必要条件。

三、指导教师的条件与职责

（一）指导教师条件

第一，拥有崇高的教师道德、强烈的职业使命感和责任心，教学水平高超，教学效果显著。近三年教学考核有1次为A者优先。

第二，具有副教授以上职称且教龄5年以上。

第三，若本专业无符合上述条件的指导教师，可适当放宽条件，由教学单位择优选拔，并报专业建设指导处和人事处备案。

（二）指导教师职责

第一，要关注青年教师的思想状况和师德修养，致力于培养他们严谨的教学态度和对学生的高度负责精神。

第二，从教学的各个环节入手，对青年教师进行细致的指导。针对存在的问题和改进要求给予指导和纠正，并及时填写《杭州职业技术学院青年教师培养指导工作手册》。

第三，引导青年教师参与专业建设、课程建设、教学团队建设和教学研究等教研活动。

第四，对青年教师是否具备独立开课的能力进行评价，对未达到培养要求的青年教师提出延长培养期等建议。

第五，每位指导教师原则上负责指导1名青年教师，特殊情况下最多可增加至2名。

四、培养程序

第一步，各教学单位成立由主要领导、教学骨干等人员组成的青年教师助讲培养工作小组。

第二步，符合条件的教师填写申请表。

第三步，各教学单位确定指导教师，经人事处、专业建设指导处审批同意后开展培养工作。

第四步，考核。

培养结束后，学校将对青年教师进行评估，包括公开课、座谈会等。结果分为合格与不合格，合格者将由专业建设指导处组织专家考核，合格者分为优秀、良好和一般三个等级，通过考核的青年教师将获得由教育厅统一印制的教学上岗资格证书。如果考核不合格，将延长助讲培养期半年。若在延长期内考核仍不合格，将调离教学岗位。

五、附则

第一，指导教师所承担的青年教师培养工作，每学期将按照每人48课时的标准折算为工作量，并计入其教学工作业绩考核之中。同时，他们还将获得相当于2500元的补贴作为鼓励。各教学单位可以根据实际情况灵活制定具体的执行细则。

第二，在青年教师接受助讲培养期间，他们的教学工作年度考核将主要依据培养考核的结果以及他们在培养过程中的相关表现来综合评定。

第三，未接受过助讲培养但已初定为讲师的青年教师，可酌情缩短培养时间。

附录4 杭州职业技术学院博士学历学位提升工程管理办法（试行）

第一条 总则

根据浙江省和杭州市《高水平建设人才强省行动纲要》《关于服务"六大行动"打造人才生态最优城市的意见》等文件精神，结合《杭州职业技术学院"十三五"教育事业发展规划》的相关要求，激励教职工提升自身学历，优化教职工队伍结构，全面提升教职工队伍的整体水平，以更好地服务于创建具有国内一流、国际影响力的"高职名校"的目标，特此制定本管理办法。

第二条 适用对象

热爱自己的职业，具备高度的政治觉悟和良好的职业道德，对待工作认真负责，恪尽职守，积极承担工作，工作量饱满，且近三年内无任何事故发生，年度考核均在合格及以上，有意向在职攻读博士学历学位（以下简称在职读博）的教师及管理、教辅人员（含非事业编）。

取得硕士学位的专任教师，须在校工作满1年；取得硕士学位的非专任教师，须在校工作满3年。

非事业编制教职工须在校工作满5年。

第三条 培养措施

凡经学校同意在职读博者，按时取得博士学位（5年）的，给予奖励（含报销学费、学习期间往返交通和住宿费等）不超过20万元（"双一流"高校及专业20万元，省部重点高校15万元，海外及其他高校12万元），以协议为准；延期1年，按90%给予报销与奖励，延期2年，按80%给予报销与奖励；延期3年，按60%给予报销与奖励；延期3年以上或放弃学业的，不予报销与奖励。学费凭录取通知书可先予以报销；往返交通和住宿费按学校出差管理办法，一学期据实限额报销5000元；读博期间经学校审批同意参加的学术会议，可按规定报销相关会务费。未取得博士学位的，已报销费用从校内津贴中扣回。

为支持在职读博教职工专心学习，经本人申请、所在部门同意、学校批准，可享受脱产学术休假，时间最多为1.5年（含寒暑假，一般分2次使用）。在脱产学术休假期间，学校按月发放统发工资和相应福利，并按相应标准交纳社保和公积金，停发校内津贴。

专任教师读博申请不脱产学习的，在学习期间可享受工作量减免50%，最多限4个学期。

其他教职工需要脱产学习的，原则上采用学术休假形式。

第四条 申请流程

个人需提交申请，并填写《杭州职业技术学院在职读博申请表》。申请人所在的部门需对其申请进行审核，并提出推荐意见。专业建设指导处、人事处等相关职能部门及分管校领导将对申请进行审核。最后，学校将对申请进行最终审定。

第五条 考核与管理

申请教职工在录取后一周内，应与学校签订《杭州职业技术学院在职攻读博士学位协议书》，毕业后在校服务时间不少于6年，并办理相关手续。

攻读海外博士或参加海外学术会议需按因公出国要求提前一年进行申请与报批。

实行师德师风"一票否决制"，凡有悖师德规范的，取消学校与本项目有关的所有支持资格。

教职工在职读博期间（含脱产学习），由所在二级学院或职能部门负责日常管理，定期开展学习情况交流汇报。

教职工在获得博士学位后，需在一周内携带学位证书原件及复印件、学籍档案等材料到学校人事处办理相关手续。

非事业编制教职工取得博士学位后，按人才引进入编。

第六条 目前已在读的博士，可参照本办法扣除已享受待遇，按培养年限比例重新签订协议，予以奖励。

第七条 附则

本办法自发布之日起试行。

本办法由人事处负责解释。

附录5　杭州职业技术学院教职工职业生涯规划工作实施办法

为积极深化学校人力资源开发，引导教职工围绕学校"双高建设"、升本创大的共同愿景以及"数智杭职·工匠摇篮"的发展目标规划个人职业生涯，实施以德技并修为人才培养核心目标的新时代工匠型人才育人工程，促进教职工个人、院系（部门）与学校的和谐发展，构建常态化、规范化的教职工职业生涯规划工作体系，制定如下实施办法。

第一章　总则

第一条　坚持人性思维、人文关怀、人本管理，充分尊重教职工自由、全面发展的意愿，鼓励并引导教职工根据学校发展战略和自身特点，积极主动地规划设计自己的职业生涯；通过教职工与学校的互动沟通，使学校有针对性地把培训、管理等资源与手段聚焦在所需的人才上，实现资源合理配置，提高教职工自我定位的准确性，在学校提供的平台上更好地发挥自己的聪明才智，促进学校和教职工的可持续发展。

第二章　主要职责

第二条　由人事处牵头协调全校教职工的职业生涯规划工作，建立教职工职业生涯规划工作体系，跟踪督促教职工职业生涯管理工作，为各院（系）、部门开展教职工职业生涯规划工作提供必要的支持。

第三条　各院（系）要成立教职工职业生涯发展指导委员会，负责本院（系）教职工职业生涯规划的咨询、分析和指导工作。教职工的职业生涯规划工作纳入各院（系）负责人的工作职责，各院（系）教职工职业生涯规划的日常具体工作要指定专门人员负责。人事处牵头成立职能部门教职工职业生涯指导委员会，负责职能部门教职工职业生涯规划的咨询、分析和指导工作。

第四条　教职工作为自身职业生涯规划的主角，要积极参与该项工作，向学校清晰地表达个人职业生涯计划和发展愿望，并有效地管理自己的职业生涯。学校将教职工职业生涯实践情况作为评优、考核、晋升的重要依据，每年年度考核时一并对教职工职业生涯发展状态进行评估，并协助教职工在适当调整和修正规划目标的基础上制定下一年度具体指标。

第三章　实施步骤

第五条　宣传动员

各院（系）、部门要在人事处的统一指导下，积极做好教职工职业生涯规划与发展的宣传、动员工作。通过举办职业生涯规划培训，让广大教职工充分认识职业生涯规划的目的和意义，树立进行个人职业生涯规划的发展理念；引导教职工积极参加职业生涯规划活动，学会职业生涯的自我规划和管理，为后续工作打下良好基础。

第六条　规划制定

各院（系）、部门要认真指导教职工进行自我分析，帮助教职工明确发展方向，确定发展路径，在细化阶段发展目标的基础上，初步制定个人职业生涯规划。

第一，组织职业生涯规划研讨会，教职工要根据自我评估的情况在研讨会上交流自己在职称晋升、学历学位提高、高职教育研究、课程教材开发、管理服务创新等方面的规划。

第二，修改完善个人职业生涯规划。教职工根据研讨会交流情况初步填写《教职工职业生涯规划表》。

第三，确定职业生涯规划。教职工本人进一步与所在部门领导沟通，最终确定本人职业生涯规划。

第七条　规划执行

学校为教职工职业生涯规划执行提供进修深造、学术交流、实践锻炼等机会，帮助优秀教职工脱颖而出。各院（系）、部门协同学校相关职能部门为教职工个人发展搭建平台，提供培训锻炼机会，使其在教学、科研、育人、管理等各领域得到锻炼和提高；同时，要对教职工的职业生涯规划实施情况进行适时反馈，协助其及时修正阶段目标。

第八条 评估反馈

每年年底，教职工对自己一年来的职业生涯规划执行情况进行总结，修订自己的目标，制定下一年度的行动方案。各院（系）、部门要从教职工参与职业生涯规划的主动性、年度目标的达成度等方面进行评估，并与年度考核有机结合，同时要做好信息反馈，协助教职工修订完善职业生涯规划。

第四章 附则

第九条 各院（系）、部门应根据本单位实际制定实施细则，每年年初制定计划，年底进行总结。

第十条 本办法自发布之日起实施，由人事处负责解释。

附录6　杭州职业技术学院外聘教师管理办法

为进一步规范外聘教师的聘任和管理，有效发挥外聘教师的作用，保证教育教学质量，特制定本管理办法。

一、聘任范围和原则

本办法所涉及的外聘教师包括以下两类：一是校外兼职教师（以下简称兼职教师）：指学校聘任的，能独立担任专业课、专业实践技能课和实训课程教学指导工作，来自行业企业的专业技术人才和能工巧匠；二是校外兼课教师（以下简称兼课教师）：指具有一定教学经历，符合我校教育教学需要的来自其他高校的教师。

各教学单位按照坚持标准、择优聘任、合约管理的原则聘请外聘教师。二级学院一般应从行业企业聘请校外兼职教师担任专业课教学工作，若因特殊情况，确需聘请个别校外兼课教师任课的，需经学校教务处、人事处审批。马克思主义学院和公共基础部在相关课程校内教师不足的情况下，可适量聘请校外兼课教师。

二、基本条件

第一，具备良好的思想政治素质和职业道德，遵纪守法，热爱教育事业，身心健康。初次聘请的人员，离开原工作岗位的时间原则上不超过2年，年龄一般不超过65周岁，特殊情况可根据学校需要而定。

第二，兼职教师应具有较高的专业素养和技能水平，能够胜任教学工作，一般应具有中级以上专业技术职务或高级工以上等级职业资格（技能等级），或在企事业单位担任中层以上管理工作的人员。特殊情况也可聘请具有特定技能、在相关行业中具有一定声誉的能工巧匠、非物质文化遗产国家和省级传承人。

第三，兼职教师原则上应具有高等学校教师资格证和中级及以上专业技术职务，博士可适当放宽。

三、兼职教师的岗位分类及资源库管理

（一）兼职教师岗位分类

兼职教师按其能力、经历、职称职务、技能等级和承担教学工作等实际情况细分为以下几种岗位。

带教师傅：具有高级工及以上技能等级，三年以上岗位实践经历，主要承担学生顶岗实习、毕业实践等环节和实训课程的指导工作或现代学徒制带教工作。

客座讲师：有一定的行业企业工作经验，具备专业和专业实践课程教学能力的能工巧匠、工程技术人员、管理人员等。

客座副教授：有丰富的行业企业工作经验，且完全具备专业和专业实践课程教学能力的高级技师、高级工程技术人员、高级管理人员，或在本校任客座讲师三年以上，且近两年综合考核均为优秀的兼职教师。

客座教授：具有正高级专业技术职务或具有 15 年以上行业企业高级技术、管理岗位工作经验，或行业内知名权威人士。

名誉教授：在所从事专业领域具有极高知名度，社会影响力大，或在促进学校的改革发展及校企合作、工学结合和专业建设等方面发挥重要作用的能工巧匠、社会各界知名人士。

（二）兼职教师资源库管理

各二级学院应根据专业建设和教学实际，建立兼职教师库并实行动态管理。鼓励通过产教融合、校企合作聘请优质兼职教师，吸收兼职教师参加教学研究、专业建设和团队建设，支持兼职教师与专任教师联合开展企业技术攻关等工作。

四、过程管理

（一）聘任程序

第一步，各教学单位应成立相应工作小组，制定选聘的具体条件和要求、选聘流程等，对拟聘教师进行资格审查和能力考核，确定拟聘人选，以学期为单位汇总后报教务处、人事处备案后执行。

第二步，名誉教授须报教务处、人事处审核，学校审定同意后聘任。

第三步，外聘教师一般由各教学单位与之签订聘任协议，明确外聘教师的具体工作任务、待遇及相关要求。名誉教授由学校直接与聘任对象签订协议。聘任协议书、外聘教师身份证复印件及相关证书复印件等应留存备查。

第四步，外聘教师聘期一般为半年至一年，聘任期满后考核合格且工作需要的可以续聘。

第五步，企事业单位在职人员在应聘外聘教师前一般应征得所在工作单位的同意。

（二）日常管理

外聘教师的具体管理工作由各教学单位负责，各教学单位应根据本单位实际，制定本教学单位的外聘教师管理办法和实施细则。

学校人事处负责对各教学单位的外聘教师总体管理工作开展检查与指导；教务处负责对外聘教师的教学常规进行检查与指导；质评处负责对外聘教师课堂教学情况进行督查。学校不定期开展外聘教师工作专项检查、抽查等工作。

各教学单位负责做好外聘教师的岗前培训，包括但不限于基本教学能力、教学规范及相关法律法规的培训，帮助其提高教书育人的意识和能力。

各教学单位应加强对外聘教师教学规范、师德师风、意识形态等方面的常态化管理，督促外聘教师认真履行职责，保证教学质量。如因各种原因不能履行职责或工作中发生严重失职造成不良影响的，所在教学单位应及时查实并采取必要的纠正措施直至予以解聘。

各教学单位要加强同外聘教师的联系，为外聘教师开展教学工作创造条件，对外聘教师的教学工作实施、报酬待遇落实等情况要实时跟踪管理，以充分发挥外聘教师的作用。

（三）考核要求

各教学单位要制订外聘教师评价考核标准，加强日常管理和考核评价，并在每年年底将外聘教师考核结果以书面形式报人事处备案。考核结果将作为是否续聘等工作的重要依据。

五、外聘教师的酬金待遇

外聘教师按实际承担课时结算课酬。学校按税前均值不超过120元的标准匡算二级学院的外聘教师课酬专项经费。按照学校统筹、二级管理的形式，由教学单位在学校核定的专项经费内列支。学校根据社会经济水平，适时调整课酬标准。

带教师傅、客座讲师、客座副教授、客座教授的课酬标准一般不超过80、100、120、150元/课时（税前）。

兼职教师的课时酬金标准按讲师（博士）、副教授、教授分别不超过100、120、150元/课时（税前）执行。

特别稀缺或业内公认的高水平外聘教师，课酬标准可另行确定，报学校审定后执行。

各教学单位于每学期开学前将本学期外聘教师教学安排和课酬情况一览表交教务处、人事处审核备案，中途如有调整须重新报批。

六、附则

本办法自2022年1月1日起执行，由人事处负责解释。原《杭州职业技术学院兼职教师聘任管理办法（修订）》（杭职院〔2011〕31号）废止。

附录7 杭州职业技术学院教学创新团队建设与管理办法（试行）

为深入贯彻落实《国家职业教育改革实施方案》，根据《教育部关于印发〈全国职业院校教师教学创新团队建设方案〉的通知》（教师函〔2019〕4号）精神，加快我校高素质"双师型"教师队伍建设，促进教师综合素质、专业化水平和创新能力全面提升，打造高水平、结构化教师教学创新团队，深化职业院校教师、教材、教法"三教"改革，制订本方案。

一、指导思想

通过教学创新团队建设，推进"三教"改革，促进专业教学、教改研究和专业队伍可持续发展；促进教师按照国家职业标准和教学标准开展教学、培训和评价的能力全面提升，教师分工协作进行模块化教学的模式全面实施，辐射带动全校专业开展高素质"双师型"教师队伍建设，为全面提高复合型技术技能人才培养质量提供强有力的师资支撑，促进教师综合素质、专业化水平和创新能力全面提升，打造高水平、结构化教师教学创新团队。

二、建设目标

团队申报分为教学创新团队与技能竞赛指导教师团队两类。经过3年左右的培育和建设，打造15个左右满足职业教育教学和培训实际需要的高水平、结构化、跨专业的平台课程教学、试点教材教法研究等不同层级的校级团队，力争2~3个团队进入省级教学创新团队。打造15支左右学生竞赛金牌指导团队。在国家级技能竞赛、学科竞赛、创新创业竞赛等领域的高级别学生竞赛中取得突破。

三、申报条件

（一）团队师德师风高尚

全面贯彻党的教育方针，坚持"四个相统一"，推动全员全过程全方位"三全育人"。团队教师注重坚守专业精神、职业精神和工匠精神，践行社会主义核心价值观，以德立身、以德立学、以德立教，广受师生好评。团队负责人及教师无违反师德师风情况。

（二）团队负责人能力突出

团队负责人应是具有相关专业背景和丰富企业实践经历（经验）的专业带头人；具有改革创新意识、较高学术成就、较强组织协调能力和合作精神；原则上应具有高级职称，年龄一般不超过55周岁；熟悉相关专业教学标准、职业技能等级标准和职业标准，具有课程开发经验。

（三）教学改革基础良好

重视教育教学改革与研究，及时将最新研发成果融入教学，推动信息技术与教育教学融合创新，团队承担国家职业教育专业教学资源库相关课程和省级在线开放课程（含资源共享课程、精品视频公开课程等）、市级精品课程开发，并广泛应用于教学实践。

（四）所在专业特色优势明显

校企合作基础良好，积极承担校级现代学徒制试点、1+X制度试点等工作，学生毕业生对口就业率高，师生在全国职业院校技能大赛中获奖；国家重点建设专业、国家骨干专业、省级优势特色专业等优先。

（五）保障措施完善健全

二级学院高度重视，由分院领导牵头成立团队建设工作专班，加强组织管理，出台政策，保障项目顺利实施。

（六）教师教学创新团队要求团队专业结构和年龄结构合理，骨干成员一般由5人组成，且相对稳定

团队中"双师型"教师占比超过一半，具有高级专业技术职务或相关高级以上职业资格证教师超过40%；骨干成员中有5年以上相关工作经验的行业企业高级技术人员兼职任教，数量不超过1人。

技能竞赛指导教师团队要求团队专业结构和年龄结构合理，骨干成员一般由3人组成，且相对稳定，团队中具有省赛一等奖以上各类学生竞赛指导教师不少于1名，团队主要由学校专、兼职教师和来自行业企业的人员组成，团队负责人必须为学校教师，有指导竞赛经验的教师人数占比合理。熟悉学生竞赛相关情况，熟悉技能训练、技术创新，对科技、经济发展有预判能力；在竞赛指导方面有丰富经验或专业特长，校外成员不超过1名。

四、申报和遴选程序

第一步，符合上述条件的教学创新团队填写《杭州职业技术学院教学创新团队建设申报任务书》，经团队全体成员签字确认并提交申报书和附件材料，由学院推荐申报。学院审核并择优推荐上报，每人只能加入一个团队。每个教学单位本着公开、公平、公正的原则，择优进行推荐，限报3个教学创新团队、3个技能竞赛指导团队。

第二步，学校人事处联合专业建设指导处进行资格初审，符合申报基本条件的，由校教学工作委员会（根据需要邀请校外专家）评审，并经校长办公会、党委会审议通过后进行公示。公示如无异议，公布获批组建团队名单，并签订团队建设任务书。

五、资助措施

第一，教学创新团队根据建设情况给予10万~30万元资助。建设资助经费主要用于设备费和人文社科图书资料费、培训、访学、材料费、资料费、专家咨询费、印刷费、办公经费等，按立项预算进行支出，符合《杭州职业技术学院中国特色高水平高职学校和专业建设资金管理办法》相关要求。团队采用培育立项方式，团队立项后先给予10万元的启动经费资助，完成合格指标后追加资助经费10万元，达到优秀指标再追加资助经费10万元。

未被立项的团队作为培育团队，培育团队完成合格指标后，可纳入立项团队，追加相应的资助经费。

第二，对于建设期内达到合格指标的团队，学校对入选科研创新团队的教师在出国进修、职称评聘、岗位聘任、科研项目申报、各类人才培养计划申报等方面给予重点推荐。

第三，团队成员在使用经费时，对于相同的预算科目，优先使用该团队成员所承担纵向教改项目的经费，再使用团队经费。

六、考核与奖惩

第一，考核指标。教学创新团队完成《教学创新团队成果一览表》中的成果一项即为考核合格，完成两项即为考核优秀。技能竞赛指导团队完成《技能竞赛指导团队成果一览表》中的比赛一等奖一项即为合格（其中三等奖两项可抵为二等奖一项，二等奖两项可抵为一等奖一项），完成一等奖两项即

为优秀（优秀团队两项一等奖不能均由三等奖、二等奖抵用）。

第二，团队建设周期为3年，实行中期检查和建设周期验收相结合的考核方式。提前达到合格或优秀指标的也可申请即时考核。立项一年半后进行中期检查，未按要求提交中期检查材料或检查不合格团队，限期整改，整改后仍未达到要求的，撤销项目。

第三，教学创新团队实行团队负责人负责制，获批培育立项的科研创新团队的《杭州职业技术学院教学创新团队建设申报任务书》由人事处审查备案。

第四，建设期满，由团队负责人填写《杭州职业技术学院教学创新团队建设总结报告》，学校根据教学创新团队量化指标对团队进行考核，考核不合格者限期整改，经整改后仍未达到要求的，撤销项目。

第五，团队业绩考核原则上按照建设申报书确定的团队成员名单进行。团队成员实行动态管理，可申请增加或自愿退出团队，但必须书面征得团队负责人同意，并报人事处备案。团队成员退出后获得的业绩不计入团队业绩，如团队从校外引入新成员，该成员在引入后且标注杭州职业技术学院的业绩可以计入团队考核业绩，但在引入时须报人事处备案。

第六，教学创新团队负责人因工作性质发生变化而不能继续履行职责的，由原负责人提出变更申请，经团队成员一致同意并团队新负责人签字确认后，报人事处审批。

第七，团队建设完成，验收合格的，分别授予"杭州职业技术学院教学创新团队"荣誉称号、"杭州职业技术学院金牌导师团队"荣誉称号。

七、附则

本办法由人事处负责解释，自发布之日起施行。

附录8　杭州职业技术学院科研创新团队建设与管理办法（试行）

为进一步提高我校科研水平，紧密围绕国家和浙江省中长期发展规划确定的重点发展领域、地方社会经济发展中的重大现实问题以及学校重点发展的专业方向和研究领域，实现科研工作又好又快发展，学校决定实施科研创新团队（以下简称团队）建设，以高端科研人才推动重大标志性科研成果的突破。

一、指导思想

凝练专业方向，汇聚专业队伍，营造学术氛围，培养具有较高专业水平和创新能力的专业领军人才和技术创新骨干。保持专业教学、研究方向和专业队伍可持续发展；挖掘潜力，整合资源，提高团队承担重大科研项目和服务社会的能力；促进多专业交叉与融合，培育新的专业和科技增长点，不断提高学校的办学综合实力和核心竞争力。

二、建设目标

"双高"建设期内，建设20支科研能力突出、能解决实际科研与技术难题的创新团队，提升学校自主创新能力和服务社会能力；主持国家级和省部级项目，获国家级奖项和省部级一等奖，培养国家级和省部级人才。

三、团队分类和具体建设目标

按大学科类别，科研创新团队分理工类和人文社科类两类。优秀指标要求完成重点项目1项，且一般项目人均1项；合格指标要求完成重点项目1项或一般项目人均1项。除特别注明外，主持项目均要求以杭州职业技术学院为第一单位，未注明排名的均要求排名第一，团队成员多人同时参与的成果算1项。

（一）理工类科研创新团队

1. 重点项目

（1）人才类：杭州市C类及以上人才或相当层次的人才称号（人才类项目必须由我校推荐申报获批）。

（2）项目类：主持国家级项目或省部级重大、重点项目（经费不少于10

万元）或经费 50 万元以上的杭州市重大、重点项目。

（3）成果奖类：参与国家级科研类成果奖或省部级科研类成果奖一等奖（排名前三）、主持省部级科研类成果奖其他奖项。

（4）论文类：SCI 一区期刊论文 2 篇或 SCI 二区期刊论文 5 篇。

（5）专利类：欧美日发明专利 2 项。

2. 一般项目

（1）人才类：非教授获认定杭州市 D 类及以上人才。

（2）项目类：主持省部级项目或团队横向科研项目经费累计 50 万元。

（3）成果奖类：杭州市科学技术进步奖、参与省部级科研类成果奖（排名前三）。

（4）论文类：SCI 三区、四区期刊论文，EI 期刊论文、一级论文。

（5）专利类：中国发明专利。

（二）人文社科类科研创新团队

1. 重点项目

（1）人才类：杭州市 C 类及以上人才及相当层次的人才称号（所有人才类项目必须由我校推荐申报获批）。

（2）项目类：主持国家级项目或省部级重大、重点项目（经费不少于 5 万元）或经费 30 万元以上的杭州市重大、重点项目。

（3）成果奖类：参与国家级科研类成果奖或省部级科研类成果一等奖（排名前三）、主持省部级科研类成果其他奖项。

（4）论文类：《中国社会科学》、人文权威期刊论文、SSCI 一区期刊论文及《人民日报》《光明日报》《经济日报》《求是》发表 1000 字以上理论文章两篇。

2. 一般项目

（1）人才类：非教授获认定杭州市 D 类及以上人才。

（2）项目类：主持省部级项目或团队横向科研项目经费累计 20 万元。

（3）成果奖类：参与省部级科研类成果奖。

（4）论文类：核心以上期刊论文（注：若以 5 篇核心期刊论文为考核成果，则要求其中至少 1 篇为一级期刊论文）。

四、申报条件

团队负责人应具备高级职称（或博士学位）且有较强的技术创新能力和团队管理能力，已形成较明确的研究方向。

团队应是在长期合作基础上形成的研究集体（团队人数一般为5人），团队成员的职称结构合理，各成员应有相对集中的研究方向和研究成果。允许团队跨专业、跨学院进行组织申报，但必须明确挂靠学院，校外成员原则上不超过1人。

团队成员的年龄结构合理，平均年龄不超过45周岁。其中，团队负责人年龄一般不超过55周岁，三级及以上教授不受此年龄限制，40周岁以下中青年教师的比例原则上不低于50%。

五、申报和遴选程序

第一步，符合上述条件的科研创新团队填写《杭州职业技术学院科研创新团队建设申报任务书》，经团队全体成员签字确认并提交申报书和附件材料，由学院推荐申报。学院审核并择优推荐上报，每人只能加入一个团队。

第二步，学校人事处联合科研处进行资格初审，符合申报基本条件的，由校学术委员会（根据需要邀请校外专家）评审，并经校长办公会、党委会审议通过后进行公示。公示如无异议，公布获批组建团队名单，并签订团队建设任务书。

六、资助措施

理工类、人文社科类科研创新团队分别给予10万~50万元和5万~25万元经费资助。建设资助经费主要用于设备费和人文社科图书资料费（不低于资助经费的30%）、培训、访学、材料费、资料费、专家咨询费、印刷费、办公经费等，按立项预算进行支出，符合《杭州职业技术学院中国特色高水平高职学校和专业建设资金管理办法》相关要求。

团队立项后先给予理工类10万元、人文社科类5万元的启动经费资助，完成合格指标后追加资助经费理工类20万元、人文社科类10万元，达到优秀指标再追加资助经费理工类20万元、人文社科类10万元。

未被立项的团队作为培育团队，培育团队完成合格指标后，可纳入立项团队，追加相应的资助经费。

对于建设期内达到合格指标的团队，学校对入选教学创新团队的教师在出国进修、职称评聘、岗位聘任、教学能力大赛推荐、各类人才培养计划申报等方面给予重点推荐。

团队成员在使用经费时，对于相同的预算科目，优先使用该团队成员所承担纵向科研项目的经费，再使用团队经费。

七、考核与奖惩

第一，科研创新团队建设周期为3年，实行中期检查和建设周期验收相结合的考核方式。达到合格或优秀指标的团队也可申请即时验收。

第二，科研创新团队实行团队负责人负责制，获批立项的科研创新团队的《杭州职业技术学院科研创新团队建设申报任务书》由人事处审查备案。立项一年半后进行中期检查，未按要求提交中期检查材料或检查不合格团队，限期整改，整改后仍未达到要求的，撤销项目。

第三，建设期满，由团队负责人填写《杭州职业技术学院科研创新团队建设总结报告》，学校根据科研创新团队量化指标对团队进行考核，考核不合格者限期整改，经整改后仍未达到要求的，撤销项目。

第四，团队业绩考核原则上按照建设申报书确定的团队成员名单进行。团队成员实行动态管理，可申请增加或自愿退出团队，但必须书面征得团队负责人同意，并报人事处备案，团队成员退出后获得的业绩不计入团队业绩，如团队从校外引入新成员，该成员标注杭州职业技术学院的业绩可以计入团队考核业绩，但在引入时须报人事处备案。

第五，科研创新团队负责人因工作性质发生变化而不能继续履行职责的，由原负责人提出变更申请，经团队成员一致同意并团队新负责人签字确认后，报人事处审批。

八、附则

本办法自发布之日起施行，由人事处负责解释。

附录9 杭州职业技术学院学生人生导师团队建设与管理办法

为深入贯彻《国家职业教育改革实施方案》，按照《教育部关于印发〈普通高等学校辅导员队伍建设规定〉》（教育部〔2017〕第43号令）等文件精神，落实学校"双高"建设方案，推进我校学生工作队伍职业化、专业化、专家化，结合学校实际，特制定杭州职业技术学院学生人生导师团队建设与管理办法。

一、建设目标

经过3年左右的培育和建设，聚焦立德树人根本任务和学生成长成才，打造一批学生人生导师团队（包括若干个辅导员名师工作室、班主任名师工作室），从思想引领、职业规划、就业指导、心理咨询、学习指导、生活辅导、班级管理等领域对学生进行全面教育引导，深化"三全育人"综合改革，为培养有理想信念、有奋斗精神、有奉献意识的高素质技术技能人才提供师资支撑。

二、建设周期

学生人生导师团队培育和建设周期：3年。

三、立项条件

（一）团队师德师风高尚

全面贯彻党的教育方针，坚持"四个相统一"，深入推动全员全过程全方位育人；团队负责人及教师无违反师德师风情况，注重坚守专业精神、职业精神和工匠精神，践行社会主义核心价值观，以德立身、以德立学、以德立教，广受师生好评。

（二）团队成员结构合理

团队成员专业和年龄结构合理，涵盖大学生思想引领、职业规划、就业指导、心理咨询、学习指导、生活辅导、班级管理等领域，注重在大德育体系下，积极引入校内外相关资源，获得校外专家、校内思政教师以及专业教师的理论支持，实现优质资源共建共享；骨干成员一般为5~7人且相对稳定。

辅导员名师工作室团队成员中高级专业技术职称（职务）或相关高级以

上职业资格证教师不少于1名,"双师型"教师不少于1名,优秀校友不少于1名。

班主任名师工作室团队成员中具有高级以上职称的教师不少于1人,"双师型"教师不少于1名,专职辅导员不少于1名。

(三)团队负责人能力突出

辅导员名师工作室团队负责人应是专职辅导员,具备相关专业水平和职业能力背景,熟悉相关领域知识、职业技能等级标准和职业标准,具有个体咨询和团队辅导经验;具有改革创新意识、较高学术成就、较强组织协调能力和合作精神;年龄一般不超过50周岁。

班主任名师工作室团队负责人应是班主任,并长期从事班级管理工作,对德育工作、班主任工作有着深刻的感悟和丰富的工作经验;具有较强的学术成就、创新意识和合作精神。

(四)团队研究和实践基础良好

重视教育改革与研究,关注思想政治教育的基本理论和相关学科知识,积极参加相关学科领域学术交流活动;能够运用新媒体新技术,推动思想政治工作传统优势与信息技术高度融合。

(五)理论和实践成果指向明确

第一,团队成员需要承担校内外思想政治教育课题或项目研究,有明确的科研或教改项目立项,公开发表高级别的期刊论文或学术专著,并广泛应用于学生的思想引领、教育引导,努力形成可供他人借鉴的成功经验。

第二,辅导员名师工作室团队工作要与学生成长成才的实际紧密结合,推动学生在技能大赛、创新竞赛、文体竞技、综合实践等方面成绩有突破,指导学生参与"互联网+"大学生创新创业大赛、"挑战杯"大学生课外学术科技作品竞赛、"创青春"大学生创业大赛、"挑战杯"职业学校创新创效创业大赛、大学生职业生涯规划大赛、大学生乡村振兴创意大赛、大学生艺术节、大学生运动会、大学生体育单项锦标赛以及一类专业技能竞赛,并获省级以上的高水平奖项。

第三,班主任名师工作室团队工作要与班级日常管理的实际紧密结合,在班风培育、学分建设上有实绩;团队成员所带班级在班级特色项目、寝室文化建设等方面有成效，曾获文明班级或先进班级荣誉称号；努力推动班级学生在技能大赛、创新竞赛、文体竞技、综合实践等方面成绩有突破。

第四，团队要在自身建设和能力提升上下功夫，团队成员积极参与政府组织的各级各类培训，并在学历进修和职称晋升上见成效。

（六）支持和保障措施完善健全

各职能部门和二级学院要高度重视，由二级学院领导牵头成立辅导员名师工作室和班主任名师工作室建设工作专班，加强组织协调和动态管理，出台配套政策，为团队提供办公场地及基本办公设备，保障工作室顺利实施。

四、立项程序

申报条件：符合条件的辅导员和班主任可以自愿组队申报，须围绕落实立德树人根本任务，选择思想政治教育、学生发展指导、学生事务管理、班级事务管理中的某一类别进行申报；每个二级学院和相关部门本着公开、公平、公正的原则，择优进行推荐，辅导员名师工作室和班主任名师工作室各限报1个团队。

评审立项：学生处联合人事处、科研处、专业建设指导处进行资格初审，符合申报基本条件的，由校学生工作委员会（根据需要邀请校外专家）对各二级单位推荐的学生人生导师团队及申报材料进行评审，报院长办公会审议、党委会审定，确定团队建设名单并进行公示，公示无异议后正式公布。

五、资助政策

根据建设情况给予10万~15万元资助。建设资助经费主要用于设备费和人文社科图书资料费、培训、访学、材料费、资料费、专家咨询费、印刷费、办公经费等，按立项预算进行支出。

团队建设采用立项培育方式，团队立项后先给予5万元的启动经费资助，完成合格指标后追加资助经费5万元，达到优秀指标再追加资助经费5万元。

学校对于建设期内达到合格指标的团队教师在出国进修、职称评聘、岗位聘任、科研项目申报、各类人才培养计划申报等方面给予重点推荐。

未被立项的团队作为培育团队，培育团队顺利完成合格指标后，可纳入立项团队，并追加相应的资助经费。

六、考核管理

（一）考核方式

学校对团队建设加强过程指导和管控，按年度进行考核，团队在年度工作完成后，须向学生处提交《团队建设年度进展报告》，并接受学校组织的年度评估和检查；对于完成情况不好的团队，学校将提出警告，限期整改直至取消团队培育资格；团队业绩考核原则上按照建设申报书确定的团队成员名单进行目标考核，团队成员实行动态管理，可申请增加或自愿退出团队，但须书面征得团队负责人同意，并报学生处备案，团队成员退出后获得的业绩不计入团队业绩，如团队从校外引入新成员，该成员在引入后且标注杭州职业技术学院的业绩可以计入团队考核业绩，但在引入前须报学生处备案；团队负责人因工作性质发生变化而不能继续履行职责的，由原负责人提出变更申请，经团队成员一致同意并经团队新负责人签字确认后，报学生处审批。

（二）考核绩点

学生人生导师团队建设（包括辅导员名师工作室和班主任名师工作室）的工作绩效包含四个主要考核绩点，分别是思想引领、理论研究、工作实践和自身建设：思想引领具体指向是在育人的载体和方法上有创新，推进五育融合，推动所在分院、班级在育人品牌创建上出成果；理论研究具体指向是立项高水平研究课题（科研和教改）、公开发表相关研究论文、出版相关研究专著、获得相关研究成果奖项等；工作实践具体指向是推动学生组织、班级获得校级以上荣誉，推动学生在技能大赛、创新竞赛、文体竞技、综合实践等方面取得突破性成绩；自身建设具体指向是团队成员在学历进修、职称晋升上有成绩，团队成员在市级以上的业务能力竞赛上有成绩，团队成员获得市级以上荣誉等。

（三）考核验收

团队建设完成后，学校将统一组织团队建设项目考核、验收；验收合格和优秀的，挂牌授予"杭州职业技术学院辅导员名师工作室""杭州职业技术学院班主任名师工作室"荣誉称号。

七、附则

本办法自发文之日起试行。

本办法由学生处负责解释。

附录10 杭州职业技术学院教科研高水平成果清单（节选）

一、J 教学类（附表1）

附表1 教学类成果清单

类别	指标名称	建设分/分	配套金额/万元
J.1 教学成果奖类	J.1.1 国家级教学成果奖 特等奖*/一等奖*/二等奖*	2000/800/300	—
	J.1.2 国家级教学成果奖 推荐奖*	250	—
	J.1.3 省级教学成果奖 特等奖*/一等奖*/二等奖	200/100/50	—
	J.1.4 杭州市、行指委教学成果奖 最高奖	10	—
J.2 专业、平台、团队类	J.2.1 国家级专业（群）、团队、人才培养平台*	200（立）/200（结）	按要求配套
	J.2.2 国家级党建项目*	50（立）/50（结）	按要求配套
	J.2.3 省级专业（群）、团队、人才培养平台	50（立）/50（结）	按要求配套
J.3 课程、项目、教材类	J.3.1 国家职业技能标准（GZB）/国家级专业教学标准*	100	—
	J.3.2 全国教材建设奖 特等奖*/一等奖*/二等奖*	200/100/50	—
	J.3.3 国家级课程*	100（立）/100（结）	10
	J.3.4 职业教育国家级规划教材*	50	5
	J.3.5 省级课程	10（立）/20（结）	3
	J.3.6 省级教改项目	10（结）	2
	J.3.7 省级教材	10	—
	J.3.8 一级出版社出版教材	10	—
J.4 学生学科（技能）竞赛指导类	J.4.1 世界技能大赛 金奖*/银奖*/铜奖*/参赛奖*	1000/500/200/100	—
	J.4.2 世界技能大赛 入围国家集训队前十*	30	—
	J.4.3 "互联网+"竞赛国家级 特等奖*/金奖*/银奖*/铜奖*	200/100/50/20	—

续表

类别	指标名称	建设分/分	配套金额/万元
J.4 学生学科（技能）竞赛指导类	J.4.4 "挑战杯"竞赛国家级 金奖*/银奖*/铜奖*	150/80/20	—
	J.4.5 全国职业院校技能竞赛 一等奖*/二等奖*/三等奖*	100/40/20	—
	J.4.6 全国大学生科技竞赛 最高等次*/第二等次*/第三等次*	100/40/20	—
	J.4.7 全国职业规划大赛最高等次*/第二等次*/第三等次	100/40/20	—
	J.4.8 世界技能大赛、全国职业院校技能竞赛、全国大学生科技竞赛省级（选拔）赛 最高等次*/第二等次/第三等次	10/5/3	—
	J.4.9 浙江省职业规划大赛 一等奖*/二等奖/三等奖	10/5/3	—
	J.4.10 "互联网+""挑战杯"竞赛省级 最高等次*/第二等次/第三等次	10/5/3	—
	J.4.11 体育类比赛国际、国家级获1~4层次*	500/300/50/20	—
	J.4.12 体育类比赛省、市（厅）级获1~4层次	5/2/1/0.5	—
	J.4.13 人文、艺术类比赛国家级*、省级获1~4层次	50/20/5/2	—
	J.4.14 承办国家级技能竞赛*、学科竞赛	50	—
	J.4.15 承办省级技能竞赛、学科竞赛 高职/中职	20/10	—
J.5 教师竞赛类	J.5.1 全国职业院校教师教学能力大赛 一等奖*/二等奖*/三等奖*	300/150/90	—
	J.5.2 全国职业院校教师教学能力大赛 参赛奖*	80	—
	J.5.3 国家级教师专业技能类竞赛 特等奖*/一等奖*/二等奖*/三等奖*	50/30/20/10	—
	J.5.4 国家级辅导员素质能力大赛 一等奖*/二等奖*	50/30	—
	J.5.5 浙江省职业院校教师教学能力大赛 一等奖*/二等奖/三等奖	70/20/10	—

续表

类别	指标名称	建设分/分	配套金额/万元
J.5 教师竞赛类	J.5.6 浙江省辅导员素质能力大赛 一等奖*/二等奖*/三等奖	30/20/10	—
	J.5.7 浙江省高校辅导员工作案例大赛、网络作品大赛 一等奖*/二等奖/三等奖	5/2.5/1.5	—
	J.5.8 省级教师专业技能类竞赛 特等奖*/一等奖*/二等奖/三等奖	30/20/10/5	—
	J.5.9 校级教师教学能力比赛 一等奖/二等奖/三等奖	5/2.5/1.5	—

注 *代表标志性成果。

①J.1 教学成果奖类：原则上须是我校教职员工为第一获奖者且我校作为第一获奖单位署名。如我校是参与单位，则排名第二，按20%计算建设分；排名第三，按10%计算建设分；其他排名，按5%计算建设分。

②J.2.1 国家级专业（群）、团队、人才培养平台：包含国家"双高计划"专业群、国家级骨干专业、全国职业院校教师教学创新团队、全国高校黄大年式教师团队、全国思想政治教学创新团队、全国思政课教师研修基地、全国双师型教师培育培养基地、全国高水平专业化产教融合实训基地、全国示范性虚拟仿真实训基地、示范性职业教育集团等。

③J.2.2 国家级党建项目：包含全国党建工作标杆系、全国党建工作样板支部、全国高校"双带头人"教师党支部书记工作室建设单位等。

④J.2.3 省级专业（群）、团队、人才培养平台：包含省级优势（特色）专业（群）、省级云上优势特色专业、省级高校黄大年式教师团队、省级职业院校教师教学创新团队、省级思想政治教学创新团队、省级技能大师工作室、省级双师型教师培育培养基地、省级思政课教师研修基地、省级高水平专业化产教融合实训基地、省级示范性虚拟仿真实训基地、省级示范性智慧实训教室等。

⑤J.3.1 国家职业技能标准（GZB）/国家级专业教学标准：原则上须是我校教职员工为第一获奖者且我校作为第一获奖单位署名。如我校是参与单位，则排名第二，按20%计算建设分；排名第三，按10%计算建设分；第四名及之后的其他参与者，按累计5%计算建设分，由排名最前者统一分配。

⑥J.3.2 全国教材建设奖：原则上须是我校教职员工为第一获奖者且我校作为第一获奖单位署名。如我校是参与单位，则排名第二且副主编以上，按20%计算建设分；排名第三且副主编以上，按10%计算建设分；其他排名，按5%计算建设分。

⑦J.3.3 国家级课程：包含国家精品在线开放课程、国家级课程思政示范课程、国家级思想政治课示范课堂、职业教育"金课"、国家级职业教育"课堂革命"典型案例等。

⑧J.3.5 省级课程：包含省级精品在线开放课程、云上"名师金课"、省级课程思政示范课程、省级思想政治示范课程、省级职业教育"课堂革命"典型案例等。

⑨J.3.6 省级教改项目、J.3.7 省级教材：包含省级规划教材、省级教学改革项目、省级课程思政改革项目、省级思政课程改革项目等。

⑩J.3.8 一级出版社出版教材：由专业建设指导处（教务处）认定。

⑪J.4.11 体育类比赛国际、国家级获1~4层次：第1层次为国际级比赛单项奖1~3名，第2层次

为国际级比赛单项奖 4~8 名，第 3 层次为国家级（全国运动会、全国大学生运动会、全国大学生锦标赛，下同）比赛单项奖 1~3 名，第 4 层次为国家级比赛单项奖 4~8 名，国际级比赛建设分最高限 500 分、国家级比赛建设分最高限 100 分。

⑫J.4.12 体育类比赛省、市（厅）级获 1~4 层次：第 1 层次为省级比赛单项奖 1~3 名，第 2 层次为省级比赛单项奖 4~8 名，第 3 层次为市级比赛单项奖 1~3 名，第 4 层次为市级比赛单项奖 4~8 名。省级比赛：由教育部、国家体育总局主办的列入官方年度竞赛计划的各类正式比赛；省运动会、省大学生体育运动会、省体育大会体育类竞赛。市（厅）级比赛：由省教育厅、省体育总局主办的列入官方年度竞赛计划的各类正式比赛。

同一指导教师限指导 6 项，篮球、足球、排球项目按单项标准的八倍记。集体项目及单项团体按单项标准的 200%，国际级比赛按单项标准的 150%。参加国家级比赛原则上省里获得前两名方可参加。其他政府部门主办的赛项奖励等级由教学工作委员会认定。赛前须经过学校审批。

⑬J.4.13 人文、艺术类比赛国家级、省级获 1~4 层次：第 1 层次为全国比赛一等奖，第 2 层次为全国比赛二等奖和三等奖，第 3 层次为省级比赛一等奖，第 4 层次为省级比赛二等奖和三等奖，单人参赛获奖的项目按奖项的 80% 计。

⑭校级教改研究项目（含学会教改项目）立项后，每个项目给予 0.1 万元配套建设经费。

二、K 科研类（理工科）（附表 2）

附表 2　科研类（理工科）成果清单

类别	指标名称	建设分/分	配套金额/万元
K.1 成果获奖类	K.1.1 国家自然科学、技术发明和科技进步奖　特等奖*/一等奖*/二等奖*	5000/4000/2000	—
	K.1.2 何梁何利基金奖*	1000	—
	K.1.3 教育部高等学校科学研究优秀成果奖青年科学奖、科学技术类　一等奖*/二等奖*	600/300	—
	K.1.4 省部级科学技术奖　重大贡献奖*/一等奖*/二等奖*/三等奖*	1000/500/300/150	—
	K.1.5 列入国家奖励办"社会科技奖励目录"最高等级*	50	—
	K.1.6 中国专利奖、中国外观设计奖　金奖*/银奖*/优秀奖*	500/300/150	—
	K.1.7 省级专利　金奖*/优秀奖*	150/100	—
	K.1.8 国家三大奖/省级三大奖申报（通过形式审查、网络评审）*	100/10	—

续表

类别	指标名称	建设分/分	配套金额/万元
K.2 专利、标准类	K.2.1 国外发明专利 美日欧*/其他国家	40/10	—
	K.2.2 中国授权发明专利	30	—
	K.2.3 国际标准*	200	—
	K.2.4 国家标准*	100	—
	K.2.5 行业标准*	50	—
	K.2.6 地方标准 省级/市级	30/15	—
	K.2.7 团体标准	5	—
K.3 论文、专著类	K.3.1 Science、Nature、CELL 学术论文*	500	—
	K.3.2 Nature 子刊学术论文、美国科学院院刊（PNAS）*	100	—
	K.3.3 SCI 收录期刊论文（中国科学院升级版） 一区*/二区*/三区/四区	40/20/10/10	—
	K.3.4 国内一级期刊论文（以浙江大学期刊目录为准）*	15	—
	K.3.5 EI 收录期刊论文	10	—
	K.3.6 国内中文核心期刊论文（以北大期刊目录为准）	4	—
	K.3.7 国家级出版社学术专著*	50	—
	K.3.8 国家级出版社编著、译著*	30	—
K.4 平台、基地和团队类	K.4.1 国家级科研平台、基地和团队 立项/验收*	350/350	按文件配套经费
	K.4.2 省部级科研平台、基地和团队 立项/验收*	250/250	按文件配套经费
	K.4.3 市厅级科研平台、基地和团队 立项/验收	20/20	—
	K.4.4 院士工作站 立项/验收*	500/500	按文件配套经费
	K.4.5 博士后工作站 立项/验收*	250/250	按文件配套经费

续表

类别	指标名称	建设分/分	配套金额/万元
K.5 科技计划项目类	K.5.1 国家级科研项目*	按年度实到财政经费每万元3分核算[1.5分（立）/1.5分（结）]	根据实到经费数额按1∶1配套
	K.5.2 省部级科研项目*	按年度实到财政经费每万元2分核算[1分（立）/1分（结）]	根据实到经费数额按1∶0.75配套
	K.5.3 市厅级科研项目	按年度实到财政经费每万元1分核算[0.5(立)/0.5(结)]	—
K.6 科技合作项目、科技成果转化、服务地方类	K.6.1 科技合作项目、省级以上各类协会或学会项目（单项累计到账金额超过100万元，且通过省级鉴定验收达到国内领先水平以上*）	按年度实到经费每万元1分核算[0.5分（立）/0.5分（结）]	—
	K.6.2 科技成果转化、知识产权授权或转让（单项累计到账金额超过100万元，且通过省级鉴定验收达到国内领先水平以上*）	按年度实到经费每万元1分核算[0.5分（立）/0.5分（结）]	—
	K.6.3 校地共建研究院、孵化器、科技园、技术转移中心等平台（当年度单项到账金额超过300万元*）	按年度实到经费每万元1分核算[0.5分（立）/0.5分（结）]	—
	K.6.4 校企共建工程中心、联合实验室等科研合作平台（当年度单项到账金额超过300万元*）	按年度实到经费每万元1分核算[0.5分（立）/0.5分（结）]	—
	K.6.5 以技术改造助推工业转型升级，获得省级技术改造项目（当年度单项到账金额超过300万元*）	按年度实到经费每万元1分核算[0.5分（立）/0.5分（结）]	—

续表

类别	指标名称	建设分/分	配套金额/万元
K.6 科技合作项目、科技成果转化、服务地方类	K.6.6 科技服务地方有重大影响力，获得国家级表彰，或得到现职国家领导人肯定性批示*	200	—
	K.6.7 科技服务地方有重大影响力，获得省部级政府表彰，或得到省委、省政府、国家部委的现职主要领导人肯定性批示*	50	—
	K.6.8 科技服务地方有重大影响力，获得地市级政府表彰，或得到地市级党委政府的现职主要领导肯定性批示	10	—

注 *代表标志性成果。

①K.1 成果获奖类：指我校教职员工作为第一获奖者且我校作为第一获奖单位署名的成果获奖。非我校教职员工第一署名成果获奖的，参与科研成果排名第二，按20%计算建设分；排名第三，按10%计算建设分；其他排名，按5%计算建设分。

②K.2 专利类：一是授权国内、外发明专利中，以我校教职员工为发明人（名次不分先后），且我校作为唯一专利权人单位署名。若我校以参与方为专利权人（N家单位）单位署名且我校教职员工为发明人（名次不分先后），按1/N计算建设分。欧洲发明专利指德国、英国、法国、意大利、俄罗斯、西班牙、荷兰、瑞士、波兰、瑞典。以学生作为发明人的国内、外发明专利中，我校为唯一或以参与方作为专利权人单位署名，且无指导教师署名的，按照上述方式计算建设分，但指导教师须在发明专利申请前经科研处、学工部审核备案。二是授权实用新型专利、外观设计、软件著作权中，我校教职员工为发明人（名次不分先后），且我校作为唯一专利权人（著作权人）单位署名。若我校以参与方为实用新型专利、外观设计、软件著作权专利权人（著作权人）（N家单位）单位署名，且我校教职员工为发明人（名次不分先后），按1/N计算建设分。学生为第一完成人的实用新型专利、外观设计、软件著作权中，我校为唯一或以参与方作为专利权人（著作权人）单位署名，且无指导教师署名的，按照上述方式计算建设分，但指导教师须在实用新型专利、外观设计、软件著作权申请前经科研处、学工部审核备案。

③K.2 标准类：指我校教职员工为第一制定者且我校作为第一制定单位署名的标准。国际标准、国家标准和地方标准中，若非我校教职员工第一署名制定的，排名前二的按20%计算建设分，排名前三的按10%计算建设分，其他排名的按5%计算建设分。

④K.3 论文、专著类：指我校教职员工作为第一作者且我校作为第一承担（完成）单位署名的论文。若我校教职员工为通讯作者且我校作为第一承担（完成）单位署名，按30%计算建设分；非我校教职员工为第一作者或通讯作者的，我校参与且作为第一承担（完成）单位署名，按5%计算建设分。同一篇论文在不同年份、同一年份被不同索引收录的，仅计算一次，不再重复计算。专著类业绩成果须在合同签订前经科研处审核和备案，专著成果须在明显位置标注我校为第一著作单位，且为首次公开正式出版，国家级出版社级别以全国百佳出版社或浙大一级出版社名录进行界定。

⑤K.4 平台、基地和团队类：所有平台、基地和团队须以我校作为第一承担（完成）单位署名。K.4.1 国家级科研平台、基地和团队指国家高端智库等；K4.2 省部级科研平台、基地和团队指教育部人文社会科学重点研究基地、教育部高校智库及其他正式申报评审获批的国家部委平台和团队、省新

型智库等；K.4.3 市厅级科研平台、基地和团队指省教育厅批准立项的智库等。

⑥ K.5 科技计划项目类：所有项目类业绩成果必须是我校教职员工以我校作为第一承担（完成）单位署名。如部分申报文件中明确规定必须由企业牵头申报的项目，应由我校教职员工作为项目负责人，以我校作为第二单位署名，政府财政到位经费大于 50 万元的，按 100% 计算建设分并按到位科研经费予以配套；我校教职员工以杭州职业技术学院为联合承担单位参与国家和省部级科研项目，且政府财政到位经费大于 40 万元的，可认定为省部级一般项目，按省部级科研项目计算建设分并按到位科研经费予以配套。其他有我校署名，但我校非第一承担（完成）单位的，按科技合作项目计算建设分，不给予配套；所有主持科研项目有外协经费的，外协经费按 50% 计算建设分和配套。K.5.1 国家级科研项目指国家自然科学基金、国家重点研发计划项目；K.5.2 省部级科研项目指省自然科学基金、省重点研发计划（尖兵、领雁研发攻关计划项目）、省公益技术应用研究项目、省软科学研究计划项目；K.5.3 市厅级科研项目指省教育厅一般科研项目、市重点科技研发项目、市科技计划项目。国家级科研项目按到位经费 1∶1 配套，省部级科研项目按到位经费 1∶0.75 配套，最高不超过 200 万元。

⑦ K.6 服务地方类：K.6.7 省部级政府表彰是指省（自治区、直辖市）党委、政府以及国家部委发文表彰；K.6.8 地市级政府表彰是指地市级党委、政府以及省级部门发文表彰。

⑧ 校级科研项目立项后，每个项目给予 0.1 万元配套建设经费。